Julius Fast · Versteckte Signale

Julius Fast

Versteckte Signale

Körpersprache im Beruf

Aus dem Amerikanischen übersetzt
von Wolfdietrich Müller

ECON Verlag
Düsseldorf · Wien · New York · Moskau

Titel der amerikanischen Originalausgabe: Subtext. Making Body Language Work in the Workplace. Originalverlag: Viking Penguin. Übersetzt von Wolfdietrich Müller.

Die Deutsche Bibliothek – CIP-Einheitsaufnahme

Fast, Julius: Versteckte Signale: Körpersprache im Beruf / Julius Fast. Aus dem Amerikan. übers. von Wolfdietrich Müller. – Düsseldorf: ECON Verl., 1997. Einheitssacht.: Subtext <dt.>. ISBN 3-430-12626-6

Sonderausgabe
2. Auflage 1997
 Lektorat: Bettina Eltner. Gesetzt aus der Life, Linotype. Satz: ICS Communikations-Service GmbH, Bergisch Gladbach. Papier: Papierfabrik Schleipen GmbH, Bad Dürkheim. Druck und Bindearbeiten: Ebner Ulm. Printed in Germany. ISBN 3-430-12626-6.

Für Barbara

Danksagung

All jenen, die mir so großzügig ihre Zeit und ihr Wissen zur Verfügung gestellt haben, möchte ich meinen tiefen Dank aussprechen. Es sind zu viele, um sie alle einzeln zu nennen. Einige wenige unter ihnen seien dennoch hervorgehoben:

Edward Lubell

Walter Pfister

Joyce Grillo

Anthony Thompson, OBE

Deborah Howard

Ingrid Ehrenberg

Edward Jaworowski

Inhaltsverzeichnis

Was sich hinter Worten verbirgt – eine Einführung

Bei jedem Austausch zwischen zwei Menschen oder innerhalb einer Gruppe werden Botschaften nicht nur durch das, was gesagt wird, übermittelt, sondern auch durch die unterschwellige Dynamik dessen, was *nicht* gesagt wird: des Subtexts. Dieser Begriff wird Ihnen auf den nächsten Seiten immer öfter begegnen. Ich verstehe darunter eine Art geheime Sprache, die das gesprochene Wort untermauert und bekräftigt oder aber auch dem Gesagten widerspricht und Versprechungen oder Übereinkünfte zurücknehmen kann.

So mag ein Vertreter zum Beispiel versichern, sein Produkt an einem bestimmten Tag zu liefern, aber sein Verhalten oder sein Subtext, wie ich es nenne, läßt den Kunden wissen: »Ich kann diesen Termin unmöglich einhalten.«

Vielleicht stellt die Chefin ihren Angestellten hohe Prämien in Aussicht, wenn das Geschäft weiterläuft wie zur Zeit, aber etwas in ihrem Gebaren, ihr Subtext, könnte auch sagen: »Ich bin alles andere als zuversichtlich, daß der Verkauf so schwungvoll weitergeht.«

Und was ist mit dem Angestellten, der dem Geschäftsführer sagt: »Ich habe den Bericht morgen fertig.«? Trotz dieser selbstbewußten Worte könnte die eigentliche Botschaft lauten: »Jetzt muß ich mir wirklich eine schlaue Entschuldigung einfallen lassen, um noch einen Tag herauszuschlagen!«

Ich lernte vor Jahren sehr eindrücklich kennen, was es mit der zwischenmenschlichen Kommunikation über das gesprochene Wort hinaus auf sich hat. Ein psychologisches Forschungsteam heuerte mich als Gutachter für ein Beratungsexperiment an. Mit dem Ziel, bessere Ergebnisse bei der psychologischen Betreuung verhaltensgestörter Kinder zu erreichen, wurden die Gespräche zwischen den Beratern und den betroffenen Kindern auf Videoband aufgezeichnet. So hatten die Berater die Möglichkeit, im nachhinein sich selbst bei der Arbeit genauestens zu beobachten.

Ich erinnere mich an eine Sitzung, in der eine Beraterin einem zehnjährigen Mädchen gegenübersaß. Die Beraterin hatte die Beine übereinandergeschlagen, ihr Körper war leicht zurückgelehnt, und sie wirkte auf diese Weise angespannt und gehemmt. Es schien so, als wollte sie zwischen sich und dem Kind einen möglichst großen körperlichen Abstand schaffen.

Das Mädchen war unnormal schüchtern, antwortete nur einsilbig und vermied es, der Beraterin in die Augen zu sehen. Das Gespräch verlief auf diese Weise, gelinde gesagt, enttäuschend.

Die Beraterin berichtete uns später: »Ich kam mit ihr überhaupt nicht zu Rande. Sie leistete mir von Anfang an Widerstand!«

Als wir mit dem Mädchen allein sprachen, sagte es: »Ich kann die Frau, die mit mir gesprochen hat, nicht leiden.«

»Warum nicht?«

»Weil sie mich nicht leiden kann!«

Die Projektleiterin erklärte der Beraterin und mir: »Zwei Subtexte sind hier wirksam. Das Kind lehnte offen jede Zusammenarbeit ab. Und Ihr Verhalten«, wandte sie sich an die Beraterin, »drückte Widerwillen und Arroganz aus. Ich möchte, daß Sie sich jetzt hinsetzen und das Band mit dem Gespräch ansehen. Schauen Sie sehr genau hin!«

Wir spielten der Beraterin das Band mit dem Gespräch vor, und sie war schockiert. »Ich habe überhaupt nicht gemerkt,

wie angespannt ich war, wie abweisend meine ganze Haltung war! Kein Wunder, daß sie mir nicht in die Augen sah!«
»Gehen Sie doch die nächste Sitzung etwas lockerer an«, schlug die Leiterin vor. »Beugen Sie sich vor, berühren Sie die Hand des Mädchens, und dann werden wir sehen, was passiert.«
Es fand eine zweite Sitzung statt. Die Beraterin folgte dem Tip der Leiterin und bemühte sich, insgesamt entspannter zu wirken. Das Kind sprach darauf an, indem es den Kopf hob und Blickkontakt herstellte. Aber der eigentliche Wendepunkt kam, als die Beraterin ihre Hand auf die des Kindes legte. Das Eis war gebrochen, und aus dem Kind sprudelte all das hervor, was sich die Beraterin zuvor erhofft hatte.
»Ich war davon überzeugt, daß eine entspanntere Haltung der Beraterin das Gespräch verändern würde«, sagte ich der Leiterin, »aber ich hatte keine Ahnung, daß es sich so enorm ändern würde!«
Sie nickte. »Wenn zwei oder mehr Personen interagieren, gibt es immer den offenkundigen Text und den subtileren – und übrigens ehrlicheren – Subtext.«

Der Subtext setzt sich aus verschiedenen Elementen zusammen. Zum Teil besteht er aus der Körpersprache einer Person, aus ihrer Haltung, ihren Handbewegungen, dem Blickkontakt, dem Umgang mit dem Raum und ihrer Fähigkeit, im richtigen Augenblick feine Nuancen zu gebrauchen. Auch wie wir unsere Stimme einsetzen, hat Einfluß darauf, wie unsere Worte interpretiert werden. Derselbe Satz kann auf viele verschiedene Arten geäußert werden, die von höflichem Desinteresse bis zu leidenschaftlicher Eindringlichkeit reichen.
Wenn zum Beispiel Jimmy Carter aus dem Stegreif sprach, gab sein normales Sprechmuster seinen Worten einen angenehmen, biederen und ehrlichen Unterton. Wenn er jedoch

offiziell eine Rede hielt, vor einem Publikum oder im Fernsehen, wirkte seine Stimme gestelzt, und die peinlichen Pausen, die er einhielt, vermittelten Unsicherheit und Unbehagen.
Wer weiß? Ein geeignetes Training hätte womöglich sein Sprechmuster und seine Ausstrahlung umgestellt, vielleicht seine Popularität gesteigert und schließlich den Gang der Geschichte verändert.
Im Gegensatz dazu gingen von dem Sprechmuster des ehemaligen Präsidenten Ronald Reagan Ausgeglichenheit und Beruhigung aus. Er vermittelte die Botschaft: »Ich bin ein guter Kerl. Ihr könnt mir vertrauen und mich lieben.« Vielleicht wußte er aufgrund seiner Schauspielerkarriere, welchen Wert der Subtext für die Kommunikation hat und wie er ein Publikum beeinflussen kann.
Das Erscheinungsbild, das wir projizieren, ist eine andere Form von Subtext. Wie viele sind nicht schon eine Straße hinuntergegangen und haben mit ungutem Gefühl eine Gruppe junger Männer in zerrissenen Jeans und Lederjacken auf sich zukommen sehen? Sind es gewöhnliche, harmlose Bürger, fragen wir uns, oder haben sie etwas Bedrohliches an sich? Gibt es einen Grund, ängstlich zu sein, oder sollten wir solche Gefühle abschütteln? Käme uns dieselbe Gruppe mit Schlips und Anzug entgegen, würde sie keine solchen Befürchtungen auslösen. Warum? Sie würde ganz einfach einen anderen Subtext projizieren, nämlich einen beruhigenden und vertrauten.
In der Welt des Busineß, wie etwa in Anwaltsfirmen oder bei Banken und Versicherungen, gilt eine strenge Kleiderordnung. Die äußere Erscheinung der in diesem Bereich Tätigen soll dem Kunden Vertrauen einflößen; ihr Auftreten soll Sicherheit ausstrahlen und den Klienten davon überzeugen, daß sie solide Fachleute sind und er sich in kompetenten Händen befindet.
In anderen Bereichen wiederum geht es ganz anders zu. Ich

habe einen Nachbarn, der eine Werbeagentur betreibt; seine Kunden sind allesamt in der Musikbranche tätig. Er ist sehr erfolgreich – jeden Tag fährt ein Wagen vor und bringt ihn zur Arbeit –, aber ich habe ihn nie in etwas anderem als verwaschenen Jeans, einem Hemd ohne Krawatte und einer legeren Sportjacke gesehen. Sein Subtext? »Sie können mir vertrauen, weil ich nicht steif bin!«

Sogar die Art, wie wir essen, hat Einfluß auf die Botschaft, die wir aussenden. Dieser Tatsache wird jetzt auch in vielen Unternehmen Rechnung getragen. So erzählte mir ein Geschäftsführer: »Ich habe da einen unglaublich gescheiten, gebildeten Mann, der wirklich ein Händchen fürs Geschäft hat. Nun, wir aßen mit einem wichtigen Kunden zu Mittag, und er fraß wie ein Tier und schaufelte sich den Mund voll, ohne auch nur im geringsten darauf zu achten, welchen Eindruck dies bei den anderen hinterließ.«

»Wie meinen Sie das?« fragte ich.

»Na ja, ich meine die Botschaft, die er dem Kunden damit zukommen ließ! Im Grunde sagte er, ich kenne nicht die Regeln, wie man anständig ißt. Wie könnte ich da die Regeln kennen, mit Menschen umzugehen?« Er schüttelte den Kopf. »Ob Sie es glauben oder nicht, aber wir veranstalten jetzt Tagungen mit unseren Angestellten, um ihnen beizubringen, wie man sich bei Tisch anständig benimmt.«

Auch hier geht es um den Subtext. Wenn man nicht weiß, wie man sich in der Kantine oder bei einem Geschäftsessen ordentlich benimmt, kann das dem Image der Tüchtigkeit, das der Kompetente vermitteln will, widersprechen.

Unbewußte Botschaften variieren auch dem Geschlecht entsprechend. Zum Beispiel gelingt es Frauen im allgemeinen besser, durch den Gesichtsausdruck Herzlichkeit auszustrahlen. Im Beruf kann ihr Lächeln oder Nicken den Eindruck von Freundlichkeit und Offenheit wiedergeben; ihre anmutige Natürlichkeit in den Bewegungen vermittelt den direkten

Subtext der Aufrichtigkeit. Männer können andere Vorteile nützen. Sie sind beim Händeschütteln und im beiläufigen Umgang mehr zu Hause, und ihnen fällt es leichter, Blickkontakt herzustellen. Ihre sozialen Fertigkeiten entsprechen der Rolle, die ihnen die Gesellschaft zuweist und die ihnen daher beigebracht wurde.

Eine andere Art von Subtext hängt mit den regionalen oder nationalen Sprechmustern zusammen. Wir neigen dazu, dem Klang unseres eigenen regionalen Tonfalls zu trauen, und werden mißtrauisch, wenn wir einen anderen hören. Ein Hesse trägt in der breiten konservativen Mittelschicht die Last seines ausgeprägten Akzents mit sich herum. Man mißtraut ihm sehr schnell. Umgekehrt strahlt ein Sachse in Hannover aufgrund seines Dialekts vielleicht unterschwellig Naivität aus, auch wenn er noch so gewitzt ist. Es kommt zu einer solchen Einschätzung, weil uns Subtexte, die sich von unserem eigenen unterscheiden, weniger vertraut sind und wir sie daher oft mißinterpretieren, ja in manchen Fällen sogar mit Mißtrauen und Verachtung behandeln.

Die meisten Menschen verstehen die Signale, die ihr Gegenüber ausstrahlt, unbewußt. Sie lernen jemanden kennen, der, oberflächlich betrachtet, freundlich und hilfsbereit zu sein scheint, aber hinter dieser Fassade spüren sie eine ganz andere Persönlichkeit. Aus irgendeinem Grund trauen sie einer solchen Person nicht, obwohl es für ihr Mißtrauen keinen konkreten Anlaß gibt. In Wirklichkeit haben sie einen widersprüchlichen Subtext wahrgenommen.

Dieses Gefühl kann ins Bewußtsein gebracht werden. Nach der Lektüre dieses Buches werden Sie nicht mehr sagen müssen: »Sie hat irgend etwas an sich, dem ich nicht traue, aber fragen Sie mich nicht, was« oder: »Ich weiß nicht recht, warum ich ihn trotz seiner Empfindlichkeit mag.« Sie werden lernen, unterschwellige Botschaften zu verstehen und herauszuschälen.

Wenn Sie die Elemente des Subtextes kennen und begreifen, werden Sie auch Ihren eigenen ändern können, damit er dem entspricht, was Sie wirklich projizieren wollen. Nehmen wir zum Beispiel Lisa. Sie wurde als Assistentin eines Maklers in einer großen Chicagoer Firma in Dienst genommen, und man stellte ihr eine große Karriere in Aussicht. »Für jemanden mit Ihrem Können und Wissen gibt es tolle Möglichkeiten«, hatte ihr Chef versichert. Doch ein Jahr war vergangen und weder eine Beförderung noch Gehaltserhöhung in Sicht. Dies demoralisierte Lisa verständlicherweise.

»Ihr Problem«, sagte ihr Vorgesetzter ihr offen, »ist die Art, wie Sie mit Ihren Kunden umgehen. Sie beherrschen die Arbeit, aber . . .« Er hob die Schulter. »Irgendwie strahlen Sie kein Vertrauen aus, und das sieht man an Ihrem Verkaufsergebnis.«

Am Boden zerstört, suchte Lisa bei Ihrer Freundin Karen Rat. Karen hatte zur selben Zeit angefangen, war aber Lisa auf der Firmenleiter ein gutes Stück voraus. »Ich habe dich beobachtet«, sagte Karen, »und ich glaube, schuld an deinem Mißerfolg ist die Art und Weise, wie du dich im allgemeinen verhältst. Du sitzt mit einem Kunden zusammen, läßt die Schultern hängen, hast den Kopf gesenkt – du siehst ihm ja kaum einmal in die Augen. Hast du Angst vor den Kunden?«

Lisa seufzte. »Wahrscheinlich ist es das. Ich muß mich mit der Tatsache abfinden, daß es das falsche Gebiet für mich ist, sosehr ich die Stelle behalten möchte. Wenn ich mit den Kunden rede, fühle ich mich unwohl und habe Angst, ich könnte den falschen Rat geben. Es hängt soviel von den Anlagen ab, die ich vorschlage!«

»Was für ein Quatsch!« sagte Karen. »Dein Rat ist hundertprozentig Spitze. Aber wir sollten ein bißchen an deiner Körpersprache arbeiten. Versuche, gerade zu sitzen, dich etwas vorzubeugen, Blickkontakt herzustellen und, ja, auch zu lächeln.»

Lisa sah Karen bei der Arbeit zu und begann, ihre Körperhaltung und ihre Bewegungen nachzuahmen. Zu ihrer Überraschung stellte sie fest, daß dieses Auftreten ihre Selbstsicherheit und das Vertrauen, den richtigen Rat zu geben, steigerte. Es fiel ihr leichter, eine selbstbewußtere Haltung einzunehmen, und dadurch wiederum verstärkten sich ihre positiven Gefühle. Sie geriet in eine Art Feedback-Spirale: Indem es ihr gelang, Selbstvertrauen nach außen zu tragen, wuchs wiederum ihr Selbstvertrauen. Das eine nährte das andere, und bis zum Ende des Jahres war sie eine Stufe aufgestiegen.
Dr. Robert Zajonic, Psychologe an der University of Michigan, hat herausgefunden, daß es hierfür eine physiologische Grundlage gibt. In dem Maß, in dem sich Gesichtsmuskeln entspannen oder verkrampfen, wird die Temperatur des zum Hirn strömenden Blutes angehoben oder gesenkt. Diese Temperaturschwankungen wiederum wirken auf die Hirnzentren, die die Empfindungen steuern.
Zum Beweis ließ Dr. Zajonic Versuchspersonen immer wieder bestimmte Vokale wiederholen. Ein langes »i«, das zum Lächeln zwingt, und ein »ah«, das den Ausdruck der Überraschung nachahmt, lösten angenehme Empfindungen aus. Andere Laute, etwa ein langes »u«, machten die Versuchspersonen schlecht gelaunt.
Auch eine Gruppe von Psychologen an der Clark University in Worcester, Massachusetts, bestätigte Dr. Zajonics Theorie. Wie Dr. Zajonic wies sie nach, daß Gesichtsausdrücke, die Ekel, Zorn, Angst oder Überraschung anzeigten, tatsächlich genau diese Gefühle weckten. Der Ausdruck verursachte die Stimmung! Oder anders gesagt: Wenn Sie ein glückliches Gesicht machen, fühlen Sie sich glücklich. Machen Sie ein trauriges Gesicht, werden Sie traurig.
Dr. Paul Ekman und andere Psychologen an der medizinischen Fakultät der University of California in San Francisco gingen noch einen Schritt weiter. Sie zeigten auf, daß Men-

schen, die verschiedene Gefühle nachahmen, tatsächlich deutliche physiologische Reaktionen erleben, etwa Veränderungen der Körpertemperatur und der Atemfrequenz.
In diesen und anderen Fällen holt die Wissenschaft die Volksweisheit ein, die uns rät, »Setze ein glückliches Gesicht auf« oder »Kopf hoch«. Wenn Sie den Gesichtsausdruck oder die Haltung verändern, setzt diese Handlung an sich eine Kettenreaktion in Gang, die Sie tatsächlich eine Veränderung erleben läßt. Dadurch wird es Ihnen noch leichter fallen, »der Rolle zu entsprechen«.
Die Veränderung Ihres Subtextes durch die Veränderung Ihres Verhaltens gibt Ihrem Wort Kraft und Gültigkeit.

1 Schein und Sein

Eindruck machen

Keiner wird abstreiten, wie sehr persönliche Wesensmerkmale einen Subtext projizieren. Dennoch können Äußerlichkeiten mindestens genauso oder sogar noch wichtiger werden, wenn es darum geht, ein Image zu erzeugen, wie etwa bei einem Vorstellungsgespräch, einem Verkaufsgespräch oder einem Geschäftsabschluß.
Eine Gewinnerin des angesehenen Westinghouse-Wissenschaftspreises stellte ein sehr kluges Projekt vor, das illustriert, worauf es ankommt. Es handelt sich um Mina Chow, ein junges Mädchen koreanisch-amerikanischer Abstammung aus der Cardozo High School in New York. Ihr fiel auf, daß sich Lehrer bei der Benotung häufig von der äußeren Erscheinung der Schüler beeinflussen lassen. Ursprünglich sah Mina mit stachligen Haaren und blauem Lippenstift wie ein echtes Punkmädchen aus. Ihre Noten rutschten immer weiter ab, als sie sich schließlich zu einem Imagewandel entschloß. Sie näherte sich einem mehr dem Durchschnitt entsprechenden Äußeren an, und ihre Noten wurden wieder besser. »Ich glaube, daß die Wahrnehmungen der Lehrer eine Menge damit zu tun hatten«, bemerkte Mina.
Mina entwickelte selbständig Vorstellungen für ein wissenschaftliches Projekt. Sie sammelte »neutrale« Bilder von schwarzen, weißen und asiatischen Schülern und Schülerin-

nen und verteilte sie mit einem Fragebogen an 87 Lehrer, die an unterschiedlichen Schulen in New York unterrichteten. Die Ergebnisse unterstrichen die Bedeutung des Subtextes hinter der Imageprojektion. Asiatische Schüler wurden nach ihrer Motivation am höchsten bewertet, Schwarze am niedrigsten. Schwarze bekamen die meisten Punkte bei sportlichen Aktivitäten, Asiaten die wenigsten. Mina zog daraus den Schluß, daß Asiaten womöglich besser abschnitten, weil die Lehrer über sie vorgefaßte Meinungen hatten.

Wir alle tragen Vorurteile mit uns herum. Gewiß, in einer idealen Welt würden wir Menschen nach dem beurteilen, was sie tun, nicht nach Rasse, Kleidung oder gesellschaftlichem Rang, aber wir leben nicht in einer idealen Welt, und wir beurteilen andere nach den Erscheinungsbildern, die sie projizieren.

Nirgendwo gilt das mehr als beim Fernsehen. 1987, während der Hearings im amerikanischen Senat zur Bestätigung des Richters Robert H. Bork für das Oberste Bundesgericht, äußerte sich der Fernsehreporter John Dancy über die Bork-Hearings: »Das Image ist es, woher der Wind weht.« Richter Bork, so John Corry, Fernsehkritiker der *New York Times,* »sieht aus wie ein Reformrabbi und spricht wie ein Oxfordprofessor«. Weiter bemerkte er, Borks Interpretation der Verfassung sei »so interessant wie Origami. Wie einer aussieht, ist freilich etwas anderes. Die Erscheinung, die zählt.«

Wie im Fernsehen, so ist auch in der Wirtschaft die äußere Erscheinung einer Person überaus wichtig. Das sind Lehren, die Geschäftsleute von Fernsehtechniken lernen können.

Das richtige Image für jede Situation

Eine Behauptung von Michael K. Deaver, der Präsident Reagans Pressekonferenzen leitete, gibt Aufschluß darüber, wie man ein Image mit einem ernsten und dramatischen Unterton projiziert. Deaver postierte Reagan bei Pressekonferenzen vor die offenen Türen des East Room im Weißen Haus, weil das den Präsidenten lebhafter und gehaltvoller erscheinen ließ. »Die offenen Türen mit dem aus der Halle einfallenden Licht geben ein viel besseres Bild ab«, sagte Mr. Deaver vor Reportern. Das Pult von der offenen Tür wegzurücken wäre nach Mr. Deavers Ansicht unklug – die telegene Wirkung würde dann erheblich einbüßen.

So können wir aus der Politik lernen, wie Subtext wirkt. Das Äußere des Präsidenten vermittelt dem Fernsehzuschauer einen starken Eindruck, ganz gleich, was er sagt! In diesem Sinne gab die große Anthropologin Margaret Mead, wie sie mir einmal verriet, Präsident Carter folgenden Rat: »Es spielt keine Rolle, was Sie sagen. Wie Sie aussehen, darauf kommt es an.«

Der Fernsehkritiker John Corry erkannte die Bedeutung des Subtextes in der Politik. Er wies darauf hin, daß bei Reagans Wahlkampf sehr starke visuelle Effekte eingesetzt wurden, die ein klares Bild von Patriotismus vermittelten. Flaggen, wehende Transparente und in Trauben aufsteigende Ballons waren zu sehen, und 1981, bei seiner Amtseinführung, sang der *Mormon Tabernacle* Chor »The Battle Hymn of the Republic«. Präsident Reagan war selbst so gerührt, daß er weinte. Es wirkte!

Das paradoxe am Fernsehwahlkampf ist laut John Corry, daß das, was real ist, besser funktioniert als Kunstgriffe. Man kombiniere jedoch die Realität mit einer sorgfältig geplanten Präsentation, und man erhält einen unwiderstehlichen Subtext!

Leider kann das Fernsehen einen künstlichen Subtext schaffen, der als real akzeptiert wird. Die Zuschauer werden in erster Linie durch das projizierte Bild gerührt. Der Kandidat mag eine leere Hülse sein, aber das macht nichts. Ist der

Kandidat zu kalt, zu unnahbar? Laß diesen Menschen vor der Kamera als einen von uns erscheinen, als gewöhnlichen Mann oder gewöhnliche Frau. Gibt es Zweifel am Patriotismus des Kandidaten? Laß den Kandidaten vor einem nationalen Denkmal oder gar in einer Flaggenfabrik auftreten. Der starke Subtext wird ihm oder ihr weiterhelfen.

Im Wirtschaftsleben gelten die gleichen Regeln. Wird der Chef für zu kalt, zu distanziert gehalten? Laß ihn oder sie bei einer Fabrikbesichtigung in Arbeitskleidung und mit Schutzhelm auftreten, und er oder sie wird Herzlichkeit und Fürsorglichkeit ausstrahlen.

Wir dürfen die Stärke der Imageprojektion nie unterschätzen, auch nicht die Tatsache, wie scheinbar offenkundige, kalkulierte Mechanismen Menschen bewegen können. In Amerika ist die Politik mit ihren fein gestimmten Nachrichtendirektoren dabei führend. In den achtziger Jahren gab es Reagans »Morgens-in-Amerika«-Werbespots; ihre warmen, verschwommenen, goldenen, glühenden und sentimentalen patriotischen Bilder sendeten eine massive Botschaft mit dem Inhalt »Ich liebe Amerika« aus.

Der Abgeordnete Jack F. Kemp sprang auf den gleichen patriotischen Zug auf. Er verwendete einen Werbespot, der mit »Heimatstadt, USA« begann. Goldener Sonnenschein beleuchtet die Straßen in der Morgendämmerung. Ein Zeitungsjunge wirft eine Zeitung auf eine Veranda. Eine Frau öffnet ihr Geschäft. Ein Feuerwehrmann spritzt seinen Wagen ab – und für den Fall, daß einige begriffsstutzige Zuschauer die Botschaft immer noch nicht mitbekommen, zieht jemand eine amerikanische Flagge auf.

Und der Subtext trifft natürlich ins Schwarze: Patriotismus, amerikanische Werte, Werte der Familie. Sie alle sind, mittels Subtext, mit dem Kandidaten verknüpft.

Die Politiker lernen von der Wirtschaft, weil sie dieselben Public-Relations-Firmen engagieren, die von der Wirtschaft

genutzt werden. Mr. Kemp beschäftigte BBDO International in New York, dieselbe Firma, die Reagans Werbespots gestaltet hatte.
Was wir in diesen Werbespots sehen, ist eine ungewöhnliche Distanzierung. Der Kandidat braucht nicht mehr das eigene Image zu projizieren. Statt dessen wird es von einer Reihe von Videobildern dargestellt. Die Bilder bringen uns zum Lächeln, wir stimmen nickend zu und haben am Ende einen Kloß im Halse. Man bringt den Namen des Kandidaten nach den Bildern, und nicht einmal sein Bild ist notwendig. Das ist Subtext um die Ecke herum.
Wie viele Werbespots haben wir gesehen, die sich der gleichen Methode bedienen? Zum Beispiel Werbung für Frühstücksflocken, die einen dunstigen frühen Morgen in irgendeiner typisch amerikanischen Stadt zeigen, eine von goldenem Sonnenlicht durchflutete Küche, lächelnde, glückliche Menschen – ein herzliches, nettes Amerika, das sein Haferflokkenfrühstück zu sich nimmt. Oder sehen wir uns die noch dicker auftragenden Anzeigen an, die schöne Frauen, gutaussehende Männer und schnittige neue Autos vorführen. Frauen und Autos, Männer und Autos, Autos, die mit Geschwindigkeiten vorbeirasen, die wir auf unseren Straßen nie erreichen: Was sagen diese Bilder uns? Die Werbeleute hoffen, daß die Zuschauer eher auf die signalisierte Kraft und Sexualität ansprechen als auf irgendwelche Angaben zum Auto selbst. Neulich verwendete eine raffinierte Fernsehwerbung für ein neues Auto ausschließlich Subtext und brachte nicht einmal ein Bild des Autos. Bilder von sich brechenden Wellen, Blitzen und anderen Naturerscheinungen deuteten Kraft und Harmonie an, dann wurde der Name des Autos voller Ehrfurcht geflüstert. Der Subtext schaffte es ganz allein!
Wenden wir uns noch einmal der Politik zu, und betrachten wir die Art und Weise, wie Präsident Reagan den Rahmen des

Weißen Hauses benutzte. 1986 schrieb ein Zeitungsreporter, daß Reagan aus einer geschlossenen Tür auftauchte, zielstrebig über einen langen, rot ausgelegten Flur schritt und dann geradezu auf ein Podium sprang. Der Subtext wurde vermittelt, bevor er zu sprechen begann: Vitalität, Autorität und Ungezwungenheit.

Ein kluger leitender Angestellter kann mit der gleichen Haltung in einen Konferenzraum gehen. Wer es beherrscht, sendet eine Botschaft mit dem Inhalt *Ich habe hier das Sagen* aus. Der selbstbewußte Gang, die körperliche Energie und der ungezwungene Stil wirken alle zusammen.

Die Maske aufsetzen

Marshall McLuhan sagte einmal: »Das Fernsehen nimmt kein Gesicht an. Es braucht eine Maske.« Unter *Gesicht* wird in diesem Statement »der Ausdruck verstanden, der die Persönlichkeit projiziert«. *Maske* steht für einen Ausdruck, der sehr wenig über die Person verrät.

Talk-Show-Gastgeber Morton Downey jr. erschien ohne Maske, in der ganzen Nacktheit seiner Persönlichkeit. Das Publikum sah das schroffe Wesen des Mannes und bekam ihn bald über. Es spürte, daß es alles wußte, was es zu wissen gab. Kein Subtext war mehr aufzudecken; man bekam, was man sah.

Menschen wie Talkmaster Johnny Carson dagegen legen sich eine Maske zu, in Carsons Fall einen ganz leicht verwirrten Gesichtsausdruck. Die Zuschauer sind sich nie sicher, ob sie den wahren Carson kennen, und deshalb bleibt er immer faszinierend.

Ted Koppel, der Gastgeber der Sendung »Nightline« bei ABC, trägt ebenfalls eine Fernsehmaske, eine ziemlich fade. »So eine Maske«, hat Mr. Koppel gesagt, gefällt dem

Zuschauer, der »mir zusieht und . . . gern glaubt, daß ich glaube, was er glaubt«.

Wie entwickelt man so eine Maske fürs Fernsehen oder Geschäftsleben? Nach Koppel kommt es darauf an, die eigenen Ansichten zurückzunehmen, sich nicht in einem starren Image zu verfangen und es nicht dazu kommen zu lassen, daß andere meinen, sie hätten einen durchschaut.

Es ist nicht leicht, eine unlesbare Maske anzulegen. Nehmen wir zum Beispiel Vizepräsident Dan Quayle. In einem Artikel der Sonntagsausgabe der *New York Times* schlägt Autor Philip Marchand vor, Quayle solle, wenn er seiner unbewußten Ausstrahlung als unerfahrenes Leichtgewicht entkommen will – ein Subtext, den Freunde als Arglosigkeit sehen und Feinde als Blödheit auffassen –, eine Nachhilfestunde bei Mr. Koppel nehmen. Diese Lektion könnte man in drei Punkten zusammenfassen: (1) Lächeln Sie nicht, (2) sehen Sie aus, als hätten Sie alles schon einmal gesehen und gehört, und (3) halten Sie keine Reden.

Das sind drei interessante Ratschläge, insbesondere, da Punkt 1 nicht der Erwartung entspricht. Meistens wird doch empfohlen zu lächeln, da ein Lächeln die direkteste Art ist zu sagen: »Ich mag Sie, ich fühle mich in Ihrer Gegenwart wohl.« Es vermittelt einen Subtext des Vertrauens und Interesses. Doch dem ist bei weitem nicht immer so. Im Fall des Vizepräsidenten wirkt das Lächeln wie ein Zeichen von Unreife. Eine ernste Maske würde einen angemesseneren Subtext vermitteln.

Der zweite Punkt, den Marchand nennt: »Sehen Sie aus, als hätten Sie alles schon einmal gesehen und gehört«, signalisiert Kompetenz und Verantwortung. Zusammen mit einem nicht lächelnden Gesicht läßt sich dieser Subtext leicht mit einer hochgezogenen Braue und einem Schulterzucken vermitteln.

In Dan Quayles Fall ist der Rat, keine offiziellen Reden zu

halten, besonders geeignet. Während sein freihändiger Redestil annehmbar ist, geraten seine offiziellen, vorbereiteten Reden laut Marchand leicht in einen High-School-Debattierstil. Die gewichtige Stimme geht verloren.
Marchand gibt Politikern den Rat, sich von den Menschen »in der Maske, die sie tragen«, sehen zu lassen. Die Empfehlung, die wir Politikern geben, die wirksame unterschwellige Botschaften aussenden wollen, gilt genauso für leitende Angestellte und Firmenchefs.
In Vizepräsident Quayles Fall bedeutet es, das »jungenhafte« Lächeln zu unterdrücken. Im Fall eines älteren Mannes, eines Mannes, der ein ernstes und aufrichtiges Image erworben hat, bedeutet es, das Lächeln zu einem Teil der Maske werden zu lassen. Auf der Ebene der leitenden Angestellten ist es wichtig, nicht in die Falle eines vorhersagbaren Images zu geraten. Lassen Sie es nicht zu, daß andere meinen, sie »hätten Sie durchschaut«. Ein geheimnisvolles Etwas wird in Ihrem Gegenspieler Unsicherheit erzeugen. Das Geheimnisvolle wird durch die Maske geschaffen, die Maske, die signalisiert: »Ich bin nicht einzuschätzen.«

Der Janusfaktor

Zivilisation beruht in hohem Maß auf Maskierung oder ihrer nächsten Verwandten, der Beherrschung. Wenn Menschen zusammen leben und zusammen arbeiten, wird ein großer Teil des Tages damit verbracht, zu verbergen, was sie wirklich fühlen, und ihre wahren Gefühle zu beherrschen. Es mag überraschend erscheinen, doch gelegentlich ist es sehr wichtig, die unterschwelligen Botschaften, die wir aussenden, zu maskieren, um verborgen zu halten, was wir wirklich fühlen. Manchmal ist die Maskierung widerspruchsfrei, doch häufiger beruht sie auf dem Janusfaktor, wie ich es nenne. Janus

– Sie werden sich erinnern – war der römische Gott, der mit zwei in entgegengesetzte Richtungen blickenden Gesichtern dargestellt wurde. Jake ist ein ausgezeichnetes Beispiel für den Janusfaktor in Aktion.

Jakes Aufgabe ist es, ein Dutzend Arbeiter in seiner Abteilung zu beaufsichtigen. »Eines kann man von Jake sagen«, meinte einer der Leute unter ihm, »er ist konsequent. Ein Schinder ersten Ranges ohne Ausnahme!«

Die Leitenden über Jake konnten die gelegentlichen negativen Berichte, die sie über ihn hörten, nicht glauben. »Das ist ein sehr netter Kerl«, behauptete sein unmittelbarer Vorgesetzter steif und fest. »Er ist immer bereit, einem einen Gefallen zu tun, immer hilfreich und freundlich. Er schafft seine Arbeit schnell weg. Da muß es wohl ein paar taube Nüsse in seiner Mannschaft geben.«

War Jake zwei verschiedene Menschen? Eine gespaltene Persönlichkeit? Keineswegs. Er benutzte einfach den Janusfaktor, um mit dem Leben zurechtzukommen. Im Grunde besagt der Janusfaktor, daß jeder Mann und jede Frau in einem Unternehmen zwei Gesichter hat. Ein Gesicht wendet sich den Menschen zu, die in der Unternehmensstruktur weiter oben sind, und signalisiert eine bestimmte Botschaft. Ein anderes Gesicht wendet sich denen, die weiter unten stehen, mit einer ganz anderen Botschaft zu.

Eine logische Folge des Janusfaktors ist, daß der Unterschied zwischen den zwei Gesichtern und den zwei Subtexten desto geringer ist, je sicherer die Person sich in der Unternehmensstruktur fühlt. Der Präsident von Jakes Firma scheint nur ein Gesicht zu haben, aber bei der Arbeit sieht natürlich keiner das Gesicht, das er seiner Frau und den Kindern zeigt.

Der Janusfaktor läßt sich am besten in der Industrie beobachten, doch er gilt auch in der Politik. In der Watergate-Affäre sah die Nation ein Gesicht Präsident Nixons und empfing einen Subtext – ein ruhiger, vernünftiger Mann, der sich in

der Gewalt hat. Die geheimen Bänder enthüllten ein völlig anderes Gesicht – vulgär und unbeherrscht. Gehörten die zwei Gesichter einem einzigen Mann? Gewiß. Es war der Janusfaktor in Aktion.
Selbstverständlich hat praktisch jeder Präsident zwei Gesichter. Präsident Bush zeigte als Vizepräsident ein unterwürfiges Gesicht. Jetzt, als Obermohr, macht er deutlich, daß keiner ihm sagt, was er zu tun hat.

Die Maske tragen

Wesentlich am Janusfaktor in der Wirtschaft, in der Politik und sogar in der Familie ist, daß man lernt, wann und wo man sich maskiert und wann und wo man die echten Gefühle und die Subtexte, die sie vermitteln, verbirgt. Politiker müssen diese Lektion schon früh lernen. Edmund Muskie scheiterte als möglicher Präsidentschaftskandidat, weil er öffentlich weinte und damit die Maske fallen ließ. Als dagegen die Fernsehevangelistin Tammy Faye Bakker öffentlich weinte, benutzte sie die Tränen als Maske.
Ärzte müssen lernen, sich vor Patienten zu maskieren; Anwälte müssen vor Gericht eine Maske tragen. Je höher man auf der Unternehmensleiter klettert, desto wichtiger wird die Maske. Die einfachste Maske ist der nichtssagende Blick, das ausdruckslose Gesicht. Aber der Ausdruck selbst ist ein viel besseres Maskierungsmittel.
Ein fehlender Ausdruck strahlt einen negativen Subtext aus: »Es ist niemand zu Hause.« Ein Ausdruck beliebiger Art sendet einen positiven Subtext: Freude, Zorn, Angst, Haß, was auch immer. Ein Lächeln ist das einfachste Mittel, Traurigkeit, Zorn oder Enttäuschung zu maskieren. Es sendet einen angenehmen Subtext. Ein grimmiger Blick kann Freude und Begeisterung maskieren; ein Stirnrunzeln kann Glück verbergen.

Einige von uns verwenden mehr als den Gesichtsausdruck, um sich zu maskieren. Frauen nehmen Make-up, um Lippe und Augen hervorzuheben oder einen roten Anflug auf den Wangen zu schaffen. Männer verwenden Haar als Maskierung: Ein dichter Schnurrbart kann eine Männlichkeitsmaske sein; ein Vollbart kann die Kontur des Gesichts verändern, ein fliehendes Kinn stärken, einen Subtext von Klugheit und Beherrschtheit hinzufügen.

Wann beginnt das Maskieren? Soweit wir wissen, ist es bereits in der frühen Kindheit vorhanden. Die meisten Kinder begegnen Erwachsenen mit feierlichen Gesichtern und wachsamen Augen, geben wenig von sich preis, halten ihre wahren Gefühle zurück. Das aufgeweckte Kind lernt schnell, was Erwachsene erwarten, und maskiert sich entsprechend.

Wenn Kinder entdecken, daß ihre Gefühle für die Gesellschaft nicht annehmbar sind, haben sie die Wahl, entweder diese Gefühle zu ändern oder sie zu verbergen – zu maskieren. In den meisten Fällen können Gefühle nicht verändert werden, also versteckt das Kind sie und schafft eine geheime innere Welt der Empfindungen und Phantasien.

Teenager verstehen es noch besser, sich zu maskieren, während ihre im Wandel begriffenen Körper eine Flut von Hormonen freisetzen, die ihre Wünsche und Bedürfnisse verstärken. Sie wagen es nicht, diese zu offenbaren, und dennoch sind sie bei weitem nicht so geschickt im Maskieren wie Erwachsene. Als Kompromiß holen sie im allgemeinen die nichtssagende Maske der Kindheit hervor oder verstecken sich hinter einem mürrischen Gesicht. Leider signalisieren sie damit nicht: *Ich bin durcheinander, ich habe Probleme!*, sondern: *Das ist mir schnurz und piepe!*

Eltern und Lehrer tun die Verdrossenheit von Teenagern als typisch für ein Kind in diesem Alter ab, doch hinter der mürrischen Maske kann eine sensible Person stecken – zu weich, verängstigt und verletzlich, um sich der Welt zu stellen. Die Maske und ihr Subtext sind ein Mittel, das zerbrechliche Innenleben zu schützen.

Die Maske anwenden

Wenn wir alle Situationen bedenken, in denen wir die Maskierungsmethode anwenden, können wir uns klarmachen, was für ein universelles Mittel es ist, einen Subtext auszusenden oder vielmehr keinen Subtext auszusenden. Höflichkeit, also etwas, was wir für ein zivilisiertes Vergnügen unserer Kultur halten, ist einfach eine kunstvolle Form des Maskierens. Wir setzen ständig Masken auf, in der Firma, in der Schule, zu Hause, gegenüber unseren Feinden und bei unseren Freunden. Wenn man es recht überlegt, wagen sehr wenige Menschen, ihr inneres Selbst bloßzustellen, indem sie den Subtext ihrer wahren Gefühle aussenden.

Dieses innere Selbst ist der heiligste Teil von uns, und man erwartet von uns nicht, daß wir ihn offenlegen. Die Gefühle zu maskieren ist wichtig, vorausgesetzt, die Maskerade hält sich in vernünftigen Grenzen. Es kann sogar falsch und egoistisch sein, die wahren Gefühle zu zeigen.

Sandy, die für die Ausbildung in der Computerabteilung ihrer Firma zuständig ist, erklärte dies in Hinblick auf ihr Verhältnis zu den Trainees: »Ich kann ihnen am Anfang nicht die Wahrheit über ihre Arbeit sagen. Es würde genau das Gegenteil bewirken. Gewiß, sie machen manche dummen Fehler, und auf die offenkundigen mache ich sie aufmerksam, aber ich darf sie nicht sehen lassen, wie sie mich zur Verzweiflung bringen. Ich muß ihnen Mut zusprechen, und solange sie die unterschwellige Ermutigung hinter meinen Worten verstehen, probieren sie es weiter. Wenn sie meinen, sie machen es gut, werden sie es in Zukunft besser machen.«

Sandys Ausbildungsmethode war eine Form der Maskerade.

Sid, ein Vorarbeiter an der Fertigungsstraße, wandte eine ähnliche Technik an: »Ich sage den Neuen nie, wie bescheuert sie sich anstellen. Ich sage ihnen, daß sie es gut machen, baue sie auf, und sie verlieren ihre Nervosität und machen es tatsächlich besser. Ich spiele ihnen wohl etwas vor, aber es ermutigt sie, nicht aufzustecken. Ich ziehe mir auf diese Art einige gute Leute heran.«

Kontrolle

Ein anderer Aspekt des Maskierens ist die Kontrolle, etwas, das wir brauchen, um uns an das Leben in einer zivilisierten Gesellschaft anzupassen. Wir müssen unsere Grundbegierden, zu nehmen, was wir haben möchten, zu tun, was wir möchten, und sogar zu leben und zu arbeiten, wie wir möchten, unter Kontrolle halten. Die Mäßigung der Wünsche ist die eigentliche Aufgabe der Kontrolle.

Wir lernen die Kontrolle in jungen Jahren. Hungrige Babys schreien, bis die Flasche kommt, aber allmählich lernen sie, ihren Hunger zu beherrschen und auf Essen zu festgesetzten Zeiten zu warten. Sie lernen, Blase und Darm zu kontrollieren, wenn sie größer werden, und schließlich lernen sie, ihre Wünsche zu kontrollieren und solche, die unsozial sind, zu unterdrücken.

Der Vorgang, sich beherrschen zu lernen, kann angenehm sein, weil das heranwachsende Kind zusammen mit der Kontrolle die Erwartung mit all ihren Freuden lernt. Die allmähliche Verfeinerung der Kontrolle und die Unterdrückung von Trieben und Wünschen sind Schritte auf dem Weg zur Reife. Wir definieren sogar den Subtext der Unreife als einen Mangel an Beherrschung.

Mit unreifen Kindern, die Kontrolle nicht lernen können oder wollen, ist es schwierig zu leben. Wenn sie etwas wollen, dann wollen sie es auf der Stelle. Wenn sie sich ärgern, schreien oder brüllen sie oder bekommen einen Wutanfall. Wenn sie hungrig sind, dann betteln sie um Essen. Wenn sie so alt sind, daß sie sich selbst Essen besorgen können, essen sie nach Laune, ohne Rücksicht auf regelmäßige Zeiten.

Gavin war so ein Kind, und als Erwachsener war er nicht viel besser. Er hatte das Pech, Eltern zu haben, die leicht nachgaben und sich nach seiner fehlenden Kontrolle richteten. Als er auszog, sah sein Apartment genauso unordentlich aus wie sein Zimmer zu Hause, wo überall Sachen und Kleider herumlagen.

Für kurze Zeit teilte er sein Apartment – und sein Leben – mit einer jungen Frau, aber sie hielt es nicht lange aus. »Ich kann so nicht leben. Ich bin auch nicht so ordentlich, aber einfach alles fallen zu lassen und sich dann zu fragen, wo es ist, wenn du es brauchst! Und die Mahlzeiten. Ich richte das Abendessen auf sieben, und um sechs bist du so hungrig, daß du dich mit irgendwas vollstopfst!«

Gavin zuckte die Achseln. »Warum nicht essen, wenn man Hunger hat? Ich bin um sechs hungrig. Warum bis sieben warten?«

»Weil ich mir viel Mühe mache, das Essen um sieben fertig zu haben! Kannst du deinen Hunger nicht beherrschen?«

Gavin konnte es offenbar nicht, und seine Freundin zog aus. Er regte sich auf, aber doch nicht so sehr, daß er sich geändert hätte. »Warum muß ich in allem so steif sein? Das ist nicht mein Lebensstil!«

Aber sein Lebensstil prägte auch seinen Arbeitsstil. Er trat eine gute Stelle in einer Gruppe an, die Dokumentationen für das Kabelfernsehen produzierte, aber er konnte in seine Arbeit nicht mehr Kontrolle als in sein Leben bringen. Er verlegte wichtige Dokumente, vernachlässigte langweilige Projekte, versäumte es, an Manuskripten etwas zu ändern, und verlor schließlich seine Arbeit.

Es ist schwierig, entdeckte er, sich auf einer Ebene zu kon-

trollieren, während man auf einer anderen keine Kontrolle hat. Um etwas zustande zu bringen, muß in praktisch allen Lebensbereichen Kontrolle an den Tag gelegt werden.
Hin und wieder finden wir einen trügerischen Zauber an unkontrollierten Menschen. Ihre Ausstrahlung ist romantisch, sie scheinen über alltägliche Ansprüche erhaben, sogar urwüchsig und natürlich, aber es ist schwierig, mit ihnen zu leben, und nahezu unmöglich, mit ihnen zu arbeiten – oder schlimmer noch, *für* sie zu arbeiten!
Wenige Menschen sind in jedem Bereich kontrolliert, aber die meisten Menschen wenden bestimmte Grade von Kontrolle an, um ein Signal der Sensibilität und Ordnung auszusenden. Diejenigen, die es nicht können oder wollen, sind die Spielernaturen, die kein Risiko auslassen können: der Mensch, der ein viel zu teures Auto kauft, denn »auch wenn ich es nicht brauche, es sieht toll aus«; der Dieb, der einer guten Gelegenheit nicht widerstehen kann, oder der auf Diät Gesetzte, der unbedingt dieses Extrastück Kuchen haben muß.

Ratschläge von einem Profi

Walter J. Pfister jr. ist President des Executive Television Workshop. Als ehemaliger Vice-President des Nachrichtenstudios bei ABC ist Pfister ein alter Hase mit 25 Jahren Fernseherfahrung. Er produzierte sechs nationale Parteitage zur Kür des Präsidentschaftskandidaten und berichtete über fünf nationale Wahlen. Zur Zeit schult er Führungspersonen und Wortführer, bei Fernsehinterviews, Reden, Präsentationen und Vorstandssitzungen die richtige unausgesprochene Botschaft zu vermitteln.
Während eines Gesprächs sagte mir Pfister kürzlich: »Das Fernsehen hat die Welt in Hinblick auf Imageprojektion und Subtext bei jeder geschäftlichen Begegnung verändert. Der

erste Eindruck, den man sich von jemandem macht, ist der wichtigste. Bitten Sie zehn Minuten nach einer Präsentation jemanden, der sie gehört hat, zu notieren, was gesagt wurde, und er wird es, mag sie noch so anregend gewesen sein, vielleicht auf einen oder zwei Sätze zum Thema bringen. Das ist in etwa alles. Aber fragen Sie: Haben Sie sich bei dem Redner wohl gefühlt? Mochten Sie ihn? Glaubten Sie ihm? Hielten Sie ihn für ehrlich? Würden Sie ihm trauen? Stellen Sie diese Fragen, und Sie haben eindeutige Eindrücke. Sie werden mit viel größerer Sicherheit Antworten erhalten!«

Laut Pfister ist es das Erscheinungsbild, was zählt, weil das Bild die Botschaft übermittelt. »Nehmen Sie politische Debatten. Wenn Sie sich den Wortlaut jeder einzelnen anhören, werden Sie feststellen, daß der Inhalt ziemlich dürftig ist. Niemand sagt etwas von Belang. Was zählt, ist der Eindruck auf das Publikum und seine Reaktion auf den Subtext des Redners. Mochte ich diesen Kandidaten, oder mochte ich ihn nicht? Es ist traurig, aber leider wahr.«

Ich fragte Pfister, wie man im geschäftlichen Umfeld den angemessenen Eindruck hinterlassen kann. Wie sendet man zum Beispiel einen Subtext des Vertrauens aus?

Lächeln, war sein erster Vorschlag. »Jemand steht auf, um bei einer Vorstandssitzung das Wort zu ergreifen, und oft ist er oder sie zu ausdruckslos, zu nervös oder einfach ängstlich. Das Gremium merkt das sofort, so wie Tiere Angst spüren. Das gilt genauso, wenn man sich zu zweit gegenübersteht.«

Mir fiel Philip Marchands Rat an Dan Quayle ein, und ich fragte Pfister, wie er das mit seiner eigenen Empfehlung über das Lächeln zu vereinbaren gedachte.

»Das ist ein besonderer Fall. Selbstverständlich kann das falsche Lächeln, das zu eifrige und jungenhafte, ein Bild des unerfahrenen Jugendlichen vermitteln. In diesem Fall verändert man entweder sein Lächeln oder nimmt es ein wenig zurück.

In jeder geschäftlichen Situation«, betonte er, »ist es sehr wichtig, so zufrieden wie möglich auszusehen. Ein Lächeln hilft sicher dabei. Eine andere Art, Wohlbefinden und Unbefangenheit zu übermitteln, ist es, sein Gegenüber mit Namen anzusprechen. Das schafft sofort eine freundliche Atmosphäre. Damit dieser Subtext erhalten bleibt, behalten Sie einen Plauderton bei. Halten Sie keine Volksreden und keine Vorlesungen, auch nicht, wenn Sie zu einer Gruppe sprechen. Denken Sie daran, je kürzer die Rede, desto besser. Nicht so sehr, was Sie sagen, sondern die Art, wie Sie es sagen, ist wichtig!«

Ich überlegte, ob Führungspersönlichkeiten nicht sehr viel Übung brauchten, um diese Regeln zu lernen, doch Pfister schüttelte den Kopf. »Sie würden staunen, wie schnell leitende Angestellte in großen Unternehmen lernen. Sie müssen Führungspersönlichkeiten sein. Je besser sie sich mitteilen können, je mehr sie darüber wissen, wie sie genau den Subtext übermitteln, auf den sie aus sind, desto besser können sie führen. Der Abteilungsleiter im Elfenbeinturm gehört der Vergangenheit an.«

Wie sieht es bei den leitenden Angestellten aus, die mit Personen über oder unter ihnen in der Unternehmenshierarchie zu tun haben? Sollten sie ihren Stil variieren?

»Man sollte weder herablassend noch unterwürfig mit jemandem reden. Man muß man selbst bleiben«, sagt er entschieden.

Der Umgang mit einem Untergebenen ist eine noch heiklere Situation. »Wenn Sie mit dem Vorarbeiter der Firma reden und ihm ein Gefühl der Würde geben wollen«, sagt Pfister, »reden Sie ihn mit Herr Soundso an. Die Aussage ist Respekt.«

Machen Kleider Leute?

Für den Subtext des Anziehens gilt, daß Kleider in der Tat sehr viel damit zu tun haben, wie man Sie wahrnimmt. Nach Walter Pfisters Meinung sind Ordentlichkeit, Sauberkeit und Angemessenheit die entscheidenden Faktoren. Zwar glaubt er, daß bestimmte Farben bei Männerkleidung »Machtfarben« sind, doch die meisten Geschäftsberater seien bei diesem Thema zu weit gegangen. »Sagen wir, der Vorarbeiter kommt herein, um den Vorsitzenden des Vorstands zu sprechen. Wenn er sich in einen blauen Anzug wirft, den er nur sonntags trägt, ist das einfach nicht angemessen. Aber er sollte bestimmt nicht mit Schmieröl an den Händen hereinkommen!«

Ich stimme ihm zu. Es gibt Farben, die einen starken Subtext senden, obgleich es unsinnig wäre, zu glauben, der Erfolg sei garantiert, wenn man sie trüge. Farben können jedoch dazu beitragen, Ihr Erscheinungsbild zu verändern. Bei Männern in der Geschäftswelt sind Dunkelblau, Schwarz und Anthrazit Farben, die Stärke und Kompetenz projizieren. Weiße Hemden und zurückhaltende Krawatten vervollständigen das Bild. Während Frauen größere Möglichkeiten hinsichtlich der Kleidung haben, erhalten Männer meistens den Rat, auf Nummer Sicher zu gehen. Nach Meinung von Clifford Grodd, President bei Paul Stuart, sollten Männer in der Wirtschaft versuchen, einen Subtext der Intelligenz zu projizieren. Sie sollten nicht den Anschein erwecken, sich allzusehr um ihre Kleidung zu kümmern, es sei denn, sie arbeiten in der Modebranche.

In den Bereichen Architektur, Industrial Design, Verlag oder Werbung sind ein sportliches Jackett und eine bequeme Hose im allgemeinen angesagt. Ich habe viele junge Angestellte in diesen kreativen Berufen in ordentlichen Jeans mit Hemd, Krawatte und Jackett gesehen.

Der klassische blaue Blazer mit dunkelgrauer Hose, ein weißes oder auch hellblaues Hemd und eine dunkle gestreifte Krawatte sind eine angemessene Kombination in vielen geschäftlichen Situationen. »Die dunkle Hose vermittelt einen geschäftlichen Subtext«, sagt Grodd. »Solange man nicht aussieht, als ginge man zu einer Party im Jachtklub!«

Und Joyce Grillo, President der Imageberatung *Impression Management,* die psychologisch orientiert ist, hat eine genaue Vorstellung zum Thema Frauenkleidung in der Berufswelt. Die landläufige Meinung, Erfolg hinge mit Kleidung zusammen, ist ihrer Ansicht nach stark übertrieben, besonders was Frauen betrifft.

»Bei Männern sind es immer noch die dunklen Farben für Anzüge, das weiße Hemd und die unauffällige Krawatte. Leider sind Männer eingeengt; braun, grün, gelb, kariert – das ist alles out. Hellbraun ist keine entschlossene Farbe, und Hellgrau – nun, manche Männer können es tragen, wenn sie den entsprechenden Teint haben.

Was Frauen tragen, hängt zu einem gewissen Grad davon ab, wo sie arbeiten, aber heute hat man da wirklich viel Freiheit. In einer nüchternen Branche, etwa bei Banken, im Maklerberuf oder im juristischen Bereich, müssen Frauen sich immer noch in konservative Farben kleiden. Allerdings können sie Kleider anstelle der allgemein empfohlenen Kostüme tragen, solange es die richtige Art von Kleid ist, ein Mantelkleid vielleicht oder etwas, das nach Jackett aussieht – nichts mit Rüschen, nichts Verspieltes. Ein Kleid kann den Subtext der Kompetenz vermitteln, und das ist der Subtext, den eine Frau sich wünscht.«

Frau Grillo macht darauf aufmerksam, daß es keine einfache Formel gibt. »Man kann nicht in einem Buch nachlesen, wie man sich erfolgverheißend kleidet, und einem starren Muster folgen. Das funktioniert nicht. Zum einen sind solche Bücher zu konservativ für die Welt von heute. Zum anderen muß jede Frau ihren persönlichen Stil entwickeln, einen Stil, der zu ihrer Persönlichkeit und ihrem Subtext paßt.« Sie hebt hervor, daß Frauen in der Wirtschaft bei der Kleidung vor allen Dingen auf Qualität achten sollen. Bei den Farben kommt es auf die Situation an. »Wenn ich zum erstenmal in einer geschäftlichen Angelegenheit in eine Bank ginge, würde ich Rot tragen. Rot ist eine sehr warme Farbe und stimuliert die Menschen. Es strahlt Vertrauen aus, und heute ist es für Frauen genauso annehmbar wie Marineblau. Die Leute sehen es gern, und die Frauen tragen es gern.«

Sie nannte Gelb als weitere attraktive, doch nicht gebührend geschätzte Farbe, mahnte allerdings gleichzeitig, daß Frauen den Gelbton finden müssen, der zu ihrer Gesichtsfarbe paßt. »Es ist keine einfache Farbe, aber sie kann sehr gut wirken. Grün halte ich ebenfalls für eine wunderbare Farbe, vor allem Nilgrün.«

Sie hob besonders hervor, daß Frauen im Geschäftsleben heute sehr viel kreativer hinsichtlich der Kleidung sein können. Sie sollten ihren eigenen Stil entwickeln und sich in dem, was sie tragen, wohl fühlen. Viele Möglichkeiten stehen ihnen zur Wahl, aber die Geschäftsfrau muß darauf achten, Kleider zu meiden, die allzu modisch oder ausgefallen sind. Das wichtigste Element an der Kleidung fürs Geschäft ist, daß die Art des Geschäfts den Kleiderstil bestimmt – und Ihr Kleiderstil seinerseits Ihren Subtext diktiert.

Als Beispiel erwähnte Frau Grillo den Verkaufsbereich, wo eine Ausstrahlung von Glaubwürdigkeit das wichtigste ist. »Wenn Sie auf mich nicht den Eindruck der Glaubwürdigkeit machen, warum sollte ich dann bei Ihnen kaufen? Warum sollte ich glauben, Sie verkaufen mir etwas, das in Ordnung ist?«

Glaubwürdigkeit strahlen Sie nicht nur mit der Art und Weise aus, wie Sie das eigentliche Verkaufsgespräch führen, sondern sie geht auch von der Art Ihrer Kleidung aus. Eine Verkäuferin in einem teuren Kaufhaus wie Saks Fifth Avenue oder Bergdorf Goodman zieht sich elegant und mit einem

gewissen Pfiff an. In einem Geschäft wie Tiffany, das sehr teure, aber traditionelle Artikel verkauft, kleidet sie sich konservativer – sie trägt ein maßgeschneidertes Kleid. In einem Geschäft wie L. L. Bean in Maine, wo die Freizeit im Vordergrund steht, projizieren Jeans und Flanell Glaubwürdigkeit. Eine Frau, die Immobilien in Beverly Hills verkauft, wo die Preise in die Millionen gehen, könnte Nerz und Diamanten tragen, während eine Verkäuferin in einer Rodeo-Drive-Boutique supermodern gekleidet sein kann.
Mara Urshel, stellvertretende Chefin und Verkaufsleiterin für Damenbekleidung bei Saks Fifth Avenue in New York, glaubt, daß die wichtigste Regel für die Kleidung im Geschäft die Konformität ist. Wissen, was alle anderen tragen, »weil es das ist, womit man leben wird, falls man erfolgreich sein möchte«. Sie stimmt Frau Grillo zu, daß Frauen im allgemeinen mehr Möglichkeiten haben. Das traditionelle, zusammengehörige Kostüm kommt aus der Mode.
Louise Maniscalco, Einkäuferin bei Barneys in New York, sagt: »Geschäftsfrauen können eine Jacke tragen, die farblich zum Rock paßt, aber nicht unbedingt das gleiche Muster, die gleiche Farbe oder den gleichen Stoff zu haben braucht und nicht einmal vom selben Modeschöpfer stammen muß.«
Sie äußert auch die Ansicht, daß Frauen extravagante Sachen tragen dürfen, je nachdem, wo sie arbeiten. Frauen in konservativen Bereichen müssen immer noch Röcke und Kleider tragen. »Hosen und Hosenanzüge sind in der Modebranche, im Verlag, in der Werbung, in der Medizin oder im Immobiliengeschäft möglich.« Die Rocklänge jedoch sollte einem völlig selbst überlassen bleiben. Der Rock kann bis zum Knie, zur halben Wade oder noch weiter reichen, und nach der neuen Mode kann er sogar über dem Knie enden.
Eine aufeinander abgestimmte, aber nicht unbedingt zusammengehörige Ausstattung – etwa eine senfgelbe Jacke, eine weiße Bluse und ein schwarzer Rock – ist eine vielseitige

erste Anschaffung für eine junge Geschäftsfrau. Diese Art von Kleidung wird akzeptiert, und eine Auswahl an Jacken läßt sich mit verschiedenen Blusen und Röcken kombinieren, um unterschiedliche Wirkungen zu erzielen. Wenn der Arbeitsplatz nicht zu konservativ ist und keine Jacke verlangt wird, komplettiert eine Weste die Kleidung mit modischem Schick.

Frauen, die zu Hause arbeiten, stehen vor anderen Anforderungen an den Subtext. Die meisten werden sich zwangloser kleiden, aber manche nehmen sich doch jeden Morgen Zeit für ihr Make-up.

Luci R. Knight, die von ihrem Haus in Pleasantville, New York, aus ein Marketingbüro betreibt, glaubt, daß ihr das Make-up Selbstvertrauen und ein geschäftsmäßiges Auftreten gibt, wenn sie am Telefon spricht. »Es trägt bestimmt viel dazu bei, wie ich ankomme«, behauptet sie.

Joyce Matz, eine Public-Relations-Beraterin in Manhattan, die von zu Hause aus arbeitet, verwendet Make-up, »weil ich es gern trage, wenn der Portier oder der Mann von UPS heraufkommt«. Manche Frauen meinen, daß das Make-up ihnen hilft, Routiniertheit auszustrahlen.

Joyce Grillo faßt es zusammen: »Wenn man sich gut anzieht, selbst zur Arbeit zu Hause, ist man produktiver. Tragen Sie etwas, worin Sie sich wohl und zufrieden fühlen. Die Art, wie Sie sich kleiden, sendet einen Subtext aus, wie Sie sich persönlich und hinsichtlich Ihrer Arbeit fühlen.«

Haarige Probleme

Ich fragte Joyce Grillo nach Damenfrisuren, und sie äußerte die Ansicht, daß in den meisten Geschäftsbereichen kurz, ordentlich und glatt Kompetenz ausstrahlt. Langes Haar mag zwar attraktiv sein, wird aber oft als unpassend im geschäftlichen Rahmen angesehen. Frau Grillo bemerkt zu der widersprüchlichen Rolle der Frisur am Arbeitsplatz: »Viele Frauen sagen mir, daß sie sich freier, aggressiver, energischer fühlen, wenn sie das Haar kurz schneiden. Freilich gibt es auch manche, die sich nackt und verletzlich fühlen!«

Tatsächlich hat das Haar einen starken Subtext. Die meisten Frauen sind mit langhaarigen Models und Filmstars als ihren Leitbildern aufgewachsen. Langes Haar wirkt besonders faszinierend auf Männer, und das wird den Frauen in jungen Jahren bewußtgemacht. Manche Frauen setzen einen kurzen Haarschnitt mit dem Verlust ihrer Femininität gleich, machen sich aber Gedanken, daß das Bild, das von langem Haar projiziert wird, im Geschäft problematisch sein kann. In manchen Bereichen ist langes Haar natürlich ein Pluspunkt. Die Kosmetikbranche und die Welt der Mode begrüßen den bezaubernden Subtext, den langes Haar aussendet, akzeptieren aber auch den besonderen Schick von kurzem Haar. In wachsender Zahl zeigen sich Models mit kurzen Schnitten, vor allem wenn das erwünschte Signal ein flotter, moderner Stil ist.

Bei Männern wird langes Haar am Arbeitsplatz zunehmend akzeptiert, jedoch nur bei jüngeren Männern. Ältere Männer sollten das Haar besser kurz geschnitten und ordentlich tragen. Langes Haar ist nicht angebracht. Ebenfalls unpassend ist es, wenn Männer, die eine Glatze bekommen, versuchen, mit den spärlichen übriggebliebenen Strähnen die kahle Stelle zu verdecken. Der darin enthaltene Subtext verrät, daß ein Mann sich ziemlich kläglich an die Jugend klammert. Im Geschäft wie in jedem Bereich sollten Männer und Frauen lernen, mit Würde zu altern, und die Subtexte akzeptieren, die ein älteres Äußeres mit sich bringt: unter anderem mehr Erfahrung, Sachkenntnis und Weisheit. Wenn ihre Kleidung und Erscheinung mit dem Alter übereinstimmen, werden auch die Subtexte annehmbar sein.

Das Alter mit Würde zu akzeptieren bedeutet, daß man sinnlose Bemühungen um Jugend meidet, doch das heißt mit Sicherheit nicht, daß Sie keine vernünftigen Schritte unternehmen sollten, um gewisse Vorurteile gegen das Alter zu überwinden. Es ist nichts Falsches darin zu sehen, wenn Sie Ihr graues Haar färben, vorausgesetzt, es geschieht auf zurückhaltende Weise, und plastische Chirurgie hat vielen Männern und Frauen geholfen, ihren Arbeitsplatz zu behalten.

Es funktioniert, wenn man sein Erscheinungsbild verändert, um die Ausstrahlung zu ändern, falls am Arbeitsplatz ein Vorurteil gegen das Alter besteht, und genauso funktioniert es, wenn das Alter keine Rolle spielt. Joyce Grillo berichtet von einem Mann, der von einem ziemlich konservativen Unternehmen an sie verwiesen wurde. Er war sehr gut in seinem Beruf, der zum technischen Bereich gehörte, und er war Mitte Vierzig. »Leider kannte er sich mit Kleidung nicht aus und kümmerte sich auch nicht im geringsten darum. Als ich ihn kennenlernte, machte er einen sehr schlampigen Eindruck. Sein Haar hätte geschnitten werden müssen, und er trug eine Hose mit einem Riß, eine abgewetzte buntkarierte Sportjacke, ein gemustertes Hemd und eine geblümte Krawatte!«

Offenbar war ihm bewußt, daß irgend etwas mit seinem Aussehen nicht stimmte. Er erzählte Frau Grillo, daß man in den Jahren, die er bei der Firma war, leise Anspielungen auf sein Äußeres gemacht hatte. »Ich weiß, daß Kleidung mich überhaupt nicht interessiert, und vermutlich hat die Firma Sie deshalb engagiert, um mit mir zu reden, aber ich will einfach nicht viel für meine Kleidung ausgeben. Sie ist es nicht wert. Ich habe etwas Geld auf der hohen Kante, aber meine Frau möchte neue Küchenschränke, und dafür ist das Geld gedacht.«

Nach längerer Diskussion legte er sich auf eine Summe fest, die er für Kleidung auszugeben bereit war. Er und Frau Grillo gingen zusammen einkaufen und wählten einen anthrazitgrauen Anzug, ein weißes Hemd, eine kastanienbraune Krawatte und schwarze Schuhe – dann war ein konservativer Haarschnitt beim Friseur an der Reihe. »In seiner neuen Garderobe«, sagte Frau Grillo lächelnd, »sah er gut aus – ein sehr attraktiver Mann, was man vorher nie vermutet hätte. Das schlampige Aussehen war verschwunden und damit auch der alte Subtext.«

Eine Woche später rief er Frau Grillo an. »Ich muß Ihnen etwas berichten«, begann er. »Ich nahm an einer Besprechung mit ein paar neuen Leuten teil, und sie gingen ganz anders mit mir um, als man mich früher behandelte. Sie hörten mir zu, und das tat mir richtig gut. Das gleiche ist mir im Werk passiert. Die Leute sind viel verbindlicher. Es ist eine völlig neue Erfahrung!

Was das Geld für die Küchenschränke betrifft, so haben meine Frau und ich beschlossen, die vorerst auf Eis zu legen. Kein Mensch würde meine Schränke sehen. Ich verwende das Geld für neue Kleidung.«

Subtext und die Justiz

1972 wurde Bill Clark, ein Polizist im 78. Bezirk in Brooklyn, zum Kriminalbeamten befördert. Seine neuen Kollegen schlugen vor, daß er sich seiner neuen Rolle gemäß kleiden solle. Bill ging also einkaufen und erstand zwei gemusterte Anzüge, einen in Himbeerrot und Weiß, einen anderen in einem auffallenden Karomuster, ein paar gestreifte Hemden und bunte Krawatten.

Die Kollegen waren von dem Kauf geschockt. Schließlich begleitete einer ihn zu einem Kleidergroßhändler, wo ihm ein Verkäufer dabei half, einen dreiteiligen Flanellanzug auszusuchen. Trotz der Fernsehbilder von nachlässig gekleideten

New Yorker Detectives, berichtete Bill Clark 1984 einem Reporter der Zeitschrift *New York,* beruht die Polizeikleidung in der Stadt auf dem gesunden Menschenverstand. Kriminalbeamte, erklärte er, bemühen sich, Würde und sogar Charme zu projizieren. Manchmal könne die Kleidung noch wichtiger als ihre Pistolen sein.

Seit 1984, als Detective Clark interviewt wurde, haben sich die Verhältnisse geändert. Heute versucht der clevere Stadtpolizist, einen Subtext zu projizieren, der Erfahrung mit der Brutalität der Straße zeigt. So handhabt man es am besten in einer von Drogen geplagten Stadt. Man findet jedoch immer noch in jeder Bezirksstation Kriminalbeamte im Straßenanzug, der zu einem förmlicheren Image paßt.

Vor einiger Zeit hatte ich das Glück, eine Gruppe von Prozeßanwälten aus Philadelphia interviewen zu können. Ich erschien in meinem besten Staat: Tweedsakko, ärmelloser Pullover, gestrickte Krawatte und bequeme Hose. Ich hatte die *New York Times* dabei, die ich im Zug gelesen hatte.

Während einer Diskussion über die Auswahl der Mitglieder einer Jury sagte ein Anwalt: »Ich würde Herrn Fast niemals in eine meiner Jurys lassen! Dieser Tweedsakko und der Pullover bedeuten für mich ›intellektuell‹. Auch die Zeitung, die Sie lesen. Ich möchte keine Intellektuellen in meiner Jury. Sie denken zuviel. Wenn Sie allerdings die *Daily News* in der Hand gehabt hätten . . .«

Es ist gar nicht so abwegig, die Mitglieder einer Jury nach den Zeitungen, die sie lesen, zusammenzustellen. Ein Anwalt, mit dem ich sprach, sagte, als Staatsanwalt würde er jeden streichen, der die *New York Times* liest, aber vielleicht einen Leser des *Wall Street Journal* akzeptieren. »Boulevardblätter oder Schundromane sind in Ordnung, aber vergessen Sie jeden, der *Krieg und Frieden* in den Gerichtssaal mitbringt!«

Was jemand liest, projiziert ebenso einen Subtext wie die Art, sich zu kleiden. Ein Subtext kann in fast jeden Teil einer

Person hineingelesen werden. Ein afroamerikanischer Prozeßanwalt sagte mir, er benutze seine Farbe und seinen Minderheitenstatus als positives Image. »Die Leute haben immer noch Vorurteile hinsichtlich der Hautfarbe eines Menschen. Sie erwarten nicht besonders viel von mir, und ich überrumple sie damit, daß ich mich intelligent und klar ausdrücke. Was immer ich tu oder sage, wirkt dann ein bißchen besser.«

Ein anderer Anwalt, der in Vietnam ein Bein verloren hat, erzählte mir, daß er sich weigere, eine Prothese zu verwenden. »Ich komme zeitig in den Gerichtssaal und lege meine Krücken unter den Tisch. Im entscheidenden Augenblick stehe ich dann auf, halte mich am Tisch fest und gebe meine Erklärung ab. Die Jury sieht plötzlich mein Gebrechen. Was für ein Theater! Was für eine Botschaft ich aussende! Glauben Sie mir, es funktioniert immer.«

Ich hörte allerdings auch von einem Anwalt mit einem extravaganten Stil, der weiße Anzüge und Hosenträger liebt und sich das leisten kann – aber nur, weil er über die nötige Großspurigkeit verfügt und ein äußerst kluger Kopf ist. Der Subtext, den er projiziert, paßt zu seinem Stil und Auftreten und zu dem Gericht, an dem er arbeitet. Die gleiche Kleidung an einem anderen Mann könnte lächerlich und eine Katastrophe sein. Der Subtext muß dem Stil entsprechen.

Im allgemeinen sind Männer sehr gut beraten, wenn sie lässige Hosen und sportliche Jacketts meiden und bei Anzügen bleiben.

Für Frauen im Gerichtswesen sind gedämpfte Farben am besten geeignet, wenn das Erscheinungsbild ernst sein soll. In dem Maß, in dem die Farbe heller wird, hellt sich auch die Ausstrahlung der Frau auf. Ein weicheres Image wird von Beige- und Brauntönen projiziert. Eine Frau kann ein Kostüm tragen, wie es die meisten Anwältinnen tun, aber sie kann sich im Gericht auch für ein schickes Kleid oder einen

Rock mit Bluse begeistern, wobei sie sich immer über das Bild das sie zu projizieren wünscht, im klaren sein muß.
Auch hier gibt es Ausnahmen. Eine junge Rechtsanwältin aus dem Marin County in Kalifornien erzählte mir, daß sie es einmal wagte, in Jeans im Gericht zu erscheinen. »Der Richter kritisierte mich deswegen, aber es hielt sich in Grenzen. Ich wußte, daß er unter seiner Robe Jeans trug. Auf die Jury hatte ich es damit abgesehen. Alle waren jung, unangepaßt, und ich hatte im Gefühl, daß sie auf den Subtext, der von einem Kostüm oder auch einem Kleid ausgeht, negativ reagieren würden. Ich bin mir sicher, daß die Jeans den Fall in meinem Sinn entschieden.« Diese Methode wäre in den meisten Fällen töricht, aber dieses eine Mal gelang es damit, ein Image zu projizieren, mit dem sich die Jury identifizieren konnte.
Der Subtext, den die Jury wahrnimmt, ist nicht selten ein entscheidender Faktor. Bei einem Vergewaltigungsprozeß hängen Urteile oft nicht von den Fakten ab, sondern von der äußeren Erscheinung, vom Ruf, gesellschaftlichen Leben und Benehmen des Angeklagten – kurz, von seinem Subtext!
Nach Dr. Barbara F. Reskin, Professorin an der University of Michigan, neigen Geschworene dazu, den Angeklagten in einem Vergewaltigungsfall in eine von zwei Kategorien einzuordnen. Falls er ein Verlierer zu sein scheint, unordentlich, arbeitslos und unverheiratet, sind die Geschworenen gegen ihn voreingenommen. Aber wenn er gut aussieht und eine Freundin hat oder verheiratet ist, glauben die Geschworenen im allgemeinen nicht, daß er eine Vergewaltigung begehen würde. »Er sieht nicht wie ein Vergewaltiger aus«, war oft zu hören. Die meisten männlichen und über die Hälfte der weiblichen Geschworenen, die man befragte, hatten diese Einstellung.
Im Gerichtssaal stehen die Anwälte vor einem besonderen Problem: Die Geschworenen neigen dazu, den Subtext zu

akzeptieren, der durch das Image des oder der Angeklagten projiziert wird. Attraktive Menschen werden von den meisten Geschworenen bevorzugt. Gutgekleidete Personen werden mit geringerer Wahrscheinlichkeit für schuldig befunden. Es ist eine Routineprozedur des Anwalts, kleine Kriminelle in einen soliden Anzug zu stecken, sie ordentlich zu frisieren, mit Hemd und Krawatte zu versehen und ihnen sogar eine Brille zu verpassen, damit sie gebildet aussehen.

Sauberkeit kommt vielleicht nicht gleich nach Frömmigkeit, aber für den Mann oder die Frau vor Gericht ist sie ungeheuer wichtig. Bei den meisten Geschworenen existiert das tiefsitzende Vorurteil, daß ein reinlicher Mensch, ganz gleich aus welcher Schicht er kommt, von Natur aus anständig ist – ein Subtext, von dem sich jeder Anwalt wünscht, daß eine Jury ihn in einem Klienten wahrnimmt. Angeklagte erhalten den Rat, ein Bild des braven Bürgers zu erzeugen.

Anderes Image, anderer Subtext

Donny Osmond, der nette Mormonenjunge, der vor fast 20 Jahren die Nation mit seinem Lied »Puppy Love« entzückte und den man wegen seiner gesunden, anständigen Ausstrahlung der Jugend als Vorbild vorhielt, beschloß vor kurzem, etwas anderes aus sich zu machen. Süßliche Gefühle sind jetzt out, und laute Wildheit ist in. Der neue Osmond hat einen gezackten Haarschnitt, trägt eine schwarze Lederjacke, ein Arbeitshemd, abgetragene Jeans und Stiefel. Heute singt er »Soldier of Love« zu einem kräftigen Beat. Der Subtext? Eine brütende, unterdrückte Gewalttätigkeit, die den Jugendmarkt von heute ansprechen soll.

Hat Donny sich verändert, oder ist es nur sein Subtext, der anders geworden ist? Dr. Barry Schlenker, Sozialpsychologe an der University of Florida, meint: »Unsere Identität ...

haben wir mit der Hilfe und Zustimmung anderer konstruiert. Wenn Osmond eine Lederjacke trägt, fragen wir: ›Warum trägt nur so ein lieber, netter Kerl wie er so eine Jacke?‹«

Aber ist Osmond denn innerlich der nette, liebe Kerl? Was ist wirklich und was das Bild? Donny, der jahrelang Gesundheit und schöne Normalität verkörpert hat, sagt, was wir jetzt sehen, die anspruchsvolle Leidenschaft, ist das, was er immer gewesen ist. Er behauptet, das Publikum habe mißverstanden, was er war.

Wenn wir ihm das abnehmen, können wir auch an Märchen glauben. Erscheinungsbilder und Subtexte wechseln, weil das Publikum diese Veränderung wünscht. Unterhaltungskünstler wie Osmond wissen sehr gut, wie wichtig das Image ist, um eine unterschwellige Botschaft zu erzeugen. Ihnen ist darüber hinaus klar, daß der von ihnen geschaffene Subtext an ihnen haftenbleibt. Das Publikum glaubt im allgemeinen, daß die Rolle der Persönlichkeit des Darstellers entspricht. Sie halten den Subtext für die Wirklichkeit.

Am Arbeitsplatz können Sie die von Unterhaltungskünstlern, Politikern, Fernsehangestellten und anderen Menschen im Geschäft der Imagevermittlung erlernten Wahrheiten anwenden. Manchmal machen die Kleider – und die Frisur und der Gesichtsausdruck – tatsächlich Leute. Simon Jones, der bekannte englische Schauspieler, der in »Wiedersehen mit Brideshead« als Bridie auftrat, stellte während der Dreharbeiten zu der Serie fest, daß die Mannschaft dazu neigte, »die Schauspieler, die Aristokraten darstellten, mit viel größerem Respekt zu behandeln als diejenigen, die Diener spielten«. Er bemerkte auch, daß »die Darsteller und das Filmteam geneigt sind, das Fluchen zu vermeiden, wenn man einen Geistlichen spielt«.

Die ganze Welt eine Bühne

Zwischen Ihrer Fähigkeit, auf eine bestimmte Art zu »handeln«, und dem Subtext, den Sie der Welt vermitteln, besteht ein enger Zusammenhang. Ein erfolgreicher Geschäftsmann sagte mir: »Ich wähle meine Kleidung jeden Tag danach aus, wie ich mich fühle. Wenn ich aus dem einen oder anderen Grund niedergeschlagen bin und glaube, daß es mir schwerfallen wird, den Tag durchzustehen, trage ich etwas Beschwingtes, eine Krawatte mit einem fröhlichen Muster, eines von meinen helleren Hemden. Ich versuche, meine Erscheinung aufzumöbeln.«

Als ich ihn genauer dazu ausfragte, meinte er: »Es geht gar nicht so sehr darum, die Art, wie ich mich fühle, zu ändern, sondern alle andern davon zu überzeugen, daß ich die Dinge wirklich anpacke. Der Haken dabei ist, daß es unabhängig von meiner Kleidung für die Leute nicht allzu schwer ist, mich zu durchschauen, den Subtext zu sehen: ›Ich bringe heute nichts zustande!‹ Gott sei Dank kommt das nicht so oft vor.«

Eine Freundin, Direktorin einer nationalen Stiftung, sagt, daß sie vor dem gleichen Problem steht. »Es gibt Tage, da komme ich einfach mit nichts zurecht, und normalerweise sind das gerade die Tage, an denen ich nicht möchte, daß die Leute, die für mich arbeiten, merken könnten, daß ich nicht damit fertig werde.«

»Was tust du dagegen?«

Sie zuckte die Achseln. »Ich werde eine andere. Wenn ich eine Besprechung habe, entschließe ich mich für den Typ Sigourney Weaver. Dazu brauche ich ein schickes Kostüm und eine hübsche Bluse mit einer Brosche. Wenn ich einem großen Tier eine Schenkung abschwatzen muß, bin ich Blanche DuBois mit ein paar Rüschen, und falls ich direkt vom Büro zu einem privaten Abendessen gehe, kann ich

Doris Day sein. Ich verwende Verstellungen, um ein besonderes Bild auszustrahlen.«

Wenn man ein Erscheinungsbild wählt und versucht, sich entsprechend zu geben, trägt das nicht unbedingt dazu bei, mit dem vorliegenden Problem wirklich fertig zu werden, doch es könnte signalisieren, daß Sie sehr gut damit zurechtkommen, und damit könnten Sie das Vertrauen Ihrer Umgebung gewinnen. Es gibt aber noch bessere Möglichkeiten. Das Schauspielern kann zwar bei manchen funktionieren, aber Menschen, die oft Probleme haben, mit Situationen fertig zu werden, und deshalb unterschwellig eher Unzulänglichkeit vermitteln, brauchen andere Methoden.

Die Welt von heute verlangt einem viel ab, und ein Großteil der Menschen findet es schwierig und oft unmöglich, mit den wirtschaftlichen und politischen Umwälzungen unserer Zeit, mit dem Getümmel in unseren geplagten Großstädten und – auf einer persönlichen Ebene – mit den Schwierigkeiten des Arbeitsplatzes oder Privatlebens umzugehen.

Alle diese Probleme schaffen Ängste, die uns oft ratlos machen. Andere spüren dann einen Subtext der Hilflosigkeit in uns. Deshalb ist es wichtig, die Ängste zu verringern, realistisch mit dem Leben umzugehen und den Subtext, den andere in uns lesen, zu verändern.

Jeder von uns ist anders, und folglich hat jeder eine andere Methode, mit dem Leben fertig zu werden. Wir benutzen jedoch alle gewisse grundlegende äußere Techniken. Wenn wir diese Techniken lernen, verstehen und anwenden, werden wir das Leben besser bewältigen und den Subtext, den wir anderen vermitteln, kontrollieren. Dadurch verändern wir die Art, wie andere uns sehen, und machen es möglich, unsere Arbeit erfolgreich zu handhaben und auf der Unternehmensleiter aufzusteigen.

2 Die Macht der Stimme

Der Mann, dem etwas fehlt

»Als ich Mark anstellte«, berichtete mir Ed, »glaubte ich wirklich, er sei der Mann für den Job. Ich brauchte jemanden, der mit den Kunden umgehen kann, der das Geschäft kennt.«
Eds Maklerfirma steckte in Schwierigkeiten, und er benutzte mich als Ansprechpartner, um seine Probleme zu diskutieren. »Hat Mark sich gut gemacht?« fragte ich.
»Tja, das ist das Problem.« Ed schüttelte den Kopf. »Ich bin mir nicht sicher. Er kommt bei den Kunden gut an, und das ist schon die halbe Miete, aber die andere Hälfte ist die eigentliche Arbeit, und leider hapert es da. Der Mann hat kein Gespür fürs Geschäft!«
Ich verstand nicht, was Ed meinte, bis ich Mark kennenlernte, und danach wurde es mir klar. Ich mochte ihn auf der Stelle. Er war groß, gut gebaut, mit jugendlichem Gesicht und eleganten grauen Koteletten, und er hatte eine ungezwungene, wohltuende Art. Und was für eine Stimme! Sie war tief und klangvoll. Die tiefe Stimmlage signalisierte Stärke, Zielstrebigkeit und heitere Gelassenheit. Einem Mann wie Mark mußte man einfach trauen.
»Der Haken«, sagte ich Ed später, »ist ein Widerspruch zwischen Marks Subtext und seinen Fähigkeiten. Du sagst, er beherrscht die Arbeit nicht, aber du meine Güte, er

kommt toll an. Diese Stimme ist beruhigend und ehrlich, ein eindeutiger Pluspunkt.«

»Und die Kunden lieben ihn. Was soll ich machen?«

Ich dachte eine Weile nach. »Setze ihn ein, wo er am stärksten ist. Bilde ein Team, in dem der andere Mann oder die Frau die Arbeit beherrscht, aber keinen Eindruck auf den Kunden machen kann. Vielleicht merkt er, was erwartet wird, wenn er mit einem kompetenten Partner zusammenarbeitet.«

»In anderen Worten, ich zahle zwei Leute für einen Arbeitsplatz.«

»Ist es dir soviel wert?«

»Ich muß darüber nachdenken«, meinte Ed, aber ein paar Wochen später gestand er, daß er Mark entlassen hatte. »Wenn er nur Bescheid wüßte – aber ich bin davon überzeugt, daß er keine Probleme haben wird, eine neue Stelle zu bekommen und sie zu behalten, bis der Chef kapiert hat, was los ist. Wenigstens habe ich durch ihn etwas gelernt. Aussehen und Charme funktionieren eine Weile, aber damit ist noch lange nicht die Arbeit richtig gemacht.«

Resonanz, Register und Tonhöhe

Unsere Stimme und ihre Verwendung senden starke unterschwellige Botschaften aus. Indem Mark die Resonanz und das Register seiner Stimme manipulierte, konnte er eine Vorstellung von Zuverlässigkeit und Erfolg projizieren. Der gleiche Subtext ist es, der uns bestimmten Fernsehpersönlichkeiten trauen läßt. Walter Cronkite etwa und in Deutschland Hans-Joachim Friedrichs sind das beste Beispiel: Die tiefe Lage und die Resonanz ihrer Stimme signalisieren Ehrlichkeit und Glaubwürdigkeit.

In dem Film *Broadcast News* drehte sich die Handlung um den Widerspruch zwischen Subtext und Können. William

Hurt spielte einen Nachrichtensprecher, dessen Intelligenz und Verständnis des Geschehens begrenzt sind, dessen klangvolle, nachdrückliche Stimme und einfühlsame Art auf der Leinwand aber sehr erfolgreich rüberkamen. Nachdem man ihm einen Reporter beigegeben hatte, der intelligent und tüchtig war, schaffte er es, als Moderator bekannt zu werden. Sein Erfolg beruhte auf seiner instinktiven Fähigkeit, die Ausstrahlung seiner Stimme und seines Benehmens wirkungsvoll einzusetzen.

Bei den Nachrichtensendungen im Fernsehen sind eine tiefere Stimmlage und ein voller Klang höchst wünschenswert. Eine hohe Stimme vermittelt eine Vorstellung von Unfähigkeit, mag die betreffende Person noch so tüchtig und fähig sein.

Frauen wie Mariette Hartley sind von Natur mit der tiefen Stimmlage und dem Register begabt, die so gut ankommen. Ihr Versagen bei einer morgendlichen Nachrichtensendung macht jedoch deutlich, daß eine starke Stimme allein auf diesem Gebiet nicht den Erfolg garantieren kann.

Tonhöhe, Resonanz und Register sind drei der wichtigsten Elemente, die Subtext durch die Stimme vermitteln. Um sie kurz zu definieren: Tonhöhe ist klar; *Resonanz* ist die Schwingung, die die Klangorgane wie Mund und Rachenhöhle der Stimme geben; *Register* ist der Umfang der Stimme.

Viele Menschen können diese Elemente bis zu einem gewissen Grad kontrollieren. Wir können die Brust mitschwingen lassen, um Stärke, Zuverlässigkeit, Entschlossenheit und Festigkeit zu signalisieren. Eine herrische Stimme klingt von der Brust her. Wie sehr Sie das Register kontrollieren können, hängt von Ihren Stimmbändern ab. Wenn sie dünn und gespannt sind und man den Kopf mitschwingen läßt, ist die Stimme hoch und zart. Schwere Stimmbänder und eine gute, kräftige Brust können tiefe, weiche, erdige Klänge erzeugen. Die Tonhöhe hängt ebenfalls von den Stimmbändern ab. Wir spannen die Stimmbänder an, um die Tonhöhe anzuheben und einen Subtext von Zorn, Angst oder Freude zu vermitteln. Wenn wir niedergeschlagen oder sehr müde sind, verlieren die Stimmbänder ihre Spannung, und die Tonhöhe sinkt ab. Eine tiefe Stimmlage kann Vertrauen und Aufrichtigkeit mitteilen, sie kann aber auch auf Depression und Müdigkeit hinweisen – und schließlich auch eine erotische Ausstrahlung haben. Marlene Dietrich liefert das klassische Beispiel, wie eine tiefe Stimme und eine heisere Klangfarbe ein verführerisches Signal senden können.

Die Melodie klingt nach

Einen anderen wichtigen Beitrag zum Subtext der Sprache trägt eine nicht so leicht faßbare Eigenschaft namens Melodie bei, womit der Rhythmus, die Musik und die Harmonie des Sprechens bezeichnet wird. Ein Freund erzählte mir, wie er die Sprachmelodie nutzte, um eine ganze Saison lang hervorragende klassische Musik zu genießen. Als junger Mann lebte er in Cleveland und hätte zu gern die Konzerte in der Severance Hall besucht, konnte sich aber den Eintrittspreis nicht leisten. Er und sein Freund kauften in einem Secondhandladen Smokings, und bei jedem Konzert gingen sie zum Bühneneingang und unterhielten sich in hektischem Russisch miteinander. Sie winkten den verblüfften Portier beiseite, der sie für ausländische Mitglieder des Orchesters hielt, dann gingen sie durch die Bühnentür hinunter ins Parkett und suchten sich freie Plätze.

Der Witz dabei ist, daß keiner von beiden ein einziges Wort Russisch sprach. »Wie habt ihr das angestellt?« fragte ich.

»Nun« – mein Freund machte eine abwinkende Bewegung – »der Portier konnte auch kein Russisch, also benutzten wir sinnlose Wörter, die sich nach Russisch anhörten, und wir waren gute Imitatoren, wir konnten also die Melodie der Sprache erfassen.«

Diese Art von Melodie verwenden Komiker manchmal, wenn sie Kauderwelsch reden und es wie eine Fremdsprache klingen lassen. Sid Caesar ist darin phantastisch.

Jede Sprache und jeder Dialekt einer Sprache haben ihre eigene Melodie, die von der grammatischen Struktur, dem emotionalen Gehalt, der Stimmung und der Haltung beeinflußt wird – und jede Melodie hat einen eigenen Subtext. Zusätzlich zu Rhythmus, Musik und Harmonie bezieht die Melodie Tonhöhe, Register, Resonanz, Geschwindigkeit und Lautstärke ein.

Wenn man die Melodie in der Stimme ändert, verändert sich auch die Botschaft dessen, was man sagt. Bei einem Bewerbungsgespräch kann eine einfache Aussage, etwa: »Hier möchte ich gern arbeiten«, sehr überzeugend klingen, wenn die Melodie stimmt, oder völlig danebengehen, wenn keine Melodie dabei ist. Versuchen Sie, diesen Satz auf möglichst viele verschiedene Arten zu sprechen, und Sie werden merken, was es mit der Melodie auf sich hat.

Ein Pharmareferent, mit dem ich in einer pharmazeutischen Firma arbeitete, beklagte sich ständig über die Schwierigkeiten, die er mit Ärzten hatte. »Ich finde kaum in meinen Verkaufston, da schalten sie schon ab. Sie sagen: ›Ich habe Patienten im Wartezimmer. Lassen Sie die Proben und die Literatur da.‹ Aber ich weiß, daß sie sich für Kollegen von anderen Firmen jede Menge Zeit nehmen.«

Was bei diesem Vertreter nicht stimmte, war seine flache, ausdruckslose Stimme, eine Stimme ohne Melodie. Aus ihr klangen Müdigkeit und Langeweile. Ob er wollte oder nicht, übermittelte seine Stimme die Botschaft: »Das ist mein Job. Er ist fade und uninteressant. Es ist mir völlig egal, ob Sie mir zuhören.«

Als ich ihn näher kennenlernte, erfuhr ich, daß er aus einer

Familie kam, in der jedes offene Zeigen von Gefühlen als »gewöhnlich« angesehen wurde, und diese Haltung muß auf ihn abgefärbt haben. Er benahm sich einfach in der gleichen Weise, in der er sich immer verhalten hatte, ohne zu merken, wie ihm das beruflich schadete.

Die Macht des Lauten

Vor einigen Jahren nahm ich als Beobachter an einem Verkaufsseminar teil. Es war schon fast den ganzen Tag gelaufen, und die Teilnehmer waren erschöpft, entmutigt und hatten die Slogans und Vorschläge satt, die sie zu hören bekommen hatten.

Der Seminarleiter spürte das und versuchte es plötzlich mit einer anderen Gangart. »Werden Sie dieses Geschäft machen?« schrie er unvermittelt.

Bestürzt antworteten die Verkäufer mit halbherzigem Ja.

Wieder brüllte er: »Ich will es hören! Lauter! Ich mache dieses Geschäft!«

Die Antwort kam ein bißchen lauter, und noch einmal donnerte er los. »Ich mache dieses Geschäft!« Seine Stimme dröhnte bei höchster Lautstärke.

Es war, als hätte ein Stromstoß das Publikum elektrisiert. Plötzlich fiel die Müdigkeit von ihnen ab, als sie versuchten, es ihm an Lautstärke gleichzutun. Ich mache dieses Geschäft! Ich mache dieses Geschäft! Der Saal bebte vor Begeisterung, und später hörte ich im Weggehen, wie sie mit aufgekratzten Stimmen redeten: »Was für eine Sitzung!«, »Dynamit!«, »Er hat wirklich Dampf gemacht!«

Was war passiert, daß aus einem müden Haufen so ein eifriger Verein wurde? Subtext. Die Botschaft hinter dem donnernden Ruf des Leiters war die pure Kraft. Indem die Seminarteilnehmer ihre Lautstärke der seinen anglichen, hat-

ten sie sich auch an seinen Subtext angepaßt und am Ende eines anstrengenden Tages eine Energiespritze gespürt.
Während eine Steigerung der Lautstärke Ihrer Stimme unterstreichen kann, was Sie im beiläufigen Gespräch sagen, und einen Ausdruck der Macht und Stärke hineinbringen kann, ist es möglich, daß ein Senken der Stimme die gleiche Aussage erreichen kann. Ich arbeitete einmal für einen Unternehmensleiter, der bei Mitarbeiterbesprechungen absichtlich die Stimme senkte, um bedeutsame Dinge durchzudrücken. Wir mußten uns vorbeugen, damit wir ihn hörten – und wir taten es, weil wir die Botschaft dieser gesenkten Stimme kannten und verstanden: »Ich habe hier zu bestimmen. Hört, was ich beim erstenmal sage, oder ihr seid vielleicht beim zweitenmal nicht mehr dabei!«

Beschwatzen

»Er hätte es mir fast angedreht«, meinte Kurt, als wir den Gebrauchtwagenhandel verließen. »Das Auto gefiel mir, und die Probefahrt war in Ordnung. Ich nehme an, er spürte, daß meine anfänglichen Zweifel schwanden, denn plötzlich begann er, mich zu beschwatzen. Ich wurde sofort mißtrauisch und dachte, er wollte mich übers Ohr hauen!«
Was wir »beschwatzen« nennen, ist Gerede, das wir als falsch empfinden. Der Subtext liegt auf der Hand: Ich sage irgend etwas, damit Sie tun, was ich möchte, ob es wahr ist oder nicht. Weniger offenkundig ist dagegen, wieviel die tatsächliche Schnelligkeit oder Langsamkeit des Sprechens an Subtext vermittelt. Schnelles Sprechen kann tatsächlich eine »Schummelei« signalisieren. Oder manchmal kann schnelleres Sprechen auch Verlegenheit oder Unbeholfenheit ausdrücken. Als Nancy sich bei ihrem Chef über einen Vorfall beklagt, den sie als sexuelle Belästigung auffaßte, überstürzen sich ihre Worte

so sehr, daß ihr Chef sie kaum verstehen kann. Ihr Gefühl der Verlegenheit und Scham kommt jedoch deutlich durch. Umgekehrt vermittelt der einigermaßen langsame Sprecher oft Überzeugung, Nachdenklichkeit, Interesse und Aufrichtigkeit.

An der Bezeichnung hängt es

Vor einiger Zeit schrieb der Volkswirtschaftler Arthur H. Hawkins aus Los Angeles einen Artikel über die Beziehungen von Arbeit und Management. Seine Kernaussage lautete: Bestimmte Begriffe oder Etiketten, die wir verwenden, erzeugen ungenaue Subtexte. Warum also nicht die Etiketten ändern und damit einen neuen Subtext schaffen? Zum Beispiel hat der Begriff Arbeit einen historischen Unterton von manueller Plackerei. Die meisten Menschen, die wir als Arbeiter betrachten, haben jedoch mit solcher Plackerei nichts zu tun. Hawkins schlug daher vor, sie als Lohnempfänger zu bezeichnen.

Er möchte uns auch gern noch zu einigen anderen Veränderungen veranlassen. *Den Kauf einstellen* könnte als Ersatz für *Boykott* genommen werden; *Motivation durch Angst* für *Zwang*; *Meinungsverschiedenheit* für *Streit*; *zeitweilige Arbeitseinstellung* für *vorübergehende Entlassung.* Warum nicht *wertfreie Unterscheidung* statt *Rassentrennung* verwenden?

Hawkins' Empfehlungen liegen eindeutig auf der Linie des Managementdenkens. Begriffe wie *Rassentrennung, Boykott, Zwang* und viele andere beschwören einen starken Subtext. Die Arbeiter – oder die Lohnempfänger – haben sie jahrelang benutzt, um damit etwas zu demonstrieren. Sie erzeugen Unbehagen in unserem kollektiven Bewußtsein. Sie wecken eine eindeutige, fast greifbare Vorstellung, und wenn man sie

austauschte, würde man ganz gewiß den Subtext zerstören. Möchten wir, als Kultur, diese Wirkung?
Euphemismen – darunter versteht man die beschönigende oder mildernde Umschreibung für ein Wort, das einen unangenehmen Subtext hervorruft – sind nichts Neues. Die Menschen im Viktorianischen Zeitalter waren darin Meister. Selbst das Wort *legs* (Beine) hatte einen zu zweideutigen Unterton für sie. *Limbs* (Gliedmaßen) war sanfter, feinfühliger. Wir akzeptieren heute mehr, aber wir mögen immer noch nicht die Vorstellung, die mit einem Wort wie *sterben* assoziiert wird. Wir ziehen es vor zu sagen, Freunde und Verwandte sind *verschieden* oder *entschlafen.* Oder: Sie *hat uns verlassen,* er *ist heimgegangen.*
In der Wirtschaft vermitteln Euphemismen zusammen mit dem Jargon eine Vorstellung von Insider-Wissen. Stimmen Sie sich auf Harper ein, den Leiter eines mittelgroßen Unternehmens, der zu seinen neuen Marketing-Leuten spricht. »Es wird keinem von Ihnen weh tun, mit manchen Konkurrenten zu interagieren (herauszubekommen, was die Konkurrenz im Sinn hat). Als dieses Geschäft ins Wasser fiel, haben Sie einfach nicht den richtigen *Mann am Knopf* (Entscheidungsträger) gesehen. Und Sie, Jim, sind der Mann für Junk Bonds. Ich möchte nicht, daß sich irgendein anderer in Jims Jagdrevier tummelt.« (Die Verwendung von »Jagdrevier« für »Arbeitsgebiet« kann unterschwellig einen Hinweis auf die skrupellosen eigenmächtigen Methoden auf dem Markt enthalten.)
Worte – was sie bedeuten, was sie ausdrücken und wie wir sie verwenden – sind in hohem Maß das Grundmaterial des verbalen Subtexts. Wir bezeichnen jemanden als mager, und es ist eine abfällige Beschreibung. Wir nennen dieselbe Person schlank, und es ist ein Kompliment. Wir können eine ganze Liste von Wörtern zusammenstellen, die die gleiche Bedeutung haben, aber andere Vorstellungen wecken, man-

che positive, manche negative. Denken wir nur einmal darüber nach, ob wir dem Chef ein Kompliment machen oder ihm schmeicheln. Ist ein Arbeitskollege dickköpfig oder jemand mit Ausdauer? Ist die Personalchefin auswählend oder mäklig? Ist der Romeo des Büros zuvorkommend oder einfach nur schmierig?
Bei jeder Diskussion können die Worte, die wir wählen, um Personen zu etikettieren, einen positiven oder negativen Subtext erzeugen. Der kluge Sprecher verwendet Worte mit Sinn für Nuancen und mit Bedacht.

Ein Schnellkurs im Sprechen

Was können wir aus diesem Kapitel über öffentliches oder privates Sprechen lernen? Ein wichtiger Punkt für den Anfang ist, die eigene Stimme zu beobachten und zu analysieren. Gibt sie wieder, was Sie sagen möchten, oder widerspricht der Ausdruck, den Sie Ihren Worten geben, dem Wortlaut, den Sie verwenden? Halten Sie sich an Rollenmuster, die Sie bewundern. Analysieren Sie Ihre Stimme auf alle verschiedenen Eigenschaften hin, und versuchen Sie, diese Eigenschaften beim eigenen Sprechen anzuwenden.
Als erstes müssen Sie sich hören, wie andere Sie hören. Niemand kann bei der eigenen Stimme objektiv sein. Sie müssen Abstand von der eigenen Stimme gewinnen, und das gelingt Ihnen am besten, indem Sie ein Tonbandgerät mit sehr guter Klangtreue verwenden. Es lohnt sich, die Ausrüstung zu kaufen oder zu mieten.
Versetzen Sie sich in erfundene Situationen, stellen Sie sich zum Beispiel vor, Sie kaufen ein, Sie verkaufen etwas, Sie sprechen mit Ihrem Chef oder mit einem Untergebenen. Nehmen Sie dann Ihre Äußerungen auf Band auf. Lassen Sie eine Woche zwischen der Aufnahme und dem Abhören des

Bands verstreichen. Dann hören Sie analysierend zu. Ist Ihre Stimme zu hoch? Zu tief? Ist die Tonhöhe richtig? Die Resonanz? Das Register? Das Tempo? Die Pausen? Verwenden Sie zu viele Füllwörter wie »äh« oder »ich meine« oder »wissen Sie« oder Modewörter wie »echt« oder »im Grunde«?

Ich war einmal Gast in einer Rundfunk-Talk-Show, und dort klebte an der Studiowand ein großes Plakat, das mahnte, daß »ich meine«, »äh« und »wissen Sie« mehr als 50 Prozent wertvoller Redezeit in Anspruch nehmen können. Füllwörter wie diese können in jeder gedrängten Situation Zeit vergeuden, ganz zu schweigen von dem Gefühl der Unentschlossenheit und Unsicherheit, das sie aussenden. Klare Denker – zumindest solche, die von anderen als klare Denker gesehen werden möchten – sprechen klar.

Am wichtigsten ist die Frage, ob Ihre Stimme wiedergibt, was Sie sagen möchten. Ist Ihr Subtext im Einklang mit dem Text? Gibt es in Ihrer Stimme eine Eigenschaft, die andere Leute abstoßen kann?

Sobald Sie herausgehört haben, was an Ihrer Stimme nicht in Ordnung ist, entscheiden Sie, welche Veränderungen Sie möchten. Experimentieren Sie mit Ihrer Stimme auf Band, und hören Sie es immer wieder ab, bis es Ihnen gefällt.

3 Situationen zum Anfassen

Die Kunst des Händeschüttelns

Von allen Elementen, die den Subtext einer Person ausmachen, ist keines so intim wie eine Berührung. Wenn sie korrekt angewendet wird, kann die Berührung Barrieren überwinden, Ärger vertreiben und ein vertrauensvolles und herzliches Gefühl herstellen. Unklug eingesetzt, kann sie Schranken errichten, Ärger und Zorn verursachen und Vertrauen verraten.

Bei jeder geschäftlichen Situation kommt die erste Möglichkeit zur Berührung mit dem Händeschütteln. Es ist der erste Schritt, wenn man einer fremden Person vorgestellt wird oder einen alten Freund, einen Kollegen oder auch einen Feind begrüßt. Die Hände kommen zusammen, und der Subtext ihrer Vereinigung teilt uns sehr viel über den Menschen mit, mit dem wir zu tun haben.

Ein schlaffer Händedruck weckt immer eine Vorstellung von Desinteresse. Der Händedruck, der die vordere Hälfte der Finger anbietet, sagt: »Ich möchte mich nicht allzusehr mit Ihnen einlassen.« Typisch für Männer ist der knochenbrechende »Macho«-Händedruck, der Aggressivität und ein Bemühen, sich mit dem anderen zu messen, ausdrückt.

Frauen haben es auf dem Gebiet des Händeschüttelns im Berufsleben schwerer. Sie haben erst in den letzten Jahren gelernt, sich daran zu gewöhnen, aber es besteht immer noch eine gewisse kulturbedingte Abneigung. Frauen, die stark und kompetent, aber nicht zu maskulin erscheinen möchten, müssen die ganze Technik des Händeschüttelns neu erwerben. Der altmodische Händedruck der Frau gewährte nur die halbe Hand, die Finger, und war zaghaft. Leider vermittelte er einen schwachen und unsicheren Subtext.

Der richtige weibliche Händedruck für heute sieht so aus, daß die ganze Hand gereicht wird und die Hand der anderen Person mit einem festen, aber nicht harten Druck gefaßt wird. Dann wird die Hand losgelassen, aber nicht zu abrupt. Eine solche Vorgehensweise signalisiert Kompetenz und Kontrolle.

Ein zu plötzliches Loslassen sendet die Botschaft, daß man sich nicht zu sehr einlassen will. Wenn zwischen zwei Männern die Hand länger gehalten wird, vier oder fünf Sekunden, bedeutet das, daß sie sich sympathisch finden. Zwischen einer Frau und einem Mann sendet ein zu langes Halten der Hand die Botschaft eines persönlichen, ja sogar sexuellen Interesses.

Also muß jeder, ob Mann oder Frau, beim Händeschütteln einen Mittelweg wählen – nicht zu hart, nicht zu lasch, nicht zu lang, nicht zu kurz.

Die Berührung, die ankommt

Eine faszinierende Untersuchung gibt uns einen Schlüssel, wie der Subtext des Vertrauens funktioniert. In einer großen Bibliothek führte eine Gruppe von Soziologiestudenten ein Experiment durch. Sie veranlaßten eine Bibliothekarin, die ersten hundert Leser zu berühren, während sie ihre Bücher entgegennahmen. Die Berührung war ganz leicht, die Hand der Bibliothekarin streifte nur die Hand des Entleihers. Manchmal wurde sie kaum wahrgenommen.

Bei den nächsten hundert Lesern sollte die Bibliothekarin es vermeiden, einen körperlichen Kontakt herzustellen. Ansonsten war die Prozedur die gleiche. Die Bibliothekarin bediente beide Gruppen in genau der gleichen Weise.

Die Forscher, die sich draußen vor der Bibliothek postiert hatten, sprachen jeden Leser an, der herauskam. Sie erklärten, sie führten eine Untersuchung über den Bibliotheksdienst durch, und baten um die Beantwortung einiger Fragen. Eine Frage lautete, wie willig und hilfsbereit die Bibliothekarin gewesen sei. Von denen, die berührt worden waren, beschrieb die große Mehrheit die Bibliothekarin als freundlich und aufmerksam. Die Leser, die nicht berührt worden waren, äußerten weder positive noch negative Empfindungen.

Das ist keine vereinzelte Entdeckung. Ein anderer aufschlußreicher Hinweis darauf, wie wichtig eine Berührung sein kann, war dem inoffiziellen Bericht des Besitzers eines Autohandelshauses zu entnehmen. Ihm fiel auf, daß einer seiner Verkäufer eine ungewöhnlich hohe Verkaufsleistung aufwies. Der Besitzer beobachtete ihn bei der Arbeit, konnte aber nichts Besonderes an seinem Auftreten feststellen. Alles war ganz so wie bei den anderen Verkäufern, außer daß er an einem bestimmten Punkt des Verkaufsgesprächs den Kunden berührte. Der Besitzer wies den Rest des Verkaufsteams an, diese Methode zu kopieren, und konnte damit den Absatz erheblich steigern. Der Subtext, den der Verkäufer mit seiner Berührung ausstrahlte, drückte Fürsorge aus. Die Haut ist unser größtes Sinnesorgan, und wir reagieren emotional, wenn wir berührt werden.

Aber so wirksam eine Berührung beim Verkauf ist, birgt sie auch ihre eigene Gefahr. Die falsche Art von Berührung oder das Berühren im falschen Augenblick kann Vertrauen zerstören. Bei jeder Berührung, die zu lange dauert, zu schwer ist oder unpassend erscheint, lautet die unmittelbare Frage: »Was soll denn das?«

Der erfolgreiche Verkäufer berührte den Oberarm oder den oberen Rücken, aber die Berührung war kurz, und, was am wichtigsten ist, sie kam im richtigen Augenblick, gerade als der Kunde halb überzeugt war. Eine Berührung zu früh, zu schwer oder an der falschen Stelle kann verheerende Folgen haben.

Die erwartete und die unerwartete Berührung

Dem Anthropologen Dr. Edward T. Hall zufolge ist – wie in seinem Buch *The Hidden Dimension* nachzulesen – die Fähigkeit, auf eine Berührung zu reagieren, eines der wesentlichen Merkmale des Lebens. Er glaubt daher, einer der Gründe für die Vorliebe vieler Amerikaner für kleine ausländische Autos sei, daß sie ihnen das Gefühl geben, mit der Straße in Berührung zu sein.

Eine Interpretation des Berührens beruht auf einer Reihe von verschiedenen Faktoren; einer davon ist Liebe. Wir erlauben unseren Nächsten, uns zu berühren; wir freuen uns sogar über die Berührung, weil sie Zuneigung bedeutet. Kinder, denen man die Berührung vorenthält, können sich nicht gesund entwickeln, können nicht lernen, auf Liebe und Zuneigung zu reagieren. Je näher wir uns jemandem fühlen, desto bereitwilliger erlauben wir seine Berührung und desto herzlicher ist der Subtext dieser Berührung. Hier handelt es sich um eine erwartete Berührung. Wir erwarten Liebe und Zuneigung von unseren engen Freunden und von der Familie, und weil wir das erwarten, ist der Subtext tröstlich, aber nicht allzu intensiv.

Die Berührung durch einen Fremden jedoch kann, da sie unerwartet ist, einen anderen Subtext senden. Die Bibliothekarin und der Verkäufer, die weiter oben erwähnt wurden, sendeten eine starke unterschwellige Botschaft: »Obwohl ich

Sie nicht kenne, sind Sie mir sympathisch.« Zu diesen Botschaften gehörte die flüchtige Eigenschaft beider Berührungen. Das Berühren darf nicht aufdringlich sein. Hätte der Verkäufer nämlich den Kunden im falschen Augenblick berührt, wäre das ganze Geschäft vielleicht geplatzt. In jeder geschäftlichen Situation kann eine Berührung eine wichtige Rolle spielen, eine positive oder negative. Sie müssen wissen, wann eine Berührung angebracht ist und wie man jemanden berührt.

Die Spielregeln

Eines muß man bedenken: Eine Berührung kann eine starke, mehr oder weniger versteckte sexuelle Andeutung sein. Während die Berührung durch einen Verkäufer einen Subtext des Vertrauens projizieren kann, kann sie in einem anderen Zusammenhang Belästigung und zweideutige Aufdringlichkeit projizieren. Eine kurze Berührung mit der Hand auf der Schulter oder sogar ein Arm, der beiläufig um eine Schulter gelegt wird, ist im Geschäftsleben annehmbar, vorausgesetzt, es geschieht von Mann zu Mann. Wenn ein Mann eine Frau berührt, muß die Berührung leichter und kürzer sein und darf nicht so aufdringlich sein wie ein um die Schulter gelegter Arm. In jeder Beziehung zwischen Männern und Frauen ist stets ein sexueller Subtext vorhanden. Dieser Subtext kann verheerend sein – oder nützlich, was von vielen Faktoren abhängt.

Es gibt eine Hierarchie des Berührens. Während ein Mann, der eine Frau berührt, dies kurz und leicht tun muß, kann eine Frau, die einen Mann berührt, die Berührung länger dauern lassen. Sie kann schwerer sein, aber auch die Frau muß sich der sexuellen Bedeutung bewußt sein.

Das Recht, jemanden in unserer Gesellschaft zu berühren,

wird weitgehend durch den Status bestimmt. Jemand von höherem Rang darf jemanden von niedrigerem Rang berühren. Der Präsident darf den Geschäftsführer berühren, der Geschäftsführer darf den Abteilungsleiter berühren, die Abteilungsleiter dürfen die Angestellten berühren. Die Sekretärin darf den Abteilungsleiter nicht berühren – es sei denn, sie arbeiten schon lange zusammen und haben ein ungezwungenes, kameradschaftliches Verhältnis zueinander.
Ein Arzt kann einen Arm um die Schulter des Patienten legen, wenn er ihm eine schlechte oder gute Nachricht mitteilt, aber der Patient berührt im allgemeinen nicht den Arzt. Ein Anwalt kann einen Klienten berühren, aber umgekehrt könnte es unpassend sein.
Es läuft alles auf den Status hinaus. Personen, die reicher, älter oder weiter oben auf der Unternehmensleiter sind, können eher jene berühren, die ärmer, jünger oder untergeordnet sind. Kindern widerstrebt es, Erwachsene zu berühren, die sie nicht kennen, doch Erwachsene dürfen Kinder berühren. Sie müssen allerdings darauf achten, sich keine unangemessene Vertrautheit mit Kindern, die sie nicht kennen, anzumaßen. Respektieren Sie das Bedürfnis der Kinder nach einem persönlichen Freiraum.
Gleichgestellte dürfen sich berühren. Während der Friedensgespräche zwischen Ägypten und Israel vor einigen Jahren in Camp David, bei denen Präsident Carter vermittelte, legte Anwar As Sadat häufig seine Hand auf Carters Knie. Diese Geste sollte herzliche Freundschaft ausstrahlen, aber es gab noch eine hintergründigere Botschaft, eine Ankündigung an die Weltöffentlichkeit, daß Sadat mit Carter gleichberechtigt war.
Das wirft die Frage auf, wo man jemanden berührt. Für Sadat war das Berühren des Knies von seiner Kultur her passend. Bei uns kann ein Unterarm ohne weiteres berührt werden, aber ein Knie oder ein Oberschenkel ist eine andere Sache.

Manchmal kann eine Frau, die mit einem Mann zusammensitzt und im Gespräch seinen Oberschenkel berührt, einen Subtext der Teilnahme senden. Ein anderes Mal kann es ein sexueller Annäherungsversuch werden. Ein Mann, der in der gleichen Situation den Schenkel einer Frau berührt, sendet fast immer ein sexuelles Signal.

Die entscheidende Berührung

Ungeachtet der Vorsicht, die wir bei Berührungen walten lassen müssen, sind wir in mancher Hinsicht eine Gesellschaft, die nach der Ausstrahlung verlangt, die vom Berühren ausgeht. Die Love-ins und die Bewußtseins- und Begegnungsgruppen der sechziger Jahre machten einer nach Berührung hungernden Bevölkerung die Wichtigkeit des Berührens bewußt. Aber das Pendel schlug in den achtziger Jahren in die andere Richtung aus, und jetzt, in den letzten Jahren des Jahrhunderts, vermissen wir dieses ungezwungene Berühren. Wir sind in Gefahr, wieder nach Berührung zu hungern, und der Subtext des Berührens wird in jeder Beziehung noch wichtiger.

Menschen, die zum erstenmal eine Massage erleben, zeigen oft Überreaktionen. Sie weisen ihr viel mehr Bedeutung zu, als sie tatsächlich hat. Aber sie ist dennoch in gewisser Weise die äußerste Berührung. So wohltuend sie für die Muskeln sein mag, so ist sie es doch noch weitaus mehr für den Geist. Unsere psychische Reaktion auf die Hände des Masseurs bekommt uns gut.

Ich erfuhr, wie bewegend eine Berührung sein kann, als ich an der New School for Social Research in New York unterrichtete. Ein älterer Student, ein Bewährungshelfer bei der Stadt New York, beschrieb den Vorfall.

»Einer meiner auf Bewährung Entlassenen war wegen unsitt-

licher Belästigung eines Kindes verurteilt worden. Es war etwa bei unserem fünften Zusammentreffen. Wir gingen in ein Café, und ich freute mich, daß er sich inzwischen nichts hatte zuschulden kommen lassen. Als wir dann gingen, legte ich meinen Arm um seine Schulter.
Zu meiner Überraschung und Verlegenheit brach er zusammen und begann zu weinen. Als er sich wieder gefaßt hatte, erzählte er mir, dies sei das erstemal seit seiner Verurteilung gewesen, daß ihn jemand berührt hatte. Das öffnete die Schleusen!«
Manchmal kann eine Berührung die Schleusentore öffnen, und bei anderen Gelegenheiten kann sie einen Widerstand brechen. Eine Geschichte, die mir eine junge Anwältin aus Chicago erzählte, macht das deutlich. Sie hatte eine junge Frau als Klientin, eine Frau, die wegen Ladendiebstahls angeklagt war. Es war sehr schwierig, diese Klientin dazu zu bringen, den Vorfall zu schildern. Schuldgefühl, Scham und Furcht bewirkten, daß sie sich in Schweigen hüllte.
»Ich war davon überzeugt, ihr helfen zu können, wenn sie mir die ganze Geschichte erzählte. Offenbar hielt sie wichtige Tatsachen zurück, weil sie mir nicht traute.
Ein Partner von mir, der in die Bibliothek, wo wir uns unterhielten, gekommen war, nahm mich beiseite und sagte: ›Ich glaube, ich weiß, was dein Problem ist. Du sprichst mit ihr aus zu großem Abstand, über den Tisch weg. Stell doch einen Stuhl auf ihre Seite des Tischs, und entspanne dich um Himmels willen. Du bist zu verkrampft!‹
Ich tat, was er vorgeschlagen hatte, und es trat immer noch keine Veränderung ein. Dann, an einem bestimmten Punkt, konzentrierte ich mich so stark auf das, was ich sagen wollte, daß ich mich vorbeugte und meine Hand auf die meiner Klientin legte. Nein! Was für ein Unterschied! Sie hob zum erstenmal den Kopf und sah mir in die Augen. Dann begann sie zu reden, und es war genau das, was ich wissen mußte.«

Der kulturelle Zusammenhang

Wir dürfen nicht vergessen, daß Praxis und Subtext des Berührens in einen kulturellen Zusammenhang eingebettet sind. Manche Kulturen haben eine Vorliebe dafür, andere scheinen eine Berührung möglichst zu meiden. Die Engländer und die Deutschen etwa sind hier eher zurückhaltend, während Spanier, Italiener, Israelis und Araber das Berühren offenbar immer geschätzt haben. Es gibt Kulturen, in denen das Berühren ein sehr wichtiger Teil der Kommunikation ist. Zum Beispiel faßt man sich während einer Unterhaltung im Orient ständig irgendwie an.

Dieser kulturell bedingte Widerwille oder Wunsch zu berühren kann sich mit der Entwicklung der Gesellschaft wandeln. Italienische Männer gingen früher Hand in Hand auf der Straße spazieren, doch vor einigen Jahren besuchte Roger Youman, Redakteur bei *TV Guide,* Italien und schrieb in einem Artikel im *New York Times Magazine,* daß man in Italien keine Männer mehr sieht, die sich an der Hand halten. Kinder tun es noch. Italienische Frauen halten sich an der Hand, haken die Arme unter oder gehen mit umeinandergelegten Armen spazieren. Doch »italienische Männer tun es selten, sehr selten!«, bemerkte Youman. »Etwas ist verlorengegangen, was italienische Männer hatten und was erhaltenswert war, die Fähigkeit und die Freiheit, eine emotionale Bindung auf unbefangene und sexuell neutrale Art und Weise auszudrücken.«

Der Grund, meint er, sei das öffentlichere Auftreten homosexueller Männer und eine stärkere homophobe Einstellung »normaler« Männer. Das mag zutreffen, und ich stimme Youman zu, daß etwas verlorengegangen ist – der Subtext des ungeheuren Behagens und der Fürsorge, die im Händehalten liegt.

Unsere Kultur verbietet das Händehalten unter Männern.

Männern widerstrebt es, einander zu berühren, und aus diesem Grund ist es, wenn sie es tun, um so intensiver und wirkungsvoller. Wenn Männer sehr durcheinander sind oder schwere Sorgen haben, kann es Wunder wirken, sie zu berühren, eine Hand zu halten oder sie zu umarmen.

Verdrängen

Wir alle beginnen das Leben mit einem ungeheuren Bedürfnis nach Berührung und ihrem Subtext. Säuglinge brauchen die Berührung ihrer Mutter, müssen die Brustwarze spüren, wenn sie gestillt werden, und verspüren das Bedürfnis, alles zu berühren, was sie an den Mund führen können.

Dieser dringliche Wunsch nach Berührung verliert sich in unserer Gesellschaft im Alter von fünf oder sechs ein wenig, doch er kehrt während der Pubertät zurück, zu einem Zeitpunkt also, wenn der Subtext sexuell gefährlich ist. Wegen dieser »Gefahr« lehrt die Gesellschaft pubertierende Mädchen, daß eine Berührung nicht erlaubt ist, wenn sie vom anderen Geschlecht kommt. Aber die Gesellschaft billigt ihnen zu, sich untereinander an der Hand zu nehmen, Arm in Arm spazierenzugehen oder sich zu berühren, solange es beim gleichen Geschlecht bleibt. Die Ringkämpfe von männlichen Teenagern und die Kontaktsportarten, die ihnen Spaß machen, fangen einen Teil ihres Bedürfnisses nach Berührung auf.

Sobald wir erwachsen werden, gibt es immer noch ein Bedürfnis nach Berührung, auch wenn es zum Beispiel in den Vereinigten Staaten oder in Mittel- und Nordeuropa nicht so offenkundig ist. Aber der Wunsch und seine Erfüllung sind vorhanden. Der Soziologe Dr. Erving Goffman legt dies in seinem Buch *Relations in Public Places* dar. »Die Theorie, daß Angehörige der amerikanischen Mittelschicht sich nicht berühren, wenn sie miteinander reden, ist Unsinn. Die Leute fassen sich ständig an, aber wir verdrängen es. Sie müssen die Augen offenhalten, um es zu sehen.«

Wir »verdrängen es«, weil es bei sehr natürlichen Vorfällen vorkommt. Jemand drängt sich in einem engen Durchgang an jemandem vorbei und nimmt den Arm dieser Person, um ohne Körperkontakt vorbeizukommen. Im Gespräch kann einer den anderen berühren, damit jener im Reden innehält oder damit er selbst eine Bemerkung anbringen kann. Man berührt seine Freunde und Familienangehörigen ständig, aber nur leicht, und »verdrängt« die Berührung, weil sie so flüchtig ist, daß sie praktisch unterbewußt geschieht.

Faszinierenderweise können selbst diese leichten Berührungen einen Subtext der Fürsorge und Teilnahme vermitteln. Und das gilt noch viel stärker für eine kräftigere, längere Berührung – immer unter der Voraussetzung, daß sie angemessen ist.

4 Körpersprache: Die Augen, der Kopf und die Hände

Der Mann, der zuhörte

Vor einigen Jahren arbeitete ich als Fachjournalist für Medizin an einer großen Publikation. Die beste Seite an dem Arbeitsplatz war unser Chefredakteur, ein kleiner, lebhafter Mann, der irgendwie bei allen, die für ihn arbeiteten, eine unerschütterliche Loyalität hervorrief.

Irgendwann mußte er vor einer Studentengruppe eine Rede halten, und er bat mich, sie auf Videoband aufzunehmen. »Ich möchte es meiner Frau und den Kindern zeigen. Das wird denen ungeheuren Spaß machen.«

Ich nahm seine Rede auf und war erstaunt, wie er sein Publikum aus zukünftigen medizinischen Autoren in Bann schlug. Was hatte dieser unscheinbare Mann an sich, das jeden für ihn einnahm? Um seiner Methode auf die Schliche zu kommen, ließ ich das Band mehrmals durchlaufen, schließlich drückte ich auf die schnelle Vorlauftaste. Plötzlich bemerkte ich, was mir zuvor entgangen war. Sowie er auf das Podium getreten war, bewegte sich sein Kopf hin und her – wie der Schwanz eines freundlichen Hundes. Als ich genauer hinsah, stellte ich fest, daß er ständig Blickkontakt mit allen im Publikum hielt, nie nur eine Seite bevorzugte. Er ließ seine Augen über diese Studentengruppe gehen, wie der Lichtstrahl eines Leuchtturms über das Meer streicht.

Blickkontakt, bemerkte ich, war das Geheimnis seines Zaubers. Ob er zu einer Person, zu einem Dutzend oder einem ganzen Saal sprach, es gelang ihm stets, Blickkontakt herzustellen, und wenn er ihn unterbrach, kehrte er wieder zurück. Umgekehrt ließ der Blickkontakt sein Gegenüber wissen, daß er zuhörte, wenn man etwas zu ihm sagte.

Jahre später, als ich selbst Vorträge hielt, versuchte ich, diese Technik nachzuahmen, und ließ meine Augen durch den Saal gehen, um möglichst zu jedem einen Kontakt herzustellen. Einmal, als man mich gebeten hatte, vor einer Gruppe von Geschäftsleuten bei Xerox zu sprechen, machte ich am Tag vor der Rede meine Brille kaputt. Ich ging zu einem Optiker, der mit BRILLEN IN EINER STUNDE warb. Er nahm meine zerbrochene Brille und schüttelte den Kopf. »Das sind Bifokalgläser. Eine Lesebrille kann ich Ihnen innerhalb einer Stunde machen, eine für die Ferne auch, aber keine Bifokalbrille. Das dauert eine Woche.«

Ich steckte in der Klemme. Mit der Lesebrille könnte ich meine Aufzeichnungen sehen, aber nicht die Augen des Publikums. Mit der Fernbrille könnte ich meinen Text nicht sehen, aber die Augen des Publikums. Eine schwere Wahl. Schließlich entschied ich mich für die Fernbrille. Den Text konnte ich jederzeit auswendig lernen, aber den Blickkontakt während der Rede zu meiden wäre tödlich. Ich würde Kälte ausstrahlen und Distanz schaffen.

Das Zweieinhalb-Milliarden-Dollar-Urteil

Der Blickkontakt ist das wichtigste und für uns Menschen das nächstliegende, wenn wir miteinander in Kontakt treten möchten. Tiere fühlen sich durch Blickkontakt gestört. Für sie enthält er etwas Bedrohliches. Menschen freuen sich darüber. Für sie heißen die Subtexte Aufmerksamkeit und Interesse.

Die Bedeutung der unterbewußten Botschaft, die durch Blickkontakt vermittelt wird, wurde in einem Gerichtsverfahren deutlich, das vor einiger Zeit zwischen zwei Ölgesellschaften stattfand. Pennzoil verklagte Texaco und behauptete, Texaco habe sittenwidrig ein Geschäft mit Getty Oil gestört. Pennzoil erreichte einen Schadenersatz von zweieinhalb Milliarden Dollar zuzüglich Zinsen, den größten in der Geschichte der Vereinigten Staaten.
Während des Prozesses glaubten die Anwälte von Texaco, die Rechtsberater bei Pennzoil würden die Jury gegen sich aufbringen, weil sie ihre Zeugen angewiesen hätten, ständig den Blickkontakt zu den Geschworenen zu suchen und mit ihnen zu scherzen.
Die Rechtsberater von Texaco hingegen wiesen ihre Zeugen an, ernst aufzutreten und unbedingt den Blick zu den Geschworenen zu unterlassen. Der Fall wurde gegen Texaco entschieden, und in Gesprächen nach dem Urteilsspruch sagten die Geschworenen: »Die Texaco-Zeugen sahen uns nie an. Sie waren arrogant und gleichgültig. Wie hätten wir Ihnen glauben können?«
Nach herkömmlichem juristischen Verständnis hatten die Texaco-Berater recht, »keine Schau für die Geschworenen abziehen zu wollen«. Aber ihre Zeugen konzentrierten sich so sehr darauf, den Blickkontakt zu meiden, daß sie Unaufrichtigkeit ausstrahlten, gerade das, was die Anwälte hatten verhindern wollen!
Sollte jemand Zweifel daran haben, wie stark die Wirkung eines Blickkontakts sein kann, so dürfte ihn die Erklärung eines Offiziers der israelischen Armee eines Besseren belehren. Oberstleutnant Ysrael von der besetzten West Bank berichtete der *New York Times,* er und seine Männer stünden fast täglich in einem Kampf der Augen: israelische Augen gegen palästinensische Augen, Blicke, die töten sollen, gegen Blicke, die einschüchtern sollen, Augen, die Pfeile schießen,

gegen leeres Starren, Augen, die um ein kleines bißchen Freundschaft betteln und Augen begegnen, die rund vor Angst sind. Die Soldaten nennen das den »Krieg der Augen«. Die stechendsten und kältesten Blicke kommen von den palästinensischen Jugendlichen, meint Oberstleutnant Ysrael. »Selbst wenn man sie mutig und einschüchternd anblickt, starren sie einen selbstbewußt direkt an. Die Eltern sind anders. Man spürt, daß man mit ihren Augen verhandelt hat. Die Augen sagen, du kannst sogar meine Hand schütteln.«
Die interessantesten Blicke werfen die arabischen Mädchen, sagt ein anderer Soldat, der 23jährige Leutnant Eldad. »Sie sind sehr offen für alles. Sie necken einen, aber sie sind verlegen.«
Was für eine Welt von Emotionen, allein die Augen drücken sie aus!

Die Spielregeln

Es gibt ganz bestimmte Regeln für den Augenkontakt. Da ist zum einen das, was ein Soziologe »die moralische Blickzeit« genannt hat, die Zeit, wie lange man mit einem Fremden einen Blickkontakt halten kann, ohne eine besondere Botschaft zu senden oder die betreffende Person zu beleidigen oder verlegen zu machen. Es kann jemanden aus der Fassung bringen, wenn man einen Blickkontakt zu lange hält, oder sogar bedrohlich wirken.
Stellt man freilich keinen Blickkontakt her, sendet man den beunruhigenden Subtext: »Ich begegne deinen Augen nicht, weil du für mich nicht da bist, du bist eine Unperson, du bist unwichtig.«
Wenn wir das verstehen, wird uns klar, daß ein wichtiges Element des Blickkontakts das Wiedererkennen ist. Wenn Sie einem Bettler auf der Straße begegnen und seinen Augen

ausweichen, bedeutet das: »Ich erkenne deine Existenz nicht an.« Wenn Sie den Blickkontakt herstellen, liefern Sie sich der Annäherung des Bettlers aus. Das ist eine sehr tiefsitzende Reaktion. Ich habe sogar Leute beobachtet, die den Augenkontakt mit einem blinden Bettler vermieden!

Die Weigerung, Blickkontakt herzustellen, kann auch Arroganz und Verachtung ausdrücken. Sie besagt: »Ich bin besser als du«, und wir reservieren sie nicht nur für Bettler, sondern auch für Dienstboten und Angestellte unter bestimmten Umständen. Der Chef wird häufig den Blickkontakt mit einem seiner Arbeiter vermeiden, ein dummes Verhalten, weil es eine beleidigende Botschaft enthält.

Die »moralische Blickzeit« ist an verschiedenen Orten unterschiedlich. In einem Aufzug existiert sie so gut wie nicht. Wenn Sie Blickkontakt mit einem Fremden bekommen, brechen Sie ihn sofort ab, Sie schauen nach oben zu der Anzeige der Stockwerke oder auf den Boden – nur nicht in die Augen des anderen. In einem Zimmer ist die moralische Blickzeit länger. Sie können einen Blickkontakat herstellen und zwei oder drei Sekunden halten, aber dann müssen Sie ihn abbrechen, sonst fühlen Sie sich unwohl. Längerer Blickkontakt zwischen den Geschlechtern oder zwischen zwei Frauen bedeutet im allgemeinen: »Ich interessiere mich für Sie.« Zwischen zwei Männern, die sich nicht kennen, hat der längere Blickkontakt gewöhnlich eher etwas Bedrohliches.

In einem großen Raum wie einem Sitzungssaal oder Hörsaal kann der Redner den Blickkontakt zum Publikum suchen und so lange halten, wie er möchte. Aber auf der Straße ist die »moralische Blickzeit« sehr kurz. Jeder Blick, der länger als kurz und flüchtig ist, wird zum Zeichen des Erkennens mit dem Subtext: »Kenne ich Sie?« Zu lange gehalten, sendet er einen Subtext der Unverschämtheit. Verbunden mit einem angedeuteten Lächeln und einem Nicken, verschwindet die Unverschämtheit jedoch. Bei vielen derartigen Begegnungen

gibt es einen Moment der Peinlichkeit, wenn man bemerkt, daß der Blickkontakt zu lang war, weil der eine oder der andere es zugelassen hat. Das Lächeln oder Nicken oder sogar ein kurzer Gruß rettet die Situation.
Ich erinnere mich, wie ich einmal an einer Tagung in Chicago teilnahm und durch die Vorhalle schlenderte, um mir die Ausstellungsstücke anzusehen. Irgendwann bemerkte ich einen ungewöhnlich gut gekleideten Mann in mittleren Jahren, der auffallend weißes Haar hatte und sehr braun gebrannt war. Er sah durch und durch wie ein Topmanager aus, und ich vergaß mich und starrte ihn an.
Er fing meinen Blick auf und zögerte einen Augenblick, als ich lächelte. Doch anstatt den Blickkontakt zu unterbrechen, erwiderte er mein Lächeln und streckte die Hand aus, während wir aufeinander zugingen. Wir schüttelten die Hände, und er fragte, wie es mir ging, was meine Arbeit machte und ähnliche allgemeine Dinge. Dann sagte er freundlich: »Wir sollten bald einmal zusammen zu Mittag essen« und ging weiter. Mein zu langes Starren und der Blickkontakt in Verbindung mit meinem Lächeln hatten ihm bedeutet: »Ich kenne Sie.« Statt zu riskieren, einen potentiell nützlichen Bekannten zu beleidigen, hatte er Wiedererkennen vorgetäuscht.
Das sind freilich Regeln für den Blickkontakt zwischen Fremden. Zwischen Freunden und Bekannten kann der Blickkontakt angemessen ausgedehnt werden. Zu lang gehalten, vermittelt der Blickkontakt Unbehagen. Blickkontakt in einer geschäftlichen Umgebung signalisiert Vertrauen und Aufrichtigkeit, solange er nicht ausgedehnt wird. Die richtige Methode ist, den Blickkontakt häufig zu unterbrechen, wenn man spricht oder zuhört. Am besten blickt man seitlich nach unten und wieder zurück.
Bedenken Sie jedoch: Die Regeln des Blickkontakts weichen in den verschiedenen Kulturen voneinander ab. In unserer

Kultur ist der ausgedehnte Blickkontakt beunruhigend, während wiederum die Weigerung, einen Blickkontakt herzustellen, Mißtrauen weckt. In anderen Kulturen, besonders in vielen lateinamerikanischen Ländern, ist der Blickkontakt mit dem Status verknüpft. Arbeiter wenden die Augen ab, wenn sie mit dem Chef sprechen. Bei uns können die Arbeiter dem Chef in die Augen sehen, ohne mit der Wimper zu zucken.
Manche Gesellschaften wünschen den langen Blickkontakt und haben ein ungutes Gefühl, wenn er zu schnell abgebrochen wird. Ich hatte einmal mit einem jungen liberianischen Geschäftsmann zu tun, der für Firestone arbeitete. Er war sehr aufgebracht über einen leitenden Angestellten in meiner Gesellschaft, der versuchte, ein Geschäft mit ihm unter Dach und Fach zu bringen. »Ich traue dem Mann nicht!« sagte er mir.
»Er ist sehr ehrlich und vertrauenswürdig«, protestierte ich.
Der Liberianer schüttelte den Kopf. »Er kann mir nicht lang in die Augen sehen.«
Langsam ging mir ein Licht auf. »In diesem Land halten wir es für unverschämt, jemandem fortwährend in die Augen zu sehen«, versuchte ich zu erklären.
Er wischte meine Erklärung vom Tisch. »In meinem Land sieht man einer Person direkt in die Augen, solang man mit ihr redet. Alles andere ist unehrlich!«
Wahrscheinlich konnte ich ihn nicht von der Aufrichtigkeit des leitenden Angestellten überzeugen, und am Ende unseres Gesprächs begann er sogar an mir zu zweifeln. So groß ist die Macht des kulturellen Hintergrunds.

Blockade

Als ich ein Seminar zum Thema »Nichtverbale Kommunikation« hielt, kam ein junger Mann im Anschluß auf mich zu

und sagte: »Ich habe ein echtes Problem, mich mitzuteilen. Vielleicht können Sie mir helfen.«
Ich versuchte den Grund zu erforschen, und er berichtete: »Es handelt sich um meine Arbeit. Ich spreche mit einem Kunden, und ich weiß, daß alles stimmt, was ich sage, aber nach einer Weile ist es, als wäre plötzlich eine Mauer zwischen uns. Er wendet sich einfach ab.
Und nicht nur bei der Arbeit. Ich lebe allein und sitze ziemlich oft in Kneipen herum. Ich weiß, was Sie vom Blickkontakt gesagt haben, und ich kann die Frauen in der Kneipe betrachten und merke, daß diejenigen, die den Blickkontakt über die ›moralische Blickzeit‹ hinaus aufrechterhalten, daran interessiert sind, mich kennenzulernen. Aber wenn ich ein paar Minuten mit ihnen geredet habe, passiert das gleiche – das Gefühl, gegen eine Mauer zu stoßen!«
Während ich mit ihm sprach, wurde klar, was es mit dieser »Mauer« auf sich hatte. Aus irgendeinem Grund hatte er nie eines der entscheidenden unterschwelligen Signale gelernt, das Nicken. Er redete und hörte zu, ohne auch nur einmal den Kopf zu bewegen.
Das Nicken ist ungeheuer wichtig bei der Kommunikation. Ich erzähle Ihnen etwas, und Sie nicken, während ich es sage. Dieses Nicken bedeutet für mich: »Ja, ich verstehe.« Dann sprechen Sie, und nun nicke ich, womit ich: »Ja, ich verstehe« zusammen mit einem: »Ich stimme zu« signalisiere.
Diese Gesten, zu denen noch das verneinende Kopfschütteln gehört, begleiten im allgemeinen alle Gespräche und sind zur Kommunikation unbedingt notwendig. Das Kopfnicken wirkt sogar so stark, daß manche Verkäufer es nutzen können, um den Widerstand eines Kunden zu überwinden, besonders wenn das begleitende Verkaufsgespräch richtig ist. Das Nicken löst bei dem Kunden eine positive Reaktion aus. Es läßt sich im Verkauf, im Sitzungssaal und in jeder laufenden Diskussion oder Verhandlung wirkungsvoll einsetzen.

Weil besagter Seminarteilnehmer nie zustimmend nickte, richtete er in seinen Worten eine »Mauer« auf. Sobald er das begriffen hatte und begann, ab und zu verständnisvoll zu nicken, stürzte die Mauer ein. Selbstverständlich ist es wichtig, das Nicken sinnvoll einzusetzen. Ein sinnloses Auf und Ab des Kopfes sendet ein inhaltsloses Signal. Wer seinem Gegenüber zustimmt, wer für seine Aussage Zustimmung wünscht oder wer zeigen will, daß man verstanden hat, der sollte vernünftigerweise mit dem Kopf nicken. Geschickte Redner, die eine öffentliche Ansprache halten oder vor einer kleinen Gruppe sprechen, können an der Reaktion der Zuschauer ablesen, wie ihr Vortrag ankommt. Fehlt das zustimmende Nicken, so sollten sie lieber zu einem anderen Thema übergehen.

Blind für die Körpersprache

Es gibt viele Menschen, die Körpersprache nicht bewußt einsetzen können. Diese Unfähigkeit kann große Nachteile mit sich bringen. Erwachsene können dann Schwierigkeiten haben, mit anderen Menschen in Kontakt zu treten, und auch im Berufsleben können große Probleme auftreten.
Untersuchungen haben ergeben, daß dieses Unvermögen oft schon im Kindesalter auftritt. 10 Prozent aller Kinder fällt es schwer, Signale zu senden und zu deuten. Nach Dr. Stephen Nowicki, Psychologe an der Emory University in Atlanta, werden die meisten emotionalen Subtexte zwischen Personen nicht verbal, sondern durch Körpersprache mitgeteilt.
Die Unfähigkeit, solche Botschaften richtig zu lesen oder zu senden, ist ein erheblicher gesellschaftlicher Nachteil. »Weil ihnen die Botschaften, die sie senden, nicht bewußt sind oder weil sie falsch interpretieren, was andere empfinden«, sagt Dr. Nowicki, »wird unbeliebten Kindern meist nicht einmal

klar, daß sie viele negative Reaktionen, die sie von Gleichaltrigen erhalten, selbst auslösen.«

Diese Kinder spüren, daß sie keine Kontrolle darüber haben, wie andere Menschen sie behandeln, und können schließlich emotional gestört, ängstlich, deprimiert oder zornig werden. Was man in der Kindheit lernt, wird ins Erwachsenenalter mitgenommen. Im Geschäftsleben deuten sie weiterhin die Signale anderer Leute falsch und senden umgekehrt falsche eigene Signale aus.

Ihr Defätismus verschwindet jedoch, sobald sie gelernt haben, die Signale der anderen richtig zu interpretieren und Botschaften auszusenden, die sie wünschen. In anderen Worten: Wenn sie die Zusammenhänge und Bedeutung von Subtext, Nicken, Blickkontakt, Gesten und persönlichem Freiraum verinnerlicht haben, so kann ihnen das helfen, mit anderen Menschen im privaten Bereich und am Arbeitsplatz in Verbindung zu treten.

Blickkontakt und Nicken sind zwei wichtige Elemente im Kommunikationsverhalten. Auch Gesten vermitteln Subtexte. Die falsche Geste kann verwirren und verärgern. Bei einer Zusammenkunft im Sitzungssaal zum Beispiel gab der Geschäftsführer einer Firma ein paar gute Ratschläge zum Umgang mit den Vertretern einer anderen Firma. »Ich möchte sie bei diesem Geschäft um den Finger wickeln, und deshalb meine ich, wir sollten eine Form von leiser Diplomatie anwenden.«

Aber noch während er diese Worte sprach, schlug er mit der Faust auf den Tisch. Der Subtext der Geste paßte nicht zu seiner Botschaft, und wir gingen alle aus dem Saal, ohne zu wissen, was er meinte. Seine Worte waren besänftigend, aber die Schläge auf den Tisch aggressiv. Wie sollten wir uns also verhalten?

Derselbe Geschäftsführer versicherte seinen Angestellten, kurz bevor die Firma Bankrott machte, ihre Arbeitsplätze seien sicher und die Firma stünde auf einem festen Fundament. Doch während er redete, war seine linke Hand so fest zusammengepreßt, daß die Knöchel weiß hervortraten. Seine Angestellten hörten seine Worte, aber sie verstanden auch den Subtext der Spannung, den seine geballte Faust verriet, und am nächsten Tag begannen alle, gemeinsam ihre Rückschlüsse zu ziehen.

Automatische Gesten

Die Gesten, die wir machen, sind manchmal beabsichtigt, aber häufiger geschehen sie auf einer unbewußten Ebene. Wir merken nicht, was wir tun. Wenn wir beim Reden zögern oder nach einem Wort suchen, werden unsere Gesten meist beredter, als wären die Gesten selbst ein Ersatz für entfallene Worte.

Bitten Sie jemanden, etwas zu wiederholen, wird er oder sie oft Gesten hinzufügen, die vorher nicht dabei waren. Es ist, als sollten die Gesten zum Verständnis beitragen – und sie tun es. Wenn Sie möchten, daß jemand Sie mag oder glaubt, was Sie sagen, neigen Sie dazu, mehr Gesten zu verwenden, weil Sie im Unterbewußtsein bemerken, daß die Gesten klären und überzeugen.

Die geballte Faust des Geschäftsführers, die er unter Druck verwendete, war eine unbewußte Geste, die die Wahrheit verriet. Sie vollzog sich ohne nachzudenken, und ihr Signal widersprach den Worten, die er gebrauchte. Ähnlich verhält es sich, wenn ein Sprecher im Begriff ist, zu lügen oder eine unerhörte Bemerkung zu machen, und dabei sein Finger automatisch über die Nase streicht.

Gerade weil Gesten unbewußt gemacht werden, senden sie im allgemeinen einen ehrlicheren Subtext als unsere Worte. Beobachten Sie einen Politiker, der unerfüllbare Wahlkampfversprechungen macht, und Sie werden meist jenes unwillkürliche Nasenreiben sehen. Beobachten Sie einen leitenden Angestellten, der Voraussagen macht, von denen er weiß, daß sie falsch sind, und auch er wird sich die Nase reiben – es sei denn, der Politiker und der Leitende wissen über die Bedeutung dieser Gesten Bescheid und unterdrücken sie.

Mit ein und derselben Geste können verschiedene Signale gesendet werden, je nachdem, ob ein Mann oder eine Frau sie benutzt. Es gibt grundlegende Unterschiede zwischen Männern und Frauen in Hinblick auf Emotionen und geistige Einstellung. Das soll weder heißen, daß Männer sich weniger gut ausdrücken können oder Frauen emotionaler sind, noch daß Eigenschaften wie Aggression, Intuition, Sanftmut oder Pragmatismus nur auf ein Geschlecht beschränkt sind. Viele Menschen glauben jedoch, diese Eigenschaften seien geschlechtsbezogen, und diese Überzeugung beeinflußt die Art und Weise, wie sie die unbewußten Signale von Männern und Frauen wahrnehmen.

Eine Frau wurde vielleicht in dem Glauben erzogen, übertriebene Gesten seien nicht weiblich, und deshalb erscheint es ihr falsch, sie in einer geschäftlichen Umgebung zu verwenden. Einem Mann wurde vielleicht beigebracht, es sei nicht männlich, Gefühle zu zeigen, und das kann den Subtext seiner Gesten beeinflussen. Dennoch sind wir alle denkende Wesen und können daher unsere Gewohnheiten ändern.

Manche Gesten kommen zwar überwiegend bei dem einen oder dem anderen Geschlecht vor (ein Mann, der die Krawatte geradezieht, eine Frau, die ihr Haar zurückstreicht), doch ist keine ausschließlich mit dem einen Geschlecht verknüpft. Und obwohl viele Gesten automatisch sind, kann man sich ihrer bewußt werden und sie in überlegter Weise ausführen.

Wenn Sie lernen, Gesten bewußt zu gebrauchen und ihre

Signale zu verstehen, haben Sie ein starkes Werkzeug in der Hand, mit dem Sie Ehrlichkeit und Wahrheit projizieren können. Es ist eine kluge Art von Manipulation, doch sie muß mit Feingefühl geschehen.

Gesten und ihre Bedeutung

Hier ist eine kurze Zusammenfassung der wichtigeren Gesten, die wir verwenden, und der Subtexte, die sie senden.

Eine Geste mit der offenen Hand, bei der die Hand sich in Brusthöhe nach vorn bewegt, die Finger nach oben und die Handfläche nach außen zeigt, sendet einen starken Subtext der Ernsthaftigkeit und Wichtigkeit.

Beide Hände geöffnet in Brusthöhe und mit den Handflächen nach oben seitlich gebreitet senden einen Subtext der Hilflosigkeit, eine Bitte um Verständnis.

Eine Hand über den Kopf erhoben unterstreicht eine Aussage; beide Hände über den Kopf erhoben signalisieren Triumph.

Ein Zeigefinger am Ohr oder das Auge reibend signalisiert Ablehnung.

Eine Hand oder die Finger vor dem Mund verraten, daß man nicht reden möchte, etwas zurückhält, nur die halbe Geschichte erzählt.

Ein beschwichtigender Subtext wird mit der Handfläche nach oben und der Hand nach außen gesendet – von einem Mann. Die gleiche Geste hat bei einer Frau einen werbenden oder flirtenden Subtext.

Wenn man bequem dasitzt und jemandem zuhört, während man die Finger »spitzt«, sendet man einen Subtext des Vertrauens aus. Man hält die Hände in Brusthöhe, wobei sich die Finger berühren und nach oben zeigen. Je höher die Hände gehalten werden, desto stärker der Subtext des Vertrauens; sie sollten aber nicht höher als das Kinn sein.

Den Zeigefinger hin und her zu bewegen ist ein klassisches negatives Zeichen und sendet den Subtext: »Sie irren sich.« Deuten sendet einen aggressiven Subtext, und wenn man einen Gegenstand zum Deuten benutzt, einen Federhalter oder eine Zigarre, wird der drohende Finger verlängert und damit die Wirkung aufdringlicher, aggressiver.

Ein anderer aggressiver Subtext wird gesendet, wenn man mit den Händen auf den Hüften, die Daumen nach hinten, dasteht. Hier ist der Subtext Vertrauen und Robustheit. Ein Subtext des Vertrauens und der Logik wird ausgestrahlt, wenn man beim Reden die Punkte an den Fingern abzählt. Das kann eine Darlegung nachhaltiger machen.

Kurzes Reiben (nicht Ringen) der Hände deutet Vertrauen an zu dem, was man sagt. Die Hände hinter dem Rücken verhakt sendet den Subtext: »Ich habe hier das Sagen.«

Man kann einen Subtext des Vertrauens und des Vergnügens an der Schilderung eines andern senden, indem man sich auf dem Stuhl zurücklehnt und die Finger im Nacken verhakt.

Die negative Seite

Das sind positive Signale, die man lernen kann, um sich zu helfen oder um die Signale von andern zu interpretieren. Sie sollten freilich auch die negativen Signale verstehen, die den Subtext eines Verlierers aussenden. Es ist wichtig, sie bei sich selbst zu vermeiden und bei andern zu verstehen. Die Bedeutung dieser Gesten entnehmen wir Untersuchungen mit Videobändern, die während psychotherapeutischen Sitzungen aufgenommen wurden. Die Gesten wurden mit den Aussagen der Patienten verglichen. Zum Beispiel hielt eine Frau sich die Augen zu, als sie von einem Vorfall erzählte, dessen sie sich schämte. Der Subtext hinter dem Bedecken der Augen wurde klar.

An einem Bleistift oder anderen Gegenständen zu kauen signalisiert Nervosität und Unsicherheit. Legt man die Hand auf den Mund, vermittelt man Verlegenheit oder zeigt, daß man etwas verschweigt oder keine Lust zum Reden hat.
Die Hände zusammenzupressen oder zu ringen signalisiert Nervosität oder Zorn. Kreuzt man die Arme über der Brust, sendet man die Botschaft: »Ich stimme Ihnen nicht zu.«
Diese letzte Geste muß mit Vorsicht interpretiert werden. Jemand kann mit gekreuzten Armen dasitzen, weil es eine bequeme Haltung ist. Um es als Widerstand zu interpretieren, muß man am übrigen Körper nach Zeichen der Verkrampfung und Spannung suchen. Vor einiger Zeit sprach Dr. Benjamin Spock zu einer Gruppe von Polizisten. Dr. Spock und die Polizei hatten in den meisten Punkten unterschiedliche Ansichten. Ein Bild, das vom Podium aus aufgenommen wurde, zeigte, daß fast alle Polizisten mit gekreuzten Armen dasaßen. Es konnte keinen Zweifel über den Subtext geben, den sie sendeten!

Der kulturelle Zusammenhang

Ich habe bereits erwähnt, daß die Regeln für den Blickkontakt in jeder Gesellschaft andere sind, die Gesten jedoch hängen noch enger mit der jeweiligen Kultur zusammen. Diese Verknüpfung ist so stark, daß eine Person, die eine Begabung für das Deuten von Subtexten hat, im allgemeinen erraten kann, aus welchem Land jemand kommt, indem sie beobachtet, wie der Betreffende seine Hände benutzt.
Es gibt gewisse allgemeine Regeln. Menschen aus den nördlicheren Ländern des Westens neigen dazu, weniger Gesten als die Menschen aus dem Süden zu benutzen. Skandinavier, Deutsche, Schweizer und Engländer gebrauchen wenige Handgesten. Den Südländern erscheinen sie deshalb oft steif

und unbeweglich. Der Subtext bedeutet Reserviertheit, den Wunsch, sich herauszuhalten.

In südlichen Ländern wie Frankreich, Spanien, Italien und Griechenland sind die Gesten offener, überschwenglicher und ausdrucksvoller. Daraus sprechen Vitalität und emotionale Beteiligung. Israel, die arabischen Nationen und die meisten mittel- und südamerikanischen Länder sind ebenfalls reich an Handgesten.

In den Vereinigten Staaten, dem traditionellen Schmelztiegel, ist es schwieriger, die Volkszugehörigkeit an den Gesten zu erkennen. Die Regeln der alten Länder halten nicht lange, und allmählich entsteht eine Mischung der Gestik und des Ausdrucks, die das Etikett »Made in the United States« verdient.

Dr. David Efron, ein Erforscher von Gesten, analysierte eine Reihe von gestischen Mustern und ordnete sie verschiedenen Kulturen zu. Juden, stellte er fest, neigen dazu, die Hände beim Gestikulieren nahe am Körper zu halten. Ihre Bewegungen sind abgehackt und voller nervöser Energie, sie werden gewöhnlich mit einer Hand ausgeführt. Italiener dagegen verwenden expansive, ausholende Gesten, mit zwei Händen und symmetrisch.

Wenn Juden und Italiener allerdings in die amerikanische Kultur assimiliert werden, wandelt sich ihre Gestik. Amerikaner der zweiten und dritten Generation nehmen die Manierismen der Kultur an, in der sie leben – jener der Vereinigten Staaten; ein weiterer Beweis, daß Gesten nicht instinktiv sind, sondern mit der Kultur verknüpft.

Die Franzosen verwenden Handbewegungen sparsam, aber genau und elegant. Die Deutschen, wenn sie überhaupt Handbewegungen gebrauchen, bekräftigen damit Erklärungen von Überzeugungen.

Frauen und Männer in der Wirtschaft müssen sich dieser kulturell bedingten Gesten und ihrer Bedeutungen bewußt sein. Es ist schwierig und manchmal lästig, wenn man seine Gesten zu ändern versucht, doch Videobänder können bei der Entscheidung helfen, ob man die eine oder andere eliminieren oder abschwächen sollte. Andere Gesten sind vielleicht beredt und wirkungsvoll, und Sie möchten sie eher stärker betonen.

Was soll ich mit meinen Händen machen?

Gesten werden mit den Händen gemacht, und in jeder Situation – bei einem Gespräch mit Geschäftspartnern, einer Besprechung unter vier Augen oder einer Diskussion im Sitzungssaal – müssen Sie darauf achten, welche Sie anwenden. Ich sah einmal einen jungen Abteilungsleiter eine glänzende Präsentation für den Vorstand vorbereiten, und dann ging alles daneben, weil er sie mit den Händen in den Hosentaschen vortrug. Noch schlimmer sind Menschen, die beim Reden ständig mit Kleingeld oder Schlüsseln in den Taschen klimpern. Dies ist eine Geste, die als sexuell provozierend interpretiert werden kann, wenn sie von Männern kommt.

Redner können ihre Darstellungen auch damit verderben, indem sie beide Hände in den Jackettaschen vergraben, während sie sprechen, oder ihre Hände vor sich verschränkt haben, eine Geste, deren Botschaft eine eindringliche Bitte ist – kaum passend zu einer Person, die eine überzeugende Rede hält.

Der Grund für diese Angewohnheiten ist das alte Bühnenproblem, mit dem Laienschauspieler zu kämpfen haben: Was soll ich mit meinen Händen machen? Wenn Sie zu einer Gruppe sprechen, können Ihre Hände Ihnen riesig und unbeholfen erscheinen. Es ist ein Zeichen des perfekten Redners, daß seine Handbewegungen natürlich sind. Bei einem talen-

tierten Redner sind sie nicht nur natürlich, sondern sie sind auch beredt und tragen zum Vortrag bei.
Wie kann man lernen, die Hände als einen Aktivposten zu gebrauchen? Es gibt zwei annehmbare Methoden. Die eine ist das Üben vor einem Spiegel, der einen in voller Größe zeigt. Beobachten Sie, was Sie tun, und machen Sie sich Ihre Gesten bewußt und das, was sie aussagen und was sie nicht aussagen. Verstehen Sie den Subtext ihrer Bewegung.
Der Haken dabei ist: Sie sehen sich nur mit voreingenommenen Augen – Ihren eigenen –, und kleine Mängel fallen Ihnen vielleicht nicht auf. Eine bessere Methode ist es, ein Publikum aus Freunden und Kollegen zu gewinnen, die Ihre Vorstellung bewerten. Am besten fahren Sie, wenn Sie sich bei einer gespielten Präsentation oder Rede auf Videoband aufnehmen und es vor Ihren Freunden abspielen. Lassen Sie sich von ihnen auf Ihre Schwachstellen aufmerksam machen, dann spielen Sie das Band immer wieder ab, bis Sie diese Schwächen selbst sehen und verstehen. Ein zweites Band könnte angefertigt werden, um die Schwachstellen zu eliminieren. Bei einigen werden zwei Bänder genügen. Andere werden ein halbes Dutzend oder mehr brauchen.
Vor kurzem nahm ich in einem Seminar über Gesten und Subtext einen leitenden Angestellten bei einem gespielten Vortrag für seinen Verwaltungsrat auf. Er war seit Jahren im Geschäft, doch sich selbst zu betrachten war eine verblüffende und aufschlußreiche Erfahrung. »Mein Gott!« Er schüttelte schockiert den Kopf. »Ich ringe die Hände, während ich rede. Es ist mir nie aufgefallen, daß ich das tue. So etwas Dummes!« Er brauchte nur ein einziges Band, um das abzustellen.
Es ist zwar wichtig, die richtigen Handbewegungen zu lernen, aber es ist genauso wichtig, dafür zu sorgen, daß die Gesten natürlich und nicht künstlich sind und auch nicht im Übermaß gebraucht werden. Übertriebene oder zufällige Gesten

verringern die Stärke Ihres Vortrags. Gesten müssen Ihre Worte unterstreichen und bekräftigen, nicht etwa von ihnen ablenken oder ihnen widersprechen. Beobachten Sie die Gesten der Person, mit der Sie sprechen, oder das Publikum, vor dem Sie reden, und versuchen Sie zu verstehen, was ihre Hände Ihnen mitteilen.

Die Rituale der Nervosität

Nicht nur die Hände können verschiedene Subtexte übermitteln, sondern auch das, was die Hände halten. Mit einem Bleistift zu klopfen oder an einem Armband oder Ohrring herumzufingern kann Nervosität, Unsicherheit, Unbehagen oder Spannung signalisieren.
Streicht man über die Lehne eines Sessels, befingert man ein Glas oder einen Federhalter oder streichelt man sogar geistesabwesend einen Körperteil, einen Arm oder ein Bein, sendet man einen Subtext der Einsamkeit, ein Bedürfnis nach Trost.
Aber ein kontrollierter Gebrauch von Gegenständen kann seinen Wert haben. Er kann nervöse Energie auf positive Weise ableiten. Aber Vorsicht: Der benutzte Gegenstand muß angemessen sein. Ein Federhalter oder Bleistift mit einem Block Papier sind geeignete Gegenstände, wenn man an einer Sitzung teilnimmt. Ihre Verwendung signalisiert, daß man Notizen macht und aufmerksam ist.
Diese Gegenstände können in ein kunstvolles Ritual einbezogen werden, das dazu beiträgt, die Nervosität aufzufangen. Block und Bleistift zurechtrücken, mit dem Bleistift ein- oder zweimal an die Zähne klopfen (Nachdenklichkeit), die Brille absetzen und wieder aufsetzen, sie sogar zum Deuten benutzen – alle diese kleinen Rituale haben ihren Sinn. Aber am besten probt man diese Bewegungen und beschränkt sie, damit sie nicht selbst nervöse Manierismen werden.

Eine Abteilungsleiterin macht es sich zur Regel, ihre Brille abzusetzen, wenn jemand eine Erklärung abgibt, die sie nicht billigt, klopft mit dem Bügel an die Zähne, runzelt die Stirn und setzt die Brille wieder auf. Die Aussage: »Ich glaube eigentlich nicht, was Sie sagen.«
Ein Geschäftsführer steht vielleicht auf, wenn er eine Aussage hört, die ihm nicht paßt, legt eine dramatische Pause ein, während er Block und Bleistift nimmt, notiert etwas und dreht sich dann nach der Person um, mit der er nicht übereinstimmt. Dieses Verhalten sendet einen einschüchternden und entnervenden Subtext.

Symbolische Gesten

Symbolische Gesten können ebenfalls Subtexte enthalten. Während der jüngsten Veränderungen in den kommunistischen Ländern in Europa war das V als Siegeszeichen eine ständige Geste, die von den Massen zu Tausenden wiederholt wurde. Der Subtext dieser Geste war eine erdrückende Anklage gegen die Art und Weise, wie die Staatsführer regiert hatten.
In den Vereinigten Staaten bedeutet der nach oben zeigende Mittelfinger eine schwere Beleidigung. Nachrichtensendungen treiben immer wieder Männer auf, die jemanden erschossen haben, der ihnen den »Finger« gezeigt hat. Der Komiker Jackie Mason wurde vor vielen Jahren von der Ed-Sullivan-Show auf die schwarze Liste gesetzt, weil er angeblich diese Geste gemacht und Sullivan sie auf sich bezogen hatte.
Symbolische Gesten, solche, die man bewußt macht, weil sie einen bekannten Subtext darstellen, sind äußerst wichtig. Anläßlich einer Studie, zu der 25 verschiedene Länder und 12 000 Personen herangezogen wurden, wurden 20 symbolische Gesten untersucht. Dabei stellte man fest, daß wenige

Gesten auf ein einziges Land begrenzt werden konnten, obgleich Italien die größte Zahl symbolischer Gesten aufzuweisen schien.
Viele Gesten sind auch in den Vereinigten Staaten üblich, besonders in italienisch-amerikanischen Milieus. Hier sind acht der wichtigsten:

Geste	*Wie man sie macht*	*Der Subtext*
Die Fingerspitzen küssen	Die Finger der rechten Hand leicht krümmen. Sie an die Lippen führen und küssen, indem die Hand weggeschnippt wird.	Lob oder Gruß
Die Hand falten	Die Finger und den Daumen einer Hand strekken, den Daumen nach innen falten, während die Hand mit der Handfläche zum Körper hin nach oben zeigt.	Eine Frage
Die Wangenschraube	Den Zeigefinger mitten auf die Wange setzen und drehen.	Gut
Die Schläfenschraube	Den Zeigefinger an die Schläfe drücken und drehen.	Verrückt
Am Augenlid ziehen	Der Zeigefinger zieht das untere Lid nach unten.	Ich sehe, was sich abspielt. Oder: Paß auf!

Geste	Wie man sie macht	Der Subtext
Der Ring	Daumen und Zeigefinger bilden einen Kreis, während die Hand mit der Handfläche nach außen hochgehalten wird.	In Ordnung
Am Ohr zupfen	Das Ohrläppchen wird mit den Fingern einer Hand gezupft.	Eine Warnung. Oder: Jemand ist effeminiert
Die Nase antippen	Der Zeigefinger wird neben die Nase gelegt.	Sei auf der Hut

Es ist wichtig, diese Gesten zu kennen und zu verstehen, um so mehr, da in Europa heute noch gewisse Gesten zu Gerichtsverfahren führen können. In Deutschland sind Autofahrer, die anderen Fahrern den Vogel gezeigt haben, vor Gericht gebracht worden! In England ist das V-Zeichen eine schlimme Beleidigung, wenn es mit der Handfläche nach außen gemacht wird.

Diese symbolischen Gesten hängen eng mit der jeweiligen Kultur zusammen. In Argentinien wird Selbstmord dadurch symbolisiert, daß man den ausgestreckten Zeigefinger an die Schläfe hält, was eine Pistole nachahmen soll. In Japan ist es ein scheinbares Harakiri, das Aufschlitzen des Bauchs mit einem Schwert.

In einem fremden Land kann man Schwierigkeiten bekommen, wenn man das falsche Handzeichen benutzt. Dr. Robert Saitz und Edward Cervenka führen in ihrem *Handbook of Gestures* ein Beispiel an, das sich in Kolumbien ereignete. Dort wird die ausgestreckte Hand mit der Handfläche nach unten verwendet, um die Größe eines Tiers zu zeigen, niemals eines Menschen. Ein Lehrer aus den Staaten zeigte mit dieser Geste die Größe von Vorschulkindern. Dieser versehentliche falsche Gebrauch einer symbolischen Geste sprengte die Stunde und machte ihn zum Gegenstand des Gelächters. Deshalb sollte jeder, der mit einer fremden Kultur zu tun hat, nicht nur die Landessprache verstehen, sondern auch die symbolischen Gesten und ihre Subtexte.

5 Körpersprache: Gesten, Haltung und Raum

Die jugendliche Haltung

Gesten allein enthalten eine Botschaft, aber sie sind bei weitem nicht die einzigen Signale, die ein Mensch aussendet. Nur die Bewegung in Verbindung mit Gesten kommt der Wahrheit auf den Grund. Der ganze Körper bildet die Botschaft, ganz so, wie unsere Stimmbänder die Worte formen. Ein Abteilungsleiter, der einen Sitzungssaal betritt, sendet eine unmittelbare Botschaft an die dort Versammelten. Seine Haltung bestimmt den Subtext; die Art, wie er oder sie geht, sitzt oder sich bewegt, gibt die anderen Schlüssel.

Ein aufrechter Körper strahlt Kompetenz, Stolz und Selbstsicherheit aus. Vornübergebeugt, mit schlaffen Schultern, signalisiert er Verletzlichkeit, was für die meisten Leute mit Unsicherheit und Unbehagen verbunden ist.

In einem Büro arbeitete ich mit einer Abteilungsleiterin zusammen. Sie war an die Siebzig, wehrte sich aber erfolgreich dagegen, in Rente zu gehen. Wenn ich mit ihr zu einer geschäftlichen Tagung ging, mußte ich mir immer wieder sagen, daß sie keine junge Frau war.

Es gab zwei unterschwellige Gründe für ihre jugendliche Erscheinung. Sie trug Kleidung, die ihr Alter verbergen half – ein hochgeschlossenes Kleid mit langen Ärmeln –, und sie bekämpfte ihr graues Haar mit einer geschickten Färbung. Sie zog sich sehr geschmackvoll an, elegant und schick.

Die eigentliche Täuschung lag jedoch in ihrer Haltung. Sie bewegte sich wie eine junge Frau. Sie erhob und setzte sich mühelos, ohne das Stöhnen und Ächzen des Alters. Sie saß aufrecht und hielt Rücken und Schultern wahrhaft königlich – und, das war das Beste von allem, ihre Stimme war ungezwungen und jugendlich.

Ihre Körpersprache, Imageprojektion und Haltung triumphierten über das Alter. Darin steckt eine Lehre für alternde Menschen in Führungspositionen, die Jugend und Vitalität ausstrahlen möchten. Das Haar zu färben, um jünger auszusehen, und plastische Chirurgie, um Hängebacken und Hautfalten am Kinn zu verbergen, das alles hilft, aber bei Männern wie bei Frauen liegt der Schlüssel zur jugendlichen Erscheinung in der Haltung und in der Stimme. Sicher und ohne Zögern zu sprechen strahlt eine eindrucksvolle Botschaft aus. Sich natürlich zu bewegen, nicht vorsichtig, aufrecht zu stehen und zu sitzen und mühelos aufzustehen und Platz zu nehmen, das alles trägt zu einem jüngeren Subtext bei, zu einem Subtext der Vitalität und Stärke.

Die Haltung der Leute deuten

Frauen senden, nicht nur durch die Art, wie sie sitzen, stehen und gehen, aufschlußreiche Subtexte über sich, sondern auch durch die Art, wie sie den Oberkörper halten. Vorgebeugte Schultern und eingezogene, kleingemachte Brust vermitteln die unbewußte Aussage: »Ich schäme mich meines Körpers.« Mit dieser Haltung ist es unmöglich, Selbstvertrauen und Sicherheit zu signalisieren.

Bei Männern ist der Bauch der kritische Bereich. Wenn ein Mann seine Muskeln anspannt und den Bauch einzieht, lautet die Botschaft: »Ich bin mir Ihrer Anwesenheit bewußt. Ich möchte Sie beeindrucken.« Der Subtext: Stärke.

Die Person, die sich auf dem Sessel zurücklehnt, während sie einem andern zuhört, weist es zurück, in etwas hineingezogen zu werden. Vorbeugen signalisiert gespannte Aufmerksamkeit und Interesse.
Das bisher Gesagte hat zwar seine Gültigkeit, doch es handelt sich um Verallgemeinerungen. Nicht jeder verwendet die gleiche Haltung, um die gleiche Botschaft zu senden. Es gibt auch hier kulturelle und regionale Unterschiede. In ihrem Buch *Male and Female* bemerkte die Anthropologin Margaret Mead, daß nicht alle Männer die Beine in gleicher Weise kreuzen und sich auch ihr Gang oder die Art und Weise, wie sie dasitzen, unterscheidet. Das Verhalten eines jeden Amerikaners, meinte sie, sei das Ergebnis des Schmelztiegels der amerikanischen Kultur.
Menschen, die einander mögen oder miteinander übereinstimmen, neigen dazu, die Haltung des andern zu spiegeln. Wenn Menschen bei einer geschäftlichen Sitzung einen Standpunkt teilen, geschieht es oft, daß sie die gleiche Haltung einnehmen. Wenn eine Person in einer Gruppe die Stellung ändert, so tun es gewöhnlich die anderen Mitglieder der Gruppe ihr gleich. Wenn ein Mitglied der Gruppe mit den andern nicht übereinstimmt, hat es auch eine andere Haltung. Bei einer Diskussion in einer beliebigen Gruppe oder Versammlung, sei es bei einer Tagung im Sitzungssaal oder einer Verhandlungsrunde, nimmt der Leiter oft eine Haltung ein, die von den andern, wenn sie zustimmen, kopiert wird. Jeder, der anderer Meinung ist, nimmt unweigerlich eine andere Haltung ein, bis er überzeugt ist.
Ein Geschäftsführer berichtete mir, daß er bei einer Verhandlung oft die Haltung des Wortführers der Gegenseite nachahmt und gewissermaßen den Subtext des andern »erfühlt«. »Es gibt mir einen gewissen Einblick in seine Probleme. Ich finde, daß ich eine bessere Vorstellung davon bekomme, was mein Gegenüber denkt. Dadurch entsteht auch ein persönli-

ches Verhältnis. In gewisser Weise glauben sie, daß ich auf ihrer Seite bin.«
Hier sind einige Hinweise, wie man die Signale anderer an ihrer Haltung ablesen kann:

- Eine gemäßigt militärische Haltung kann Förmlichkeit bedeuten.
- Wendet man jemandem Augen, Gesicht, Schultern und Oberkörper direkt zu, drückt man gespannte Aufmerksamkeit aus.
- Den Körper abzuwenden, während jemand spricht, zur Seite zu sehen und den Blickkontakt zu vermeiden drückt Widerstreben aus: »Ich möchte damit nichts zu tun haben.« Es ist eine subtile Brüskierung.
- Aufrecht gehen signalisiert Sicherheit: »Ich habe hier das Sagen.«

Der starke Subtext hinter der Haltung wurde in dem berühmten Prozeß der Sieben von Chicago in den sechziger Jahren verdeutlicht. Verteidiger William Kunstler erhob Einwände gegen die Haltung des Richters Julius Hoffman. Während der Zusammenfassung des Staatsanwalts beugte sich der Richter vor, was Aufmerksamkeit und Interesse andeutete. Als die Verteidigung ihr Resümee vortrug, lehnte er sich in einer derart entspannten Weise auf seinem Stuhl zurück, daß er halb zu schlafen schien.
Kunstler erhob Einspruch, da seiner Meinung nach die Haltung des Richters und ihr Subtext eindeutige Versuche waren, die Jury zu beeinflussen. Dem Einspruch wurde nicht stattgegeben, aber Kunstler konnte der Jury und der Presse, die über den Prozeß berichtete, dennoch verdeutlichen, was er als voreingenommene Einstellung des Richters empfand.
Soziale Subtexte spiegeln sich häufig ganz einfach in der Haltung. Wenn Sie sich mit jemandem unterhalten und dabei

vorbeugen, deuten Sie unausgesprochen an: »Ich mag Sie.« Wenn Sie sich im Sitzen zurücklehnen oder im Stehen ein wenig zur Seite drehen, signalisieren Sie: »Ich mag Sie nicht.« Werden Sie von der anderen Person bedroht? Dann werden Sie eher kerzengerade sitzen, beinahe so, als befänden Sie sich in der Defensive und wären bereit, sofort zur Gegenwehr überzugehen.

Im Umgang mit anderen Menschen gibt es unterschiedliche Subtexte, die vom Geschlecht abhängen. Ein Mann sitzt aufrecht, auf der Hut, wenn er sich von einem anderen Mann bedroht fühlt, aber gegenüber einer Frau wird er das nicht tun. Statt dessen wird er sich dann eher lässig zurücklehnen. Bei einer Frau kommt es jedoch selten vor, daß sie gespannt dasitzt, wenn sie sich bedroht fühlt. Sie wird sich eher von der Gefahr entfernen und sich zurückziehen. Da aber immer mehr Frauen in der Geschäftswelt integriert sind, verändern sich diese Signale allmählich. Frauen beginnen, die gleichen Signale wie Männer auszusenden, wenn um Macht und Stellung gerangelt wird.

Aufmerksamkeit, Aggression und Verteidigung

Seit eh und je signalisiert jemand, der mit Armen und Beinen in offener Haltung sitzt, daß er für neue Ideen und Vorschläge empfänglich ist. Geschlossene Arme und Beine zeigen Widerspruch an (eine Frau, die einen Rock trägt, wird selbstverständlich die Beine immer geschlossen halten, gleich was sie denkt). Eine bestimmte Kopfhaltung, ein Lächeln oder ein ernstes Gesicht und die Neigung der Schultern verstärken den Subtext.

Beobachten Sie die Haltung der Leute bei Versammlungen im Büro oder bei Konferenzen. Diejenigen, die nicht direkt am Geschehen beteiligt sind, nehmen eine andere Haltung ein als diejenigen, die direkt damit zu tun haben. Außenseiter verlagern im Stehen das Gewicht auf einen Fuß. Jemand, der stärker engagiert ist, steht mit dem Gewicht auf beiden Füßen, vorgebeugt und mit dem Kopf nach vorn. Wendet man sich von einer Situation ab, signalisiert man Desinteresse, Heraushalten, Widerwillen.

Wie bei den Subtexten für Sympathie und Antipathie beruht der Subtext für aufmerksames Zuhören auf der Haltung. Der Grad, mit dem man sich der Person, mit der man spricht, zuwendet, zeigt an, wieviel Aufmerksamkeit man dieser Person widmet. Wenden Sie jemandem den Oberkörper gerade zu, verstärken Sie den Blickkontakt, und beugen Sie sich zu jener Person vor, drücken Sie aus: »Ich höre Ihnen aufmerksam zu.«

Haben Sie den Körper ein wenig abgewendet und drehen nur ab und zu den Kopf, um den anderen anzusehen, lautet die Botschaft: »Meine Aufmerksamkeit beschränkt sich auf ein Minimum.« Wenden Sie sich ganz ab, beenden Sie das Gespräch. Diese Haltung enthält eine Beleidigung, falls man sie einnimmt, während der andere noch redet.

Wenn mehr als zwei Personen auf beiden Seiten vor einem stehen und mit einem sprechen, ist es schwierig, nach beiden Seiten aufmerksam zu sein. Dieses Dilemma wird gewöhnlich so gelöst, daß man einen Teil des Körpers der einen Seite zuwendet und den Rest der anderen. Sie könnten den Kopf der Person auf der rechten Seite zuneigen, während der Körper sich nach links wendet. Von Zeit zu Zeit vertauscht man die Stellungen. Der Subtext liegt auf der Hand: »Ich interessiere mich dafür, was Sie beide sagen.«

Auch hier kommt der Status ins Spiel. Je höher der Rang der Person, mit der Sie sprechen, desto mehr neigen Sie dazu, sie anzusehen. Der direkte Blick von Gesicht zu Gesicht drückt nicht nur Aufmerksamkeit aus, sondern kann auch eine Möglichkeit sein, Macht zu zeigen. Wenn man sich einer Person

direkt zuwendet, im Stehen oder während man auf sie zugeht, und sie dazu aggressiv ansieht, sendet man einen deutlichen Subtext des Vorrangs.
Ein leitender Angestellter kann bei Diskussionen eine lockere und entspannte Stellung einnehmen, aber wenn eine nachdrückliche Erklärung notwendig ist, unterstreicht ein Wechsel zu einer aggressiven Haltung die Aussage.
Wie signalisiert man Aggression? Mit einem grimmigen Gesicht, geballten Fäusten, einer leicht geduckten Haltung im Stehen, einem nach vorn gebogenen Körper und einem so lang wie möglich gehaltenen Blickkontakt.
Eine defensive Spannung zeigt sich in verkrampft gekreuzten Armen, geradem Rücken, halb abgewendetem Kopf und der Vermeidung des Blickkontakts.

Die Botschaft des Gangs

Haltung schließt natürlich auch den Gang ein. Schritt und Tempo einer Führungsperson, die einen Sitzungssaal betritt, können ein Dutzend verschiedener Subtexte ausstrahlen, die von Selbstvertrauen bis zu Unfähigkeit reichen. Im allgemeinen wirken Personen, die schnell gehen und die Arme locker schwenken, zielstrebig. Leute, die sich schlurfend und mit gesenktem Kopf fortbewegen, signalisieren Niedergeschlagenheit. Wer mit den Händen auf die Hüften gestemmt geht – eine männliche Haltung, in der sich Winston Churchill im Zweiten Weltkrieg gern zeigte –, deutet damit unausgesprochen an: »Ich möchte in möglichst kurzer Zeit an mein Ziel kommen.«
Der Zurückgezogene, Nachdenkliche hat einen geistesabwesenden Gang, er bewegt sich langsam, mit gesenktem Kopf und die Hände auf dem Rücken verhakt, fort. Seine Botschaft: »Ich erwäge alle Seiten der Frage.« Der »Benito-

Mussolino«-Gang ist ein betont männlicher Gang. Mit arrogant gerecktem Kinn, schwingenden Armen und steifen Beinen stolziert derjenige, der von sich glaubt: »Ich bin eine wichtige Person!«

Der »Model«-Gang einer Frau ist beinahe ein Gleiten. Der Körper schwingt, bleibt aber aufrecht. Der Subtext ist erotisch und provozierend und deshalb im Geschäftsleben völlig ungeeignet!

1985 beschrieb ein Artikel in der *New York Times* Ronald Reagans Haltung während einer Diskussion mit einem Reporter. Reagan ist allgemein als ein Meister der Körpersprache angesehen worden. Er konnte jede Bewegung bewußt einsetzen. Der Artikel liest sich wie eine Zusammenfassung vieler Punkte, die ich zu diesem Thema genannt habe:

»Den größten Teil der Zeit lehnte sich Mr. Reagan bequem zurück ... während er sich auf den Schlagabtausch einspielte, kamen seine Antworten, unterstrichen von einem kleinen Kopfschütteln, einem Lächeln, einem Zeichen von Nachdruck hier und da oder einer Hand, die zu einer Geste ausholte.« Als die Frage nach dem Krieg der Sterne an die Reihe kam, »änderte sich seine Körpersprache. Er warf sich voll ins Zeug. Er brachte seinen ganzen Körper in die Diskussion, indem er auf dem Stuhl nach vorn rutschte.« Als die Sprache auf sowjetische Rechtsverletzungen kam, »drückte er seinen Rücken gerade an die Stuhllehne«. Nehmen Sie ein paar Lehren von einem Meister an!

Raum: Die letzte Grenze

Wir achten kaum auf den Raum, wenn wir an Körpersprache denken, und auf den Subtext, den er vermittelt, aber die Manipulation des Raums kann ein wichtiges Werkzeug im Geschäftsleben sein. Nehmen wir den Fall Marks, eines

gewieften Geschäftsführers, der versuchte, die Übernahme einer Konkurrenzfirma einzufädeln.
Die andere Firma wurde von Harper geführt, der glaubte, er kenne sich bestens aus mit dem Subtext der Macht. Er beschloß, Mark von Anfang an zu zeigen, wer der Boß sei. Um seine Unabhängigkeit und Wichtigkeit zu demonstrieren, wies Harper seine Mannschaft an, 15 Minuten nach dem festgesetzten Beginn der Konferenz zu erscheinen.
»Zeit ist eine starke Waffe«, sagte er seinem Assistenten. »Die Verspätung wird sie 15 Minuten lang im unklaren lassen. Das wird Mark unruhig machen, und ich werde seine Nervosität ausnutzen und ihn gleich zu Beginn aus dem Konzept bringen.«
Es war ein schlauer Trick, doch Mark war noch gewitzter. Er kam ein paar Minuten zu früh in den Konferenzsaal, überblickte die Situation und besetzte das Schlachtfeld – einen langen ovalen Konferenztisch. Wie jeder gute Kommandeur zog Mark seinen Vorteil aus der Abwesenheit des Feindes und nahm den strategisch wichtigsten Sitz am Ende des Tisches gegenüber der Tür ein. Er wußte, daß dies nur dann die beherrschende Position bleiben würde, wenn er verhindern könnte, daß Harper den Platz am anderen Ende des Tisches einnähme. Also setzte er seine Stellvertreterin Jane an das andere Ende und flankierte sie mit zwei Personen aus seiner Mannschaft. Dann placierte er zwei Mitarbeiter zu beiden Seiten seines Stuhls.
Bis Harper eintraf, hatte sich sein oft bewährter Verspätungstrick wegen Marks Triumph auf dem Gelände ins Gegenteil verkehrt. Mark errang einen weiteren Sieg, indem er aufstand und die Hand zum Gruß ausstreckte, als Harper hereinkam, wodurch er seinen Rivalen zwang, den ganzen Weg um den Tisch herumzugehen, um ihm die Hand zu schütteln.
Verwirrt durch die Wendung, die die Dinge genommen hatten, war Harper aus dem Lot gebracht und nahm schnell auf

einem der Stühle Platz, die für ihn noch frei waren. Wäre er klüger gewesen, hätte er Jane einfach gebeten, beiseite zu rücken, und sich dann auf ihren Machtposten gesetzt, um die Gewichte in der Schlacht gleichmäßiger zu verteilen. Weil er das nicht tat, entglitt ihm die Kontrolle. Mark projizierte den Subtext der Macht, und er nutzte ihn bei der Verhandlung mit seinem Gegner voll aus.

In diesem Fall rührte der Subtext von Macht und Rang aus der klugen Verwendung des Raums um den Konferenztisch. Der sagenhafte König Arthur begriff diese Methode sehr wohl, als Merlin ihm riet, einen runden Tisch für seine Ritter zu benutzen. Auf diese Art würde keiner einen höheren Rang einnehmen als ein anderer.

Leider funktioniert das nicht, wenn eine Person, wie hier der König, von Anfang an über einen sehr hohen Rang verfügt. Unabhängig von der Form des Tischs haben die Personen, die dem König am nächsten sitzen, den höchsten Rang, und der Rang nimmt ab, je weiter man vom König entfernt sitzt.

In einem Sitzungssaal oder Konferenzzimmer wählt die Person mit dem höchsten Rang im allgemeinen das eine Ende eines rechteckigen oder ovalen Tisches. Die Ausnahme macht die Person mit einem sehr hohen Status, der Geschäftsführer oder Aufsichtsratsvorsitzende, dem bewußt ist, welches Prestige eine solche Position verleiht, und der ansprechbar bleiben möchte. In diesem Fall nimmt er oder sie oft einen mittleren Platz an der Seite des Tisches ein. Dieser demokratische Schritt wird jedoch meistens von den anderen zunichte gemacht, die sich zu beiden Seiten des Leiters in der Reihenfolge der abnehmenden Bedeutung einordnen, ganz so, wie es die Ritter um König Arthur taten.

Raum im Büro

Es ist unumgänglich, das Spiel der Sitzordnung zu kennen, um eine bestimmte Geschäftspolitik zu verfolgen. Wie sitzt der Chef im Verhältnis zu einem Kunden? Sollte man einen Schreibtisch oder eine Couch oder zwei Sessel an einem Couchtisch benutzen?

Ein Schreibtisch kann als schützende Vorrichtung dienen, um den Kunden auf Distanz zu halten und zur Geltung zu bringen, wer hier das Sagen hat: Dies ist das Territorium des Chefs, und der Kunde wird hier nur geduldet. Am besten setzt man sich hinter diesen »schützenden« Schreibtisch, wenn man Wert auf Förmlichkeit legen will, ohne Zwanglosigkeit, ohne Gleichheit.

Wenn Sie die Förmlichkeit etwas abbauen wollen, sollte der Stuhl des Kunden an die Seite des Schreibtischs gestellt werden, so daß Sie nur eine Ecke voneinander trennt. Das ist eine angenehmere Sitzordnung, und sie reduziert den Handlungsraum auf eine intime Distanz.

Sie können eine noch ungezwungenere Atmosphäre schaffen, indem Sie sich ganz vom Schreibtisch wegbegeben. Aus ebendiesem Grund befinden sich in vielen Geschäftsbüros eine Couch, ein niedriger Couchtisch und Sessel für Gäste. Wenn man Geschäftliches in diesem Rahmen bespricht, sendet man einen Subtext der Gleichberechtigung.

Wenn beide Personen auf der Couch Platz nehmen, liefert ihre Körperhaltung Hinweise auf ihr Verhältnis. Liegt ein Arm auf der Rücklehne der Couch und neigt man den Körper dem andern zu, drückt man Engagement und Interesse aus. Ist der Körper von dem andern weggeneigt und wird der Arm dazwischen beinahe als Schutz gebraucht, zeigt man Zweifel und den Wunsch, sich auf nichts einzulassen.

Der aussagekräftige Gebrauch von Raum zum Übermitteln einer Botschaft funktioniert auf vielen Ebenen außerhalb des

Büros. Bei einem Geschäftsessen gibt es gewöhnlich eine unausgesprochene Aufteilung des Territoriums, wenn zwei Personen auf entgegengesetzten Seiten eines kleinen Tisches sitzen. Eine unsichtbare Linie, die man sich in der Mitte über den Tisch gezogen vorzustellen hat, teilt den Tisch in zwei Felder, für jeden Speisenden eins. Wenn einer der zwei seinen Teller, das Besteck oder das Glas in das Feld des anderen schiebt, ist das als eine aggressive Handlung zu verstehen. Die Aggression muß nicht bewußt wahrgenommen werden, aber es gibt eine psychologische Reaktion darauf: Sie gilt als ein Eindringen in die Privatsphäre. Die Menschen reagieren auf diesen wahrgenommenen Übergriff auf unterschiedliche Weise, je nachdem wie gut sie miteinander bekannt sind und wie introvertiert oder extravertiert die reagierende Person ist. Wenn jedoch die beiden Speisenden den Raum zwischen sich als angemessen empfinden, gewinnt die Kommunikation an Tiefe und Klarheit. Das beruht auf dem Bedürfnis aller Menschen nach Raum, der ausdrücklich ihr eigener ist. Zu Hause denken wir: »Das ist meine Küche«, »Das ist mein Arbeitszimmer«, »Das ist mein Wohnzimmer«.

Das Bedürfnis nach privatem Territorium erstreckt sich auf alle Lebensbereiche. Im Geschäft werden wir oft nach der Größe und dem Zustand unseres Büros beurteilt. Je größer das Büro, desto stärker der Eindruck der Wichtigkeit. Ein Fenster steigert die Bedeutung. Ein Eckbüro mit zwei Fenstern ist das begehrteste. Büromöbel sagen ebenfalls etwas über den Wert aus. Ein Schreibtisch und zwei Stühle stehen am unteren Ende der Skala. Ein Schreibtisch, Stühle, Couch, Couchtisch und eine Bar sind die Spitze.

Umgang mit dem Raum

Wir tragen dieses Bedürfnis nach Raum mit uns herum. Wenn wir mit jemandem reden, ziehen wir einen Abstand von etwa 60 Zentimetern zwischen den Gesprächspartnern vor. Wir fühlen uns in diesem Abstand wohl. In anderen Ländern möchten die Menschen einander so nahe sein, daß sie »den Atem des andern spüren«. Wenn wir in ein Theater ohne numerierte Plätze gehen, versuchen wir, einen Platz zu ergattern, wo auf beiden Seiten niemand sitzt. Das gleiche gilt im Bus oder in der U-Bahn. Wenn nicht alle Plätze besetzt sind, setzen wir uns nicht direkt neben jemanden, und wir nehmen es übel, wenn sich jemand neben uns setzt.
So sprechen wir auf Raum auf einer zweidimensionalen Ebene an, aber wir reagieren auf ihn auch in drei Dimensionen. Höhe gibt Dominanz. Höhe sendet einen gewissen Subtext der Einschüchterung. Ein Freund von mir, ein Verkäufer, ist 1,93 m groß. »Wenn ich mit einem potentiellen Kunden spreche«, erzählt er mir, »gelingt es mir immer, meine Größe herunterzuspielen. Ich setze mich entweder auf eine Tischkante, wenn wir beide stehen, oder ich versuche mich so zu setzen, daß ich tiefer bin. Manchmal muß ich mich dazu ein bißchen zusammensacken lassen. Der Sinn ist, daß ich dem Kunden nicht das Gefühl geben möchte, ich würde ihn drängen oder beherrschen.«
Natürlich gibt es Gelegenheiten, bei denen mein Freund einen Nutzen aus seiner Größe zieht, um sich bedrohlich vor jemandem aufzubauen! Diese Ausnutzung der Größe läßt sich mit einem Eindringen in den Raum vergleichen. Manche Menschen wollen damit bewußt ein bestimmtes Signal senden. Ein Handbuch über das Vorgehen bei polizeilichen Verhören zum Beispiel weist die Vernehmungsbeamten an, dicht vor dem Verdächtigen zu sitzen. Weder Tisch noch Schreibtisch soll sie trennen, weil diese dem Verdächtigen ein

Gefühl der Sicherheit und Erleichterung verschaffen könnten.
Der Polizeibeamte wird darüber hinaus angeleitet, den Stuhl näher zu rücken, sobald er mit dem Verhör beginnt, und zwar ganz allmählich, bis ein Knie des Beamten zwischen den Knien des Verdächtigen ist. Dieses intensive räumliche Eindringen kann den Verdächtigen häufig derart aus der Fassung bringen, daß er zusammenbricht und der Polizei genau das sagt, was sie wissen will.
Ich habe gesehen, wie Personalleiter bei Einstellungsgesprächen eine weniger intensive Variation derselben Methode anwenden; wenn sie näher rücken und den Raum des Bewerbers verletzen, reißen sie oft die künstlichen Abwehrbarrieren ein, die der Bewerber errichtet hat, um den Personalleiter zu überzeugen. Es ist keine sehr sympathische Methode!
Wir müssen uns darüber im klaren sein, daß die Art und Weise, wie Menschen auf ein Eindringen in ihren persönlichen Raum reagieren, davon abhängt, wie sie diesen Raum wahrnehmen. Manche Menschen haben pathologisch verzerrte Vorstellungen über ihre eigenen privaten Zonen. Der Soziologe Dr. Augustus F. Kinzel beobachtete Häftlinge und gelangte zu dem Schluß, daß manche zur Gewalttätigkeit neigen, weil ihre normale Privatsphäre, die etwa 1,20 Meter sein dürfte, sich auf zwei Meter und mehr ausgedehnt hatte. Wenn ihnen jemand in ihren Augen »zu nahe« kam, reagierten sie mit Panik und dann mit Gewalt.
Es gibt Zeiten, da scheinen auch »normale« Leute ein Bedürfnis nach einem erweiterten Raum zu haben; wenn sie am Steuer eines Wagens sitzen etwa. Man kann einen Fahrer außerordentlich nervös machen, indem man sich an seine Stoßstange heftet. Es scheint, daß die private Zone, die den Fahrer umgibt, sich auch um das Auto ausdehnt und ein paar Autolängen nach vorn und hinten reicht. Wenn jemand von einem Auto überholt wird, das in seine Zone fährt, kommt es

zu einem plötzlichen Wutausbruch. Viele Fahrer reagieren damit, Gas zu geben, um ihrerseits den Fahrer zu überholen und sich vor ihn zu setzen. Es ist wie die gewalttätige Reaktion des Häftlings auf das, was er als Bedrängen wahrnimmt.

Wie individuell verschieden das persönliche Raumbedürfnis sein kann, zeigt auch die folgende Untersuchung. Der Psychiater Dr. William E. Peipold testete Personen, um herauszufinden, ob sie introvertierte oder extravertierte Persönlichkeiten hatten. Er maß den Abstand, den sie von einem Fragesteller halten, wenn sie sich hinsetzen.

Er kam zu folgendem Schluß: Introvertierte saßen weiter weg von anderen Menschen als Extravertierte. Menschen, die gelobt wurden, rückten näher, und Menschen unter Streß rückten weiter weg. Je wohler ein Mensch sich in Gegenwart eines andern fühlt, desto geringer ist der Abstand zwischen ihnen.

Ein feinfühliger Personalleiter kann eine ganze Reihe verschiedener Subtexte aus den Bewegungen der Bewerber während eines Einstellungsgesprächs herauslesen.

6 Einblicke

Der Subtext, den innere Empfindungen senden, ist oft ein Schlüsselelement dafür, wie man sich zu anderen Menschen verhält. Verschiedene Persönlichkeitsmerkmale senden sehr ausgeprägte unterschwellige Botschaften. Drei innere Merkmale insbesondere, die Eindruck auf andere machen, sind Risikobereitschaft, Flexibilität und Einfühlungsvermögen.

Subtext des Risikos

Der Subtext, den man aussendet, wenn man etwas riskiert, ist Selbstvertrauen und Aggressivität. Allein der Vorgang, daß man sich einer Gefahr aussetzt, sagt den Leuten, daß man ein Mensch der Tat ist.

Eines Abends saßen wir in einer Runde im Haus meines Freundes Steve auf der Terrasse. Steve, der die ganze Zeit Münzen in den Whirlpool geworfen hatte, weil er behauptete, es sei ein Zauberbrunnen, sagte: »Ich sah kürzlich eine Anzeige für einen Job, für den ich mich bewerben könnte. Faxgeräte verkaufen. Es hieß, daß absolut keine Erfahrung nötig ist. Sie haben ihre eigene Kundenkartei.«

Ich lächelte. Steve war ein verboten erfolgreicher Hollywoodautor, der mir einmal gestanden hatte, er besitze mehr Geld, als er sinnvoll verwenden könne. »Du bist also auf Arbeitssuche«, erwiderte ich.

»Na ja, ich lese die Stellenangebote. Da war eins für ein Rentnerehepaar, das sich draußen im Valley um ein Anwesen kümmern sollte, aber meine Frau sagt, ich wäre noch kein Rentner.« Er warf noch eine Münze in den Whirlpool. »Weißt du, ich hatte noch nie eine richtige Arbeit. Ich habe mit dem Schreiben und Verkaufen unmittelbar nach dem Koreakrieg angefangen, und ich habe einen Hunderter in der Woche verdient, als ich noch keine Zwanzig war. Immer wenn wir zusammenkamen, fragte mich mein Vater, wann ich endlich eine richtige Arbeit suchen wolle. Dann erzählte er mir von irgendeiner Stelle, von der er gehört hatte, daß sie 40 oder 50 Dollar die Woche zahlten, aber es war richtige Arbeit, wie er erklärte.« Er zögerte, dann fügte er in ernstem Ton hinzu: »Ich glaube, ich möchte nur herausbekommen, ob ich mich in einem Job halten könnte. Es wäre ein Wagnis, dies auszuprobieren.«

Wir schwiegen eine Zeitlang, dann räusperte sich Larry, ein leitender Angestellter in einem großen Industriebetrieb. »Ich glaube, daß Risiko liegt im Wechseln der Stelle. Ich war früher Verwalter an einem Krankenhaus, und ich war dort zwar gut, aber ich fühlte mich eingeengt. Ich dachte, ich befände mich in einer Sackgasse. Aber ich hatte ja keine Erfahrung außerhalb der Krankenhausverwaltung. Meine erste Stelle dort war die PR-Arbeit, und danach arbeitete ich mich in der Hierarchie des Krankenhauses nach oben. Das Problem war, daß ich etwas anderes wollte, eine Position mit mehr Verantwortung und mehr Einfluß, und wußte, daß ich das dort nicht bekommen konnte.«

»Was hast du unternommen?« fragte einer.

»Ich suchte mir das größte Unternehmen in meiner Gegend aus, marschierte in das Büro des Direktors und fragte nach einer Stelle als sein Assistent. Ich wußte, daß ich mich auf ein Risiko einließ, aber ich wußte auch, daß es die Sache wert war.«

»Und was passierte?«

»Er unterhielt sich eine Weile mit mir, dann sagte er mit einem ziemlich kühlen Blick: ›Sie wissen, daß diese Stelle eine enorme Erfahrung in der Unternehmensführung verlangt plus einen Universitätsabschluß.‹

Nun, ich glaube, ich war selbst ziemlich cool, als ich antwortete: ›Ich habe keinen MBA.‹ Aber eine Stunde später hatte ich die Stelle!«

Wir waren eine Weile still, dann sagte Steve: »Ich weiß die Dramatik der Situation zu würdigen, aber warum hat er dich eingestellt?«

»Selbstvertrauen«, antwortete Larry. »Aggressives Selbstvertrauen. Ich sagte ihm, daß ich die Arbeit beherrschte, und zwar besser als jeder andere Bewerber, und ich überzeugte ihn, weil ich mich selbst überzeugt hatte. Es war eine Managementstelle, und ich war ein toller Manager. Mein Ruf am Krankenhaus bewies das. Ich war bereit, ein Risiko einzugehen, weil wir uns darauf einigten, daß ich rausfliegen würde, falls ich mich nicht innerhalb eines Monats bewährt hätte, aber ich meinte wirklich, daß es das Risiko wert wäre.« Er schwieg kurz, dann sah er Steve an. »Glaubst du ehrlich, das Risiko, in deinem Alter eine Stelle anzutreten, dich selbst zu testen, lohnt sich wirklich?«

Nichts gewagt, nichts gewonnen

Steve ging dieses spezielle Risiko nie ein. Es war bloß ein Gedankenspiel von ihm. Es gab weder eine finanzielle Zwangslage, die ihn angetrieben hätte, noch gab es Gründe, die bei Larry ausschlaggebend gewesen waren – der Abenteuergeist, das Bedürfnis nach einem weiteren Betätigungsfeld, die Möglichkeit der Macht.

Aber vor einigen Wochen las ich in *Variety,* daß Steve sich doch auf etwas eingelassen hatte, auf eine riskante Angelegenheit, vom gleichen Abenteuergeist getrieben wie Larry. Anstatt sein letztes Drehbuch zu verkaufen, hatte er beschlossen, den Film selbst zu produzieren und Regie zu führen. Der springende Punkt war dem Artikel zufolge, daß Steve so die volle Kontrolle über seine Geschichte behalten würde. Er hatte die Macht und mit ihr die Verantwortung für die Produktion – und das Risiko des Scheiterns.

Wir alle, gleich auf welcher Ebene wir tätig sind, müssen lernen, daß wir keine Macht in unserem Beruf erringen können, wenn wir nicht bereit sind, etwas zu wagen und auf eigenes Risiko Verantwortung zu übernehmen.

Bevor Sie sich auf etwas einlassen, müssen Sie sich über die Folgen im klaren sein. Bevor Larry seine Stelle als Krankenhausverwalter aufgab, mußte er wissen, was passieren würde, wenn er scheiterte. Nicht alle Wagnisse enden mit einem Erfolg. Larry machte sich zwar gut, aber er hätte sich leicht auch zwischen alle Stühle setzen können. Möglicherweise hätte er festgestellt, daß er mit der Arbeit nicht zurechtkäme, und nach einem Monat hätte er überhaupt nichts mehr gehabt. Er kannte das Risiko, aber dennoch mußte er sagen: »Man kann nicht einfach hergehen und sich auf Wagnisse einlassen, wie ich es tat. Man muß Verantwortung zeigen für sein Tun.«

»Aber wie hast du es geschafft?«

»Ich glaube, daß der Firmenleiter etwas in mir spürte, das ihm sagte, ich sei ausreichend aggressiv, um Erfolg zu haben. Ich denke, es war meine Bereitschaft, ein Risiko einzugehen. Ich wußte genau, was ich tat und wie die Chancen standen. Das wirkte sich zu meinen Gunsten aus.«

Larry war kämpferisch genug, dieses Risiko auf sich zu nehmen, und damit ließ er seinen Chef den Subtext der Entschlossenheit erkennen.

Ihre inneren Risikofaktoren

Ein Risiko einzugehen bedeutet für manche einfach, alle Vorteile und Nachteile zusammenzuzählen und dann seine Wahl zu treffen. Aber viele Menschen sind zu dieser Entscheidung nicht fähig. Wir sind einfach nicht stark genug, uns auf das Risiko einzulassen. Möchten Sie das selbstbewußte Image eines risikobereiten Menschen projizieren? Wie bestimmen Sie Ihre inneren Risikofaktoren?
Sie können es, indem Sie Ihre eigenen Erfahrungen bewerten und überlegen, wie oft Sie bei wichtigen Fragen etwas aufs Spiel gesetzt haben. Eine andere Hilfe, dies zu ermitteln, ist ein einfacher Test. Ich habe zehn Fragen mit jeweils drei möglichen Antworten ausgearbeitet. Die einzige Bedingung ist, daß Sie jede Frage mit absoluter Ehrlichkeit beantworten. Lassen Sie alle Erwägungen über richtig und falsch, alle Fragen der Moral außer acht. Vielleicht meinen Sie, daß die eine Antwort die richtige ist, aber es kommt darauf an, was *Sie* tun würden, nicht darauf, was das *richtige* wäre. Niemand beurteilt Ihre Antworten außer Sie selbst. Denken Sie über Ihre Antworten nach. Projizieren sie einen erfolgreichen Subtext?

Spielautomaten
Sie nehmen an einer Tagung in Nevada teil und kommen auf Ihrem Weg zum Sitzungssaal jeden Tag an Spielautomaten vorbei.

(A) Sie werfen jedesmal, wenn Sie vorbeigehen, alle Zehner ein, die Sie dabeihaben.
(B) Sie legen einen bestimmten Betrag zum Spielen beiseite und bleiben bei diesem Betrag.
(C) Sie ignorieren die Maschinen. Sie sind zu einer Tagung hier.

Gewagte neue Kleidung

Sie sind ein Mann, und Ihnen gefällt eine grelle orange Krawatte zu Ihrem Anzug, oder Sie haben, wenn Sie eine Frau sind, gerade eine ziemlich ausgefallene Bluse gekauft.

(A) Sie beschließen, sie zur Arbeit zu tragen.

(B) Sie werden sie nicht zur Arbeit tragen, wohl aber zu privaten Einladungen.

(C) Sie bringen sie am nächsten Tag zurück und fragen sich, was für ein verrückter Impuls Sie dazu brachte, sie überhaupt zu kaufen.

Der eklige Kontrolleur

Sie arbeiten an einer Aufgabe, und Ihr neuer Kontrolleur ist abscheulich.

(A) Sie sagen ihm gehörig die Meinung.

(B) Sie behandeln ihn kühl.

(C) Sie tun so, als wäre alles in Ordnung.

Die Zufallsbekanntschaft

Auf einer Geschäftsreise lernen Sie im Flugzeug eine(n) Fremde(n) kennen. Er/sie ist attraktiv, aber Sie wissen nichts über ihn/sie. Sie/er schlägt vor, daß Sie sich an diesem Abend zum Essen treffen.

(A) Gern. Es könnte lustig werden.

(B) Sie schlagen ein Essen zu viert vor, mit einem anderen Paar, das Sie kennen.

(C) Sie lehnen bedauernd ab.

Umzug

Ihre Firma zieht in eine andere Gegend um, von der Sie nichts wissen. Man bietet Ihnen eine Gehaltserhöhung in Verbindung mit dem Umzug an.

(A) Sie sagen zu. Es könnte ein angenehmer Ort zum Wohnen sein, und das Gehalt ist es wert.

(B) Sie wägen bis zuletzt ab, was richtig ist, zu gehen oder zu bleiben. Schließlich gehen Sie, dann wer weiß, ob hier eine andere Stelle zu finden wäre.
(C) Sie beschließen, nicht zu gehen, weil Sie sich zu sehr an das Haus und den Ort, wo Sie wohnen, gebunden fühlen.

Der unbekannte Kandidat

Sie diskutieren in einer Runde von Kollegen über Politik, und es wird ein Kandidat erwähnt, dessen Name Ihnen nicht bekannt ist.

(A) Sie fragen, wer der Kandidat ist.
(B) Sie reden vorsichtig mit in der Hoffnung, daß Ihre Unwissenheit unbemerkt bleibt.
(C) Sie sagen nichts mehr, bis das Thema gewechselt wird.

Der phantastische Urlaub

Ihr Urlaub rückt näher, und eine Mitarbeiterin erzählt Ihnen von einem phantastischen Ort, an dem sie war, und drängt Sie, falls Sie hinfahren möchten, sofort zu buchen. Der Ort ist fast ausgebucht.

(A) Sie nehmen ihren Rat an und buchen.
(B) Bevor Sie sich entscheiden, fragen Sie nach näheren Einzelheiten und nach anderen Leuten, denen es dort gefallen hat.
(C) Sie entscheiden sich für einen Ort, den Sie kennen.

Der falsche Auftrag

Ihr Chef gibt Ihnen einen Auftrag, von dem Sie wissen, daß er falsch ist.

(A) Sie ziehen den Auftrag in Zweifel und sagen ihm, warum.
(B) Sie tun, was er Ihnen aufträgt, fühlen sich aber den ganzen Tag unwohl. Wenn nun etwas schiefgeht und er Ihnen die Schuld zuschiebt?

(C) Sie führen den Auftrag aus, suchen aber nach Wegen, die Auswirkungen zu vertuschen.

Das Stellenangebot

Sie machen Ihre Arbeit in Ihrer derzeitigen Stellung gut, aber obwohl die Bezahlung in Ordnung ist, haben Sie das Gefühl, nicht voranzukommen. Sie bekommen eine andere Stelle angeboten, zum gleichen Gehalt, jedoch mit besseren Aufstiegschancen.

(A) Sie nehmen sofort an. Sie haben eigentlich nichts zu verlieren.

(B) Sie stellen so viele Nachforschungen wie möglich über die andere Firma an und sprechen auch mit ein paar Leuten, die dort arbeiten, bevor Sie sich entscheiden.

(C) Sie halten an der Stelle fest, die Sie haben. Zumindest kennen Sie sich hier aus, und die Lage kann sich ja jederzeit ändern.

Die Übernahme

Sie leiten eine kleine Firma mit sehr guten Möglichkeiten. Ein multinationales Unternehmen macht ein Übernahmeangebot, bei dem für Ihre Zukunft sehr gut gesorgt wäre.

(A) Sie widersetzen sich dem Angebot. Es ist gar nicht abzusehen, was aus Ihrer eigenen Firma noch werden kann, wenn Sie geschickt vorgehen.

(B) Sie widerstehen eine Zeitlang, aber am Ende setzt sich die Sicherheit der Regelung durch, die das andere Unternehmen bietet, und Sie kapitulieren.

(C) Sie stimmen der Übernahme zu. Schließlich gewinnen Sie damit Sicherheit für den Rest des Lebens.

Bewertung

Geben Sie sich für jede A-Antwort zehn Punkte, acht für B und sechs für C. Wenn Sie eine Gesamtpunktzahl von 80 bis 100 erreichen, dürfen Sie sich durchaus als Spielernatur betrachten. Wer auf 70 bis 80 Punkte kommt, geht ein vernünftiges Maß an Risiko ein, und eine Zahl zwischen 60 und 70 zeigt an, daß Sie nicht besonders risikobereit sind.
Beachten Sie hier, daß die Risikobereitschaft eng mit Ihrem Aggressionspotential verbunden ist und dadurch mit dem Subtext des Kampfgeistes, den Sie anderen Menschen vermitteln. Im vorigen Kapitel haben Sie etwas über Ihre Fähigkeit, aggressiv aufzutreten, erfahren. Sie wissen nun, was Ihr innerer Risikofaktor ist.

Risikobereitschaft lernen

Wie geht es weiter, wenn Sie sich getestet haben und bei mageren 60 Punkten hängengeblieben sind? Sie sind offenbar ein Mensch, der nicht spielt und der einen unschlüssigen Subtext sendet. Wie können Sie das alles ändern?
Es gibt viele Gründe, warum Menschen das Risiko fürchten, und der verbreitetste ist die Angst vor dem Versagen oder vor der Demütigung, eine Abfuhr zu bekommen. Personen, die es ehrlich auf 100 Punkte bringen, kennen solche Ängste nicht. Vielleicht sind sie unrealistisch. Ein erfolgreicher Geschäftsmann, der Leiter einer großen Werbeagentur, brachte es auf über 90 Punkte.
»Ich habe mich meistens auf riskante Sachen eingelassen«, berichtete er mir. »Wenn es nicht klappt, was soll's? Bin ich dann schlechter als vorher? Mißerfolg gehört zum Spiel. Wenn man Angst vor dem Mißerfolg hat, dann hat man Angst, es zu versuchen, und dann hat man schon verloren.

Man muß begreifen, daß die meisten Mißerfolge nicht so viel bedeuten. Man kann sich sammeln, den Staub abklopfen und noch mal anfangen.
Das Schlimmste an der Angst vorm Risiko ist, daß man nach Angst, nach Unsicherheit riecht. Andere Menschen spüren es, wenn man kein Wagnis eingeht. Was die Risiken betrifft, so kann ich verraten, daß auf jeden Erfolg, den ich hatte, ein Dutzend Flops kamen, aber auf lange Sicht bin ich vorangekommen.«
»Das ist alles schön und gut«, sagt der schüchterne Typ. »Er kann es sich leisten, den Mund so voll zu nehmen. Er hat über 90 Punkte geschafft. Aber ich bringe einfach nicht den Mut auf, mich auf ein solches Wagnis einzulassen, das mein Leben verändern könnte. Was kann ich tun?«
Wir können alle eins tun, wenn wir uns vor dem Risiko fürchten: Wir können klein anfangen. Die meisten Menschen lernen die Kunst des Wagens als Kinder. Wenn sie bei ihren ersten Risiken erfolgreich sind, gehen sie zu größeren und höheren über. Wenn sie keinen Erfolg haben, wenn sie immer wieder Rückschläge erleiden, bekommen sie Angst vorm Versuchen und werden schließlich Hasenfüße.

Leichte Risiken

Wenn Sie so ein ängstlicher Typ sind, müssen Sie diese frühen Fehlschläge wettmachen. Sie können es schaffen, wenn Sie mit einem leichten Risiko beginnen, mit einem Risiko, von dem nicht viel abhängt. Greifen Sie zum Telefon, um der direkten Konfrontation und der Möglichkeit, sich durch den manipulierenden Subtext eines andern beeindrukken zu lassen, aus dem Weg zu gehen.
Versuchen Sie, sich mit der Bürokratie anzulegen. Rufen Sie zum Beispiel bei der Post wegen falsch berechneter Telefon-

gebühren an oder bei den Stadtwerken oder auch bei Ihrem Kreditkartenaussteller. Werden Sie ruhig wütend, und wenn Ihnen danach zumute ist, knallen Sie den Hörer auf. Sie werden einen kleinen Kitzel der Macht spüren.
Was haben Sie damit erreicht? Nun, zumindest haben Sie Ihren Gefühlen freien Lauf gelassen. Sie haben einen Subtext der Feindseligkeit oder des Zorns ausgedrückt, und Sie haben es überstanden. Das ist schon etwas!

Risiken von Angesicht zu Angesicht

Jetzt sind Sie auf eine direkte Konfrontation vorbereitet. Probieren Sie es mit einem Fremden in einer Situation, die nicht so wichtig ist. Riskieren Sie einen Streit mit einem Ladenbesitzer oder einem Kellner in einem Restaurant. Verlangen Sie einen besseren Tisch, oder lassen Sie ein Gericht zurückgehen, das nicht ordentlich zubereitet ist. Dazu gehört eine erstaunliche Portion Mut. Disputieren Sie mit einem Supermarktverkäufer über den Preis eines Artikels, oder steigen Sie in ein Taxi und sagen dem Fahrer genau, auf welchem Weg er zu Ihrem Ziel fahren soll – auf Ihrem Weg, nicht auf seinem.
Vielleicht setzen Sie sich bei dem einen oder anderen Streit durch, aber manchmal scheint es, als müßte man schon ein außergewöhnlicher Mensch sein, um sich gegenüber einem Taxifahrer oder Kellner zu behaupten. Doch bei diesen Versuchen kommt es nicht auf den Sieg an, vielmehr soll man das Risiko erleben, den Fehlschlag ebenso wie den Erfolg, um zu lernen, daß Wagen und Verlieren kein Weltuntergang sind. Risiken auf sich zu nehmen stärkt auch den Subtext, den man sendet.
Die folgenden Risiken sind in die Kategorien A, B und C eingeteilt, wobei C die leichteste ist.

Risiken der Kategorie C

Sobald Sie sich bei diesen Aufwärmübungen zur Durchsetzung Ihres Willens wohl fühlen, sobald Ihr Subtext positiv wahrgenommen wird, sind Sie bereit, zu einem etwas ernsteren Risiko überzugehen. Genaugenommen haben Sie Ihre Flügel erprobt und festgestellt, daß Sie fliegen können.
Der Sieg mag weniger befriedigend gewesen sein, als Sie sich ausgemalt hatten, aber der Fehlschlag war wohl auch weniger vernichtend, als Sie erwartet hatten. Wenn Sie das Aufwärmen lebend überstanden haben, dann sind Sie bereit für einige Risiken der Kategorie C.

① Sagen Sie jemandem gehörig die Meinung. Das können ein Mitarbeiter, Ihr Freund/Ihre Freundin, der Partner, Nachbar, Schwester oder Bruder, die Eltern oder sogar Ihr Kind sein. Die Person, der Sie Bescheid stoßen, sollte niemand über Ihnen, sondern gleichrangig sein.
② Bestehen Sie darauf, daß Ihr Mann/Ihre Frau oder Freund/Freundin etwas tut, das Sie möchten, etwas, worauf er oder sie nicht besonders erpicht ist – vielleicht etwas kaufen oder irgendwohin gehen, einen bestimmten Film oder eine Fernsehsendung ansehen. Der Witz dabei ist, daß es etwas sein muß, was Sie wünschen.
③ Bitten Sie Ihren Chef oder Vorgesetzten um einen freien Tag zur Erledigung persönlicher Angelegenheiten. Suchen Sie nicht nach einer Ausrede. Sagen Sie einfach, daß Sie den Tag freihaben möchten.
④ Wenn Sie alleinstehend sind, lassen Sie sich auf ein Rendezvous mit einer/einem Unbekannten ein.

Bei allen diesen Versuchen ist das Scheitern so wichtig wie der Erfolg, weil es zum Riskieren gehört zu verstehen, daß die Welt nicht untergeht, der Himmel nicht einstürzt, Sie Ihr

Gesicht immer noch zeigen dürfen, wenn jemand nein sagt. Auf der anderen Seite können Sie den kleinen Machtschub ohne Schuldgefühl genießen, wenn alles funktioniert.

Risiken der Kategorie B

Wenn Sie die Risiken der Kategorie C überlebt haben, können Sie Ihr Glück in der Kategorie B suchen. Gehen Sie aber nicht von der einen Versuchsserie zur nächsten über, wenn Sie sich bei der vorigen noch nicht wohl fühlen.

① Wenn Sie alleinstehend sind, suchen Sie eine Bar für Singles auf und sprechen mit mindestens fünf Fremden. Falls Singles-Bars Sie abstoßen, versuchen Sie, in einem Museum oder Kino Fremde anzusprechen.
② Bitten Sie Ihren Chef um eine Gehaltserhöhung.
③ Bitten Sie Ihren Abteilungsleiter, mehr Verantwortung übernehmen zu dürfen, und erklären Sie ihm, warum Sie damit zurechtkommen.
④ Nehmen Sie einen Teil Ihrer Ersparnisse, und investieren Sie ihn.

Risiken der Kategorie A

Wenn Sie die Risiken der Kategorie B gemeistert haben, überlegen Sie sich fünf weitere Risiken auf der gleichen Stufe und probieren Sie sie aus. Erst dann sind Sie bereit für die Kategorie A. Hier handelt es sich um größere Risiken, die nicht leichtfertig eingegangen werden sollten. Sie müssen sich sicher sein, daß Sie sie wollen, und für die Gefahren ebenso bereit sein wie für die Belohnungen.
Selbstverständlich wird sich kein Mensch auf alle fünf einlas-

sen, aber eines ist mindestens notwendig, um die zwei Grundregeln des Riskierens zu demonstrieren. Sie kommen im Leben nicht voran, ohne etwas zu riskieren, und Sie *können* das Scheitern jedes Risikos überleben.

① Wechseln Sie Ihre Stelle, wenn Ihnen die Arbeit nicht gefällt. Dieses Risiko ist an das Alter gekoppelt. Wenn Sie in den Zwanzigern sind, gehört es beinahe in die Kategorie B. In den Dreißigern wird es ernster, und in den Vierzigern ist es ein ausgewachsenes Risiko der Kategorie A. Es gibt Menschen, die in ihren Fünfzigern und Sechzigern mit Erfolg die Stelle gewechselt haben, aber das ist ein sehr viel schwierigerer Schritt, und das Risiko ist dann viel größer.

② Kaufen Sie ein Haus oder eine Eigentumswohnung. Viele Menschen halten dieses Risiko für so groß, daß sie es ein Leben lang vor sich herschieben. Wenn Sie triftige Gründe haben, kein Haus zu kaufen, probieren Sie es mit einem Umzug, etwa in ein schöneres Wohnviertel. (Merke: Es muß stichhaltige Gründe und einige Vorteile dabei geben. Lassen Sie sich auf ein Risiko ein, weil es irgendwie Ihre Machtbasis stärken wird, nicht einfach um des Risikos willen.)

③ Wenn Sie nie gearbeitet haben, gehen Sie los und suchen sich eine Stelle.

④ Wenn Sie immer Ihr eigener Herr sein wollten, kündigen Sie Ihre Stelle und machen Sie sich selbständig. Wirtschaftlich betrachtet, ist das eines der größten Risiken überhaupt, und man sollte es nie eingehen, ohne sämtliche Konsequenzen zu kennen – und die Vorteile.

⑤ So wie der Schritt in die Selbständigkeit das größte Risiko auf der wirtschaftlichen Ebene ist, könnte eine Heirat das größte Risiko auf einer persönlichen Ebene sein – obwohl viele Menschen behaupten, daß es ein größeres Risiko sei, allein zu bleiben. Wenn Sie an Heirat gedacht haben, dann wagen Sie den Sprung.

Dies sind Vorschläge für Risiken der Kategorie A. Mittlerweile dürften Sie begriffen haben, was ein Risiko ist, und Sie können sich jetzt selbst eines ausdenken, was auf der Linie Ihres Lebensstils und Ihrer Bedürfnisse liegt.

Fähigkeit zur Flexibilität

Flexibilität bei einem Menschen projiziert eine Vorstellung der Anpassungsfähigkeit. Sie weist darauf hin, daß jemand willens ist, in einer Weise zu handeln, die für andere nicht bedrohlich ist. Der Subtext einer flexiblen Person sagt: »Ich werde *mit* Ihnen arbeiten.«

Einer, mit dem ich redete, als ich Material für dieses Buch zusammentrug, war ein Selfmade-Millionär. Er hatte einen kleinen Lebensmittelladen in Chicago zu einer gewaltigen multinationalen Supermarktkette ausgebaut. Als ich ihn nach einem »Schlüssel« zum Geheimnis seines Erfolgs fragte, lachter er: »So einfach ist das nicht. Vielleicht harte Arbeit, Entschlossenheit . . .« Er schüttelte den Kopf. »Nein, wirklich, wenn ich es an einer einzigen Sache festmachen wollte, würde ich sagen, weil ich nie Angst hatte, während der Fahrt die Pferde zu wechseln.«

Auf meinen verständnislosen Blick hin erklärte er: »Wenn ich etwas anfing, etwa ein Geschäft in einer, wie sich schnell herausstellte, schlechten Lage, und ich sah, daß es sich nicht rentieren würde, gab ich es sofort auf und suchte eine andere Lage. Das ist nur ein Beispiel. Wenn irgend etwas nicht lief, klammerte ich mich nicht daran. Ich sehe es mir genau und gründlich an, ob es so gut ist, wie ich dachte, und wenn nicht, gebe ich es auf und versuche etwas anderes. Man muß wissen,

wann man sich auf etwas versteifen soll, aber man muß auch wissen, wann man es besser sein läßt.«
»Galt das auch im Umgang mit Menschen?« fragte ich.
Er machte eine abwinkende Bewegung. »Vielleicht war ich rücksichtslos, aber ich glaube, ich war einfach realistisch. Wenn Angestellte sich nicht gut machten, ließ ich sie fallen. Ich habe mich weder durch etwas fesseln lassen, noch war ich zu starr. Wissen Sie, wenn ich mein Erfolgsrezept in einem Wort zusammenfassen sollte, würde ich sagen: Flexibilität.«
Viele Menschen haben falsche Vorstellungen von Flexibilität. Wir halten sie für eine Schwäche, für Wankelmut, für die Unfähigkeit, einen gültigen Entschluß zu fassen. Wir sehen in einer flexiblen Person jemanden, der bereit ist, das Zweitbeste zu nehmen, jemanden, der eher Unsicherheit ausstrahlt.
Aber wir sollten die Flexibilität von einem anderen Standpunkt aus betrachten: Wenn Sie ein flexibler Mensch sind, schränken Sie sich nicht ein. Sie verstehen, wie wichtig es ist, sich andere Ziele zu setzen, wenn das ursprüngliche Ziel nicht erreichbar ist oder wenn die Schwierigkeit, es zu erreichen, sich letztendlich nicht lohnt. Wenn eine Methode nicht funktioniert, hält der flexible Mensch nicht um jeden Preis an ihr fest. Man steckt die Verluste weg und macht sich an eine praktikablere Lösung.
Flexibilität erfordert eine besondere Philosophie. Ein flexibler Mensch bewertet seine Ziele immer wieder neu. Man befragt sich ständig, wie wichtig diese Ziele sind, und vor allem ist man fähig, gegen die Klischees unserer Kultur anzugehen. Es läuft schließlich darauf hinaus, die Realität bei jedem einzelnen Schritt zu prüfen.
Wird diese Methode uns veranlassen, ein Ideal über Bord zu werfen? Man hat uns beigebracht, daß wir Erfolg haben, wenn wir nur unseren Blick fest auf ein Ziel richten und

danach streben. Man brauche dazu nur harte Arbeit und Entschlossenheit, und eines Tages könnten wir Präsident, wenn nicht der Nation, dann von Daimler-Benz sein.
Müssen Sie diesen Traum aufgeben, wenn Sie sich um eine flexible Haltung bemühen? Vielleicht, aber Sie müssen sich klarmachen, daß es womöglich nur ein Traum ist. Begreifen Sie, was dagegen spricht. Setzen Sie sich Ziele, aber machen Sie sich klar, wie realistisch diese Ziele sind.

Testen Sie Ihre Flexibilität

Ein wichtiger Aspekt der Flexibilität ist es, alternative Lösungen zu erkennen. Wenn Ihr Beruf verlangt, daß Sie von New York nach Washington D.C. reisen, und der Flughafen eingeschneit ist, versuchen Sie es mit einer Fahrkarte für den Schnellzug. Falls der nicht fährt, probieren Sie es am Busbahnhof oder mieten ein Auto. Bevor Sie Ihr eigentliches Ziel aufgeben, erkunden Sie jeden möglichen Weg, der zu diesem Ziel führen kann.
Der erste Schritt auf jedes Ziel zu ist, daß Sie sich klarmachen, wie realistisch dieses Ziel ist. Können Sie es erreichen? Der zweite Schritt ist, die Motivation zu testen. Wie sehr wünschen Sie, dorthin zu gelangen? So sehr, daß der Versuch gerechtfertigt ist?
Wenn beide Antworten ja lauten, dann tun Sie den dritten Schritt und untersuchen die verschiedenen Wege zum Ziel.
Hier sind drei Aufgaben, die Ihnen helfen können zu entscheiden, wie flexibel Sie sind oder wie starr. Jede dreht sich um einen Menschen, der anscheinend in einer Sackgasse steckt – doch jede Aufgabe kann durch ein flexibles Anpakken gelöst werden. Denken Sie über jede nach, und schreiben Sie die möglichen Lösungen auf, die Ihnen einfallen.
Seien Sie vorsichtig, wenn Sie keinen Ausweg sehen! Sie sind

zu festgefahren, und deshalb senden Sie Ihrer Umgebung einen starren, unkooperativen Subtext.
Wenn Sie zwei oder drei Lösungen finden, sind Sie äußerst flexibel und haben gute Zukunftsaussichten, nicht nur am Arbeitsplatz, sondern auch privat.
Wenn Sie nur eine Lösung finden, können Sie immer noch mithalten. Je schneller Sie auf eine Lösung stoßen, desto flexibler sind Sie.

Die Verkaufskanone
Dan ist Executive Vice-President und für den Verkauf bei International Data Systems zuständig. Lou ist einer der Topverkäufer bei IDS, und er hat sich gerade wegen einer ansehnlichen Gehaltserhöhung an Dan gewandt.
Dan meint, daß Lou die Anhebung verdient. Seine Leistung ist toll gewesen, doch Dan hat einige Regeln festgelegt, die Gehaltserhöhungen mit den Dienstjahren verbinden. Er weiß, daß eine Firma konsequent bleiben muß, und Lou hat bei weitem nicht genügend Dienstjahre für das Geld, das er möchte. Aber Dan weiß auch, daß Lou erste Klasse ist und mehrere Konkurrenzfirmen bereit wären, ihn auf der Stelle zu übernehmen. Was soll er tun?

Die DINKS
Tim und Nancy sind DINKS (Double Income, No Kids = Doppelverdiener ohne Kinder) reinsten Wassers. Sie haben beide gute Stellen, bequem zu erreichen von ihrem neuen Haus, das sie vor kurzem mit großer Freude nach jahrelangem Sparen gegen Barzahlung gekauft haben.
Nun wird Nancy eine sehr gute Stelle auf dem Gebiet, auf dem sie immer arbeiten wollte, angeboten, aber der Arbeitsplatz ist zu weit entfernt, um täglich zu pendeln. Soll sie die Stelle annehmen?

Der schwierige Geschäftsführer
Tiffany ist soeben eine Beförderung zur Assistentin des Geschäftsführers ihrer Abteilung angeboten worden. Das Gehalt ist viel besser, aber Tiffany hat die Arbeit für ihren derzeitigen Chef, den sie ungeheuer mag, sehr gut bewältigt. Der Geschäftsführer ist ein schwieriger Mann, wenn man für ihn arbeiten muß, und er verlangt sehr viel mehr Überstunden, als Tiffany zu arbeiten bereit ist. Eine Ablehnung der Beförderung wird sich jedoch ungünstig auf ihre Zukunft in der Firma auswirken. Was ist die beste Entscheidung für sie?

Eine selbstbewußte Ausstrahlung

Jedes dieser kurzen Szenarien erscheint wie eine Sackgasse, aber es gibt Auswege, die von einer beweglichen Denkweise abhängen. Die flexible Person ist ein kreativer Problemlöser, einer, der so vernünftig ist, eine Sackgasse zu erkennen und nach einer praktikablen Alternative zu suchen. Die flexible Person kann in andere Gänge schalten und die Methode wechseln, wenn es nicht richtig läuft. Und die flexible Person strahlt Selbstbewußtsein aus. Er oder sie sagt: »Ich glaube, ich kriege es hin, auch wenn ich dazu einen anderen Weg wählen muß.«
An flexible Personen wenden sich die Leute normalerweise, wenn ein Problem auftaucht. Wenn Sie so geartet sind, sind Sie sich ständig der Realität bewußt, und dieses Bewußtsein zeigt Ihnen, wieviel Sie in einer festgefahrenen Situation erreichen können. Sie wissen nicht nur, wann Sie die Versuche aufgeben können, sondern auch, wann Sie es weiter probieren sollen.
Flexibilität als Mittel, ein positives Bild zu projizieren, kann Ihnen auch erlauben, andere Menschen zu beeinflussen. Eltern, die mit ein wenig Flexibilität vorgehen, können Kin-

der nahezu in jede Richtung lenken. Lehrer können Schüler beeinflussen, und Vorgesetzte können ihre Untergebenen beeinflussen.
Dem Flexiblen gelingt es, Starrheit abzuwerfen. In entscheidenden Abständen überprüft er immer wieder seine Motive, Ziele und Verfahrensweisen. Jedesmal versucht er zu erkennen, ob er auf dem falschen Weg festsitzt oder sich auf den richtigen begeben hat.

Einfühlungsvermögen oder Empathie

Der dritte innere Zug, der ein positives Image an andere sendet, ist die Fähigkeit, sich in andere einzufühlen: Empathie. Empathie beschwört einen Subtext der Fürsorge und des Interesses an anderen Menschen. Mit ihr gewinnt man Vertrauen!
»Sie verstehen nicht, was ich mitgemacht habe«, sagt der Verkäufer seinem Chef fast außer sich. »Sie wissen nicht, wie es dort draußen auf der Straße zugeht!«
»Ich habe Probleme, die Sie nicht einmal ansatzweise verstehen«, berichtet der frustrierte Abteilungsleiter dem Gewerkschaftssekretär.
»Sie haben Probleme? Dann stehen Sie mal eine Schicht am Fließband durch, damit Sie merken, was Probleme wirklich sind!« schießt der Gewerkschaftssekretär zurück.
»Es geht nicht«, sagt die Vorzimmerdame zum Anwalt, der gerade einen Stapel Akten zum Ablegen herausgebracht hat. »Sie haben keine Ahnung, was für ein Tohuwabohu ich hier draußen habe.«
»Sie verstehen nicht.« »Sie wissen nicht, wie das ist.« »Sie verstehen nicht einmal ansatzweise!« Die deutlichen Botschaften hinter diesen Erklärungen sind Enttäuschung, Zorn, Beschwerde. Der eher versteckte Subtext ist die Auffassung

des Sprechers, daß es dem Menschen, mit dem er zu tun hat, an Einfühlungsvermögen fehlt.
Einfach ausgedrückt, ist Empathie die Fähigkeit, die Empfindungen und Probleme eines anderen zu verstehen. Empathie ist ein Mittel, den sehr notwendigen Subtext des Verstehens, der Sensibilität und des Interesses zu projizieren.
Ist Einfühlungsvermögen etwas, was man entweder hat oder nicht hat? Können wir es lernen? Können wir es vermehren, wenn wir über ein gewisses Maß an Einfühlungsvermögen verfügen?
Manche Menschen werden offensichtlich mit einem natürlichen Sinn für Empathie geboren. Wir hören immer wieder von Kindern, die sich in einen Kummer der Eltern einfühlen, die die Schmerzen und Wehwehchen anderer Kinder verstehen. Der kleine Johnny weint, wenn sein Freund Max sich am Finger verletzt. Sara bricht in Tränen aus, wenn Emmas Puppe kaputtgeht. Tatsächlich kommen viele Untersuchungen zu dem Schluß, daß alle Kinder ein angeborenes Einfühlungsvermögen haben, das dann nachläßt, wenn sie größer werden.
Aber auch bei denen, deren Empathie verloren scheint, bleibt ein Rest zurück, und es ist möglich, diese latente Empathie zu entwickeln und zu entdecken, wie man sie als hilfreiches Mittel einsetzen kann.
Auf der Schauspielschule lernt man eine »Methode«, wie das vor sich gehen kann. Um eine Rolle zu spielen, muß der Schauspieler sich mehr aneignen als seine Sätze und wie er sie vorträgt. Ihm wird beigebracht, die Beweggründe der Figur zu verstehen. Der Schauspieler versucht gewissermaßen sich einzufühlen, und zwar nicht in eine reale Person, sondern in die Figur im Stück oder im Film. Ist die Figur logisch in ihrem Verhalten, in ihren Reden, in ihren Taten? Was bringt die Figur dazu, solche Dinge zu sagen und zu tun?
Wenn die Methode funktioniert und das Mitfühlen mit der

Figur sich durchsetzt, ist der Schauspieler während der Dauer des Stücks oder Films völlig eins mit der Rolle, häufig so stark, daß es schwer wird, hinterher aus der Rolle herauszuschlüpfen. Dustin Hoffman ist ein Schauspieler, der auf diese Methode schwört, und oft lebt er das Leben der Rolle, die er verkörpern soll, bevor er sie spielt. Seine Rollen wirken außerordentlich überzeugend, weil der Subtext, den das Publikum spürt, der Subtext seiner Figur ist, nicht der Hoffmans.

Tim Pigott-Smith, der begabte Schauspieler, der den gemeinen Polizisten Ronald Merrick in der britischen Fernsehproduktion »Der Kronjuwel« darstellte, erklärte in einem Interview der *New York Times,* wie es ihm gelang, sich in Merrick einzufühlen: »Ich saß vor einem Spiegel und schob den Kiefer vor, so daß die Lippen nach unten gingen und sich zwangsläufig zu einer höhnischen Grimasse verzogen. Schließlich konnte ich diesen Blick einfach anschalten, und wenn man als Schauspieler den körperlichen Dreh raus hat, kommt der geistige Prozeß der Rolle von allein«, und die Ausstrahlung stimmt.

Selbstempathie

Manchmal sendet die Fähigkeit, sich in sich selbst einzufühlen, nämlich in Gefühle, die man während einer früheren Erfahrung hatte, ein hilfreiches Signal an das eigene Innere. In gewissem Sinn verwenden Sie die »Methode«, um sich von etwas zu überzeugen. Ein erfolgreicher Prozeßanwalt, mit dem ich sprach, faßte das sehr präzise zusammen: »Als Student war ich im Debattierklub. Ich erinnere mich an ein Streitgespräch, bei dem ich einen phantastischen Vorteil gegenüber meinem Gegner hatte. Ich kannte alle Fakten. Ich wußte, wie ich sie in logischer und eindrucksvoller Reihen-

folge zu präsentieren hatte, und im Verlauf der Debatte wurde klar, daß mein Gegner lange nicht so gut vorbereitet war wie ich. Ich war voller gelassener Zuversicht. Ich wußte, daß ich nicht verlieren konnte, und ich verlor nicht.
Heute, wenn ich mein Schlußplädoyer an die Jury halte, denke ich an diesen Moment, erinnere mich wirklich ganz lebhaft, und ich kann das gleiche Gefühl der Zuversicht, der Sicherheit in meiner Überzeugung heraufholen. Es funktioniert. Glauben Sie mir. Die unterschwellige Aussage meines Vortrags wird sehr eindrucksvoll und überzeugend!«
Anwälte müssen sich häufig stark auf ihr Einfühlungsvermögen verlassen. Sie möchten, daß eine Jury sich in sie und in ihren Mandanten versetzt. Es ist eine altbekannte Tatsache, daß zwei Anwälte, die einer Abschrift denselben Wortlaut entnehmen, die gleichen Fragen stellen oder das gleiche Plädoyer halten können, dennoch der Jury sehr unterschiedliche Botschaften senden.
Eine andere sehr erfolgreiche Anwältin berichtete mir: »Mein Geheimnis ist Empathie. Ich versuche nicht nur, die Jury dahin zu bringen, daß sie mit mir und meinem Mandanten fühlt, sondern ich fühle mich auch in die Jury ein. Ich versetze mich an ihre Stelle, und dadurch verstehe ich, wie sie auf mich reagieren wird. Deshalb versuche ich, in den ersten Gesprächen soviel wie möglich über die einzelnen Geschworenen in Erfahrung zu bringen. Ich möchte sehen, ob sie sich in meinen Mandanten einfühlen werden, klar, aber es geht auch darum, daß ich mich in sie einfühlen kann.« Oder anders ausgedrückt, damit sie weiß, welchen Subtext sie senden soll.
Ich hatte einmal Gelegenheit zu einem Gespräch mit Lily Tomlin, nachdem sie ihre sehr beliebte Nummer, die ein leicht sadistisches Fräulein vom Amt porträtierte, gegeben hatte. Ich fragte sie, wie es ihr gelänge, ihre Rolle mit einem so perfekten Subtext zu versehen. »Sogar wie Sie Ihren Fuß

drehen, wenn Sie einen Kunden reizen, ist die perfekte Geste eines befriedigten Sadisten«, bemerkte ich. »Das geistesabwesende Streicheln Ihrer Brust sendet einen Subtext der Traurigkeit und Einsamkeit, was zur Tiefe der Figur beiträgt. Wie machen Sie das?«

Lily Tomlin zögerte und runzelte die Stirn. Dann schüttelte sie lächelnd den Kopf. »Ich weiß es wirklich nicht. Mir war, bis Sie es eben erwähnten, nicht klar, daß es Einsamkeit bedeutet, wenn ich mich streichle, aber es stimmt natürlich. Im Grunde«, sagte sie nachdenklich, »werde ich zu der Frau. Ich schlüpfe in sie hinein, fühle, wie sie fühlt, denke, wie sie denkt, und dann strömt das alles heraus. Ich tu', was sie tun würde, nicht das, was ich als Schauspielerin für richtig halte.«

Platztausch

Ausgehend von den oben genannten Ideen, ist Rollentausch eine der besten Techniken, um zu lernen, sich in einen anderen einzufühlen. Vor einiger Zeit machte ich damit Erfahrung, als ich für eine kleine pharmazeutische Firma in New York arbeitete.

Nach fünf Jahren einwandfreier Tätigkeit teilte die Sekretärin des Verkaufsleiters ihrem Chef mit, daß sie kündigen wollte. Ich war in Toms Büro, als Linda die Bombe platzen ließ, und Tom schüttelte bestürzt den Kopf. »Das können Sie mir nicht antun!« Er wandte sich an mich. »Sie ist das beste Mädchen, das ich jemals hatte!« Dann sagte er zu Linda: »Das Büro geht vor die Hunde ohne Sie. Wenn es um eine Gehaltserhöhung . . .«

Linda schüttelte den Kopf. »Geld hat damit nichts zu tun. Es ist . . . Also gut, es ist Ihre Haltung.«

»Meine Haltung?« Tom war nun wirklich durcheinander. »Was habe ich denn getan?« Er sah mich an. »Habe ich etwas falsch gemacht?«

Linda wurde deutlicher. »Zum Beispiel, daß Sie mich als das beste Mädchen, das Sie jemals hatten, bezeichnen. Das bin ich nicht! Ich bin fast vierzig und habe drei Kinder. Ich bin kein Mädchen! Sie sehen mich überhaupt nicht. Ich bin kein Mensch für Sie. Ich bin ein Stück Inventar, bis Sie mich brauchen, und dann behandeln Sie mich, als wäre ich fünfzehn!«

Tom wandte sich hilflos an mich: »Was soll ich bloß machen? Ich komme ohne sie nicht klar.«

Ich betrachtete die beiden. »Ich sage Ihnen, was Sie meiner Meinung nach machen sollen. Ich glaube, Sie sollten es für ein paar Tage mit einem Rollentausch probieren.« Als beide mich verständnislos ansahen, erklärte ich es. »Nicht die Arbeit. Tom, Sie können ganz bestimmt nicht Lindas Arbeit übernehmen, auch wenn sie Ihre erledigen könnte, aber warum versuchen Sie nicht, die Art, wie Sie sich gegenseitig behandeln, umzukehren?«

Tom griff nach dem Strohhalm und stimmte zu. Linda hatte zunächst Zweifel, aber biß dann schnell an. Nach einigen Tagen redete sie ihren Chef mit dem Vornamen an, lobte ihn vor den Kolleginnen – »Der Junge arbeitet gut« –, kommandierte ihn ganz beiläufig herum, wie er sie herumkommandiert hatte, und nahm den Kaffee an, den er ihr brachte, ohne sich die Mühe zu machen, danke zu sagen.

Umgekehrt war Tom wie verwandelt. Er nannte sie Mrs. Bloom, fragte sie, ob sie bitte dieses oder jenes tun möchte, und behandelte sie im großen und ganzen, wie ein Assistent mit seinem Chef umgeht.

»Es öffnete uns die Augen«, erzählte mir Linda eine Woche später, als wir uns im Aufzug begegneten. »Ich bleibe nun doch, und ich kann verstehen, wie ein Chef manchmal vergißt, daß seine Assistentin ein Mensch ist. Solange Tom sich daran erinnert, daß auch ich Achtung brauche, wird es mit uns klappen, denke ich.«

»Ich glaube, das kleine Spiel, das Sie vorschlugen, half mir, Linda als Menschen wahrzunehmen«, sagte mir Tom beim Mittagessen. »Es war nicht leicht für mich, weil ich meine beherrschende Rolle abtreten mußte, aber ich merkte dadurch, wie arrogant ich gewesen war!«

Tun, was einem liegt

Viele Menschen müssen keine Rollen tauschen, um sich in jemanden einzufühlen und einen Subtext des Interesses zu projizieren. Einfühlungsvermögen ist bei ihnen etwas ganz Natürliches, und das hilft ihnen im Umgang mit der Familie, mit Freunden und Partnern ebenso wie im Beruf. Die Frau mit einem starken Sinn für Empathie versteht ihre Kunden. Sie spürt, wann der Augenblick für eine aggressive Verkaufstaktik geeignet ist oder wann sie sich zurückhalten und es mit der weichen Verkaufsmethode versuchen soll, weil sie so ähnlich wie der Kunde fühlt. Oft weiß sie, was der Kunde fühlt, ohne daß sie sich dessen bewußt ist. Sie ist ein Naturtalent.

Der erfolgreichste Stellenvermittler ist derjenige, der Empathie nach beiden Seiten empfindet. Er kann sich die Schuhe des Arbeiters oder des Chefs anziehen, weil er spürt, wie beide fühlen. Er weiß ihre Bedenken zu würdigen und kennt ihre Schwächen und Stärken.

Der Vater, der sich in seinen Sohn einfühlt, kann den Generationsunterschied überbrücken. Er merkt, wie wichtig es für den Jungen ist, wie die anderen Kinder auszusehen, den gleichen Haarschnitt zu haben und die gleiche Kleidung zu tragen. Er versteht, wie sehr sein Sohn es braucht, sich gegen ihn durchzusetzen und etwas auf eigene Faust zu tun, weil er spüren kann, wie sein Sohn fühlt.

Das gleiche gilt für Mütter und ihre Kinder – und mag sogar

häufiger vorkommen, weil Frauen im allgemeinen mehr Einfühlungsvermögen haben als Männer. Vielleicht gehört es zum Muttersein, oder vielleicht ist die Kultur offener für eine Frau, die feinfühlig und empfänglich ist. Im Gegensatz dazu wird Männern beigebracht, kühl zu sein, auf eigenen Füßen zu stehen und nicht allzu mitfühlend zu sein. Härte wird mit Männlichkeit gleichgesetzt.

Die Schranken durchbrechen

Empathie kann neben anderen Dingen die Schranken zwischen Generationen, Rassen, Klassen und Religionen niederreißen. Jack, der in einem städtischen Problembezirk Englisch unterrichtete, stellte fest, daß seine Erziehung, sein Benehmen, seine Redeweise und Hautfarbe allesamt Barrieren zwischen ihm und seinen Schülern waren.

»Als ich als Lehrer anfing«, berichtete er, »war es wie ein Alptraum. Ich war nicht an solche Kinder gewöhnt. Ich war wohl gewarnt worden, aber die Realität übertraf meine Erwartungen bei weitem. Ich stamme aus einer fürsorglichen Familie aus der Mittelschicht, und das wußten die Kinder und mochten mich schon deshalb nicht. Vielleicht ist das schon zu nachsichtig ausgedrückt. Sie trauten mir nicht, und jeden Tag stand ich wieder da und redete gegen eine Mauer aus abweisenden, kalten Gesichtern und Augen, die sagten, *bewähre dich!*

Ich wußte, ich konnte es nicht schaffen, und ich wollte einfach das Schuljahr durchstehen und mich danach versetzen lassen oder ganz aufhören. Dann, an einem Nachmittag, änderte sich alles. Der Direktor verdächtigte einen Jungen, Darryl, die Tafel mit Graffiti beschmiert zu haben, aber er konnte es nicht beweisen. Einmal kam ich in die Klasse und ertappte Darryl auf frischer Tat.

Ich nahm ihm die Dose weg, und wir standen da vor der Klasse, während ich überlegte, was ich Vernichtendes und Böses sagen könnte. Ich war wirklich furchtbar wütend. Da ging die Tür auf, und der Direktor kam herein.
Er erfaßte mit einem Blick die Situation und sagte: ›Ich sehe, wir haben ein kleines Problem.‹ In diesem Augenblick, ich weiß nicht, warum, verschoben sich meine sämtlichen Fixpunkte. Mit einemmal wußte ich, was Darryl empfand, den Trotz, nicht Bosheit, der in seine Graffiti eingeflossen war. Ich spürte Empathie.
Ich handelte instinktiv. Ich legte meinen Arm um Darryls Schultern und sah den Direktor freundlich an. ›Darryl hilft mir, die Tafel zu putzen. Ich habe sie angesprüht, damit die Klasse sieht, wie schwer die Farbe abgeht. Ein guter Anschauungsunterricht, finden Sie nicht?‹
Der Direktor war mißtrauisch, aber er konnte nichts sagen. Hinterher schnauzte er mich an, ich würde zum Wandalismus ermuntern mit meiner ›Demonstration‹, doch das Erstaunliche war, was mit mir, mit Darryl und dem Rest der Klasse geschah. Die Schranke war verschwunden. Wir verstanden uns gegenseitig, und ich war auf ihrer Seite.
Der Rest des Schuljahrs war anders – nicht umwerfend, aber besser. Darryl wurde mein Beschützer, und ich konnte ihm und der Klasse etwas beibringen. Es gibt immer noch Probleme, und ich nehme an, es wird immer welche geben, aber jetzt kann ich mich in die Kinder einfühlen, und sie begreifen, daß ich mich ernsthaft um sie kümmere. Ich lasse mich nicht versetzen. Ich habe sie erreicht.«

Die Gegenliste

Die Schranken, vor denen dieser Lehrer stand, waren wirtschaftlicher, kultureller und rassischer Natur. Manchmal sind

es religiöse oder sexuelle Schranken. Solche Schranken führen oft zu einem Subtext, der lautet: »Ich verstehe dich nicht.« Keine der beiden Seiten weiß, was die andere fühlt, und der projizierte Subtext ist Mißtrauen und Angst.
Manchmal kann die Schranke auf ganz einfache Art überwunden werden. Zum Beispiel könnte eine neutrale dritte Partei auf die objektive Realität hinweisen. Ich habe einen Freund, der freiwillig seine Dienste als Vermittler in Familien- und Berufsstreitigkeiten anbietet, und er sagt, daß er oft nicht mehr tut als ein Schiedsrichter. Die zwei Parteien erklären ihre Probleme und was sie möchten, und das genügt, um ihre unterbewußten Signale zu ändern und eine Lösung auszuarbeiten.
Eine andere gute Methode ist die Aufstellung einer Gegenliste. Sie ist ein Ableger des Rollentauschs, und sie kann sehr wirksam sein, wenn ein Problem auftaucht.
Sal und Norman benutzten sie, als sie in ihrer kleinen Firma ein Problem hatten. Sie waren gleichberechtigte Partner, aber Sal leitete das Geschäft und Norman das Büro. An beiden Plätzen gab es unterschiedliche Probleme, wie auch die Arbeit verschieden war, und von Anfang an konnte keiner die Schwierigkeiten des anderen verstehen.
»Der Haken ist«, sagte Norman zu Sal, »du begreifst nicht, daß ich nicht immer das beste Material bestellen kann und daß ich auch nicht immer den Kredit geben kann, den du jemandem versprochen hast.«
»Das mag ja so sein, aber du merkst nicht, daß es kein Spaziergang ist, einen Laden zu leiten. Du versprichst ebenfalls Dinge, die ich nicht liefern kann.«
»Du begreifst nicht.« »Du merkst nicht.« Diese zwei Ausdrücke sind Hinweise auf fehlendes Einfühlungsvermögen. Ein Freund, der das verstand und wußte, daß Sal und Norman miteinander anstatt gegeneinander arbeiten mußten, schlug vor, jeder solle sich hinsetzen und versuchen, die Beschwerden der anderen Seite aufzulisten.

Sal tat sein Bestes, um Normans Klagen und seine Empfindungen aufzuschreiben, und Norman versuchte, Sals Beschwerden anzuführen. »Es machte mich nachdenklich«, sagte Norman. »Ich grub mehr Gründe aus, als Sal gekonnt hätte!«
»Ich auch«, lachte Sal. »Ganz plötzlich entdeckte ich Fehler bei mir.« Es war ein Anfang, ein erster Schritt zur Empathie, und er klappte bei ihnen. Sie konnten sich gegenseitig ein bißchen besser verstehen, genügend, um ihre Probleme zu überwinden und mit ihnen fertig zu werden.

Eine Warnung

Während Einfühlungsvermögen eine große Hilfe im Umgang mit anderen Menschen sein kann, so stellt zuviel davon auch eine Gefahr dar. Ich habe einen Freund, der als glänzender junger Neurochirurg begann, aber nach zehn Jahren Tätigkeit auf diesem Gebiet sattelte er auf allgemeine Chirurgie um.
Als ich fragte, warum er eine so vielversprechende Karriere aufgegeben hatte, machte er eine abwinkende Bewegung. »Vielversprechend? Gewiß. Ich war gut, und ich wußte es, aber ich war ausgebrannt.«
»In deinem Alter?« »Stimmt. Ich identifizierte mich mit jedem Patienten. Ich war zu einfühlsam, zu besorgt um ihr Leben. Ich mußte sie kennenlernen, sie verstehen, und wenn etwas schiefging, war ich am Boden zerstört.«
Er schüttelte den Kopf. »Ich konnte es einfach nicht ertragen. Die Herausforderung und die Arbeit mochten noch so aufregend sein, ich mußte aussteigen. So tief läßt man sich nicht mit einem Patienten ein, wenn man allgemeine Chirurgie treibt.«
In seinem Fall hatten zuviel Einfühlungsvermögen und zuviel Sensibilität seine Fähigkeit zerstört, einen starken, zuversichtlichen Subtext zu senden. Er konnte seine Empathie nicht reduzieren, also wechselte er seine Tätigkeit.

7 Wahrheit und ihre Folgen

Einen Lügner ertappen

Tom O'Brian, Chairman und Chief Executive der Tremont Savings and Loan Association, hatte Jim Nelson, einem Regierungsvertreter, eine halbe Stunde lang zugehört, während Nelson das Beweismaterial gegen Tremont ausgebreitet hatte. Als die heftige Kritik beendet war, sah O'Brian Nelson direkt in die Augen und sagte: »Sie haben selbstverständlich recht. Ich will Ihnen etwas sagen. Ich beabsichtige, mich Ende des Jahres zur Ruhe zu setzen, und bis dahin werde ich alles tun, um das Durcheinander zu entwirren.«

Später berichtete Nelson seinem Vorgesetzten: »Ich meine, wir sollten ihnen nicht die Zeit lassen, um die sie gebeten haben. Ich denke, wir sollten sofort einschreiten. Ich glaube wirklich, die Investmentmethoden von Tremont sind das reine Vabanquespiel!«

Der Vorgesetzte runzelte die Stirn. »Glauben Sie, er hat Sie belogen?«

»Hundertprozentig.« Nelson zögerte. »Allerdings weiß ich nicht, warum, um die Wahrheit zu sagen. Ich kann auf keines seiner Worte mit dem Finger zeigen. Er sah mir gerade in die Augen, aber . . .« Er schüttelte den Kopf. »Kann sein, ich irre mich. Vielleicht sollten Sie sich mit ihm treffen.«

»Ich? Wenn Sie dachten, daß er etwas verheimlichte, warum sollte ich dann anders empfinden?«

»Ich weiß nicht. Es war einfach so ein Gefühl im Bauch, aber ich traue ihm nicht!«

Es gibt keine sichere Möglichkeit, einen Lügner zu überführen. Kein Gesichtsausdruck, keine Geste, kein Element der Körpersprache sendet das Signal: »Ich lüge.«

Wenn das so ist, warum war Jim sich dann so sicher, daß der andere Mann log? Dieses »Gefühl im Bauch«, das er hatte, war mehr als bloße Intuition. Es war eine Kombination von winzigen Hinweisen auf O'Brians Gemütsbewegung. Es gibt zwar keine deutlichen Ausdrucksformen oder Gesten, die eine Lüge erkennen lassen, aber es gibt viele physische Reaktionen, die unsere Empfindungen verraten. Hier seien einige genannt: starke Emotionen, ein beschleunigter Herzschlag, ein Angstgefühl, Erröten oder Schwitzen.

Der Lügendetektor

In unserer Gesellschaft verlassen wir uns gern auf Maschinen. Selbst um einen Lügner zu entlarven, gibt es ein Gerät, den sogenannten Polygraphen oder Lügendetektor, der gleichzeitig mehrere Vorgänge und Erscheinungen im menschlichen Körper registriert. Viele Wirtschaftszweige bauen auf den Polygraphen und hoffen mit dieser technischen Unterstützung zu verhindern, ungeeignete Mitarbeiter einzustellen.

Die große Mehrheit der polygraphischen Tests, etwa 300 000 im Jahr, werden von der Wirtschaft als Teil einer Durchleuchtung vor der Einstellung durchgeführt, aber auch, um die innerbetriebliche Kriminalität in den Griff zu bekommen oder Beförderungen stattzugeben. In 31 amerikanischen Bundesstaaten ist es legal, von Angestellten einen polygraphischen Test zu verlangen. In nur 18 Staaten ist es verboten, und auch hier finden Arbeitgeber im allgemeinen einen Weg, das Gesetz zu umgehen. Einem Bericht des Office of Technology Assessment zufolge sagen Arbeitgeber zur Umgehung des Gesetzes einem Arbeiter vielleicht, sie verdächtigten ihn des Diebstahls, doch werde man ihn nicht entlassen, falls seine Unschuld durch einen polygraphischen Test bewiesen werden könne.

Banken und Drugstores, Supermärkte, Lebensmittelgeschäfte und Schnellrestaurants verlassen sich stark auf polygraphische Tests bei Einstellungsgesprächen. Das Justizministerium, das FBI und die meisten Polizeidienststellen verwenden den Polygraphen, nachdem Untersuchungsbeamte eine Liste von Verdächtigen auf einen Personenkreis eingeengt haben. Auch viele Regierungsstellen zählen auf den Polygraphen als Lügendetektor.

Das traurige an der Geschichte ist, daß der Polygraph kein Lügendetektor ist. Er kann ausschließlich Veränderungen in unserem autonomen Nervensystem entdecken: Veränderungen bei Herzfrequenz, Blutdruck, Leitvermögen der Haut, Temperatur, Atmung, Schwitzen, Erröten und Erbleichen. Er registriert also nur körperliche Reaktionen, die mit emotionaler Erregung zusammenhängen.

Trotzdem wird dieses Gerät eingesetzt, weil die Benutzer davon ausgehen, daß wir, wenn wir lügen, ein gewisses Maß von emotionaler Erregung zeigen. Diese Erregung kann von der Maschine aufgezeichnet werden, und die die Ergebnisse auswertende Person kann genau feststellen, welche Fragen sie ausgelöst haben – und folglich, theoretisch, welche Antworten der betreffenden Person Lügen sind.

Leider sind mit dieser Methode viele Probleme verbunden. Zuallererst einmal werden die meisten Menschen nicht nur von Lügen emotional erregt. Wenn die Frage, die der Bediener des Polygraphen stellt, eine emotionale Reaktion auslöst, wird dies von der Maschine registriert. Die emotionale Reaktion braucht jedoch überhaupt nichts mit Lügen zu tun zu haben.

Nehmen wir das Beispiel eines Kassierers, der befragt wird, weil in seiner Kasse 500 Dollar fehlen. Der Fragesteller wird mit harmlosen Fragen beginnen. »Wohnen Sie in der Stadt?« »Sind Sie verheiratet?« »Ist heute Montag?« Und dann wird beiläufig die Frage eingeschoben: »Haben Sie die fünfhundert Dollar unterschlagen?« Falls der Polygraph an dieser Stelle eine emotionale Erregung wahrnimmt, kann das »Nein!« des Kassierers als Lüge betrachtet werden. Die sichtliche Schwachstelle ist, daß aller Wahrscheinlichkeit nach jeder Hinweis auf das Geld eine emotionale Reaktion hervorrufen wird.

Der andere Mangel beim polygraphischen Test zeigt sich, wenn die zu befragende Person ein perfekter Lügner ist, der es gelernt hat, seine emotionalen Reaktionen zu beherrschen – und viele Menschen können das. Ein weiteres Problem ist der Lügner, der seine Lüge selbst glaubt. Kein noch so langes Testen wird ihn erschüttern, weil es in seinem Kopf keine Lüge ist.

Die lügenden Krankenschwestern

Wenn es keine spezifischen Ausdrucksweisen des Gesichts oder Körpers gibt, die auf Lügen hindeuten, wie sollen wir dann eine Lüge von der Wahrheit unterscheiden? Können wir es überhaupt? Nun, nicht immer, aber manchmal ist es möglich. Manchmal können wir absolut sicher sein, daß jemand lügt, und das ist jedesmal dann, wenn die Lüge mit einer starken Emotion verbunden ist. Gewissermaßen handeln wir dann wie der Polygraph. Wir verknüpfen die plötzliche Erregung mit der Behauptung, und etwas in uns schreit auf: »Eine Lüge!«

Das Gesicht ist für viele grundlegende Gefühle ein verläßlicher Hinweis. Dr. Paul Ekman, Professor der Psychologie an

der University of California in San Francisco, führte hierzu eine Untersuchung durch.
Er ließ Schwesternschülerinnen verschiedene Filme betrachten. Manche Filme waren angenehm, andere wiederum, in denen beispielsweise ein Unfallopfer mit Verbrennungen Höllenqualen litt, schrecklich. Die angehenden Schwestern wurden nun gebeten, einem Interviewer einen aufrüttelnden Film zu schildern. Sie sollten jedoch nicht ihre wahren Gefühle zeigen, sondern lügen und den Film als erfreulich beschreiben. Sie wurden außerdem gebeten, einen harmlosen Film als beunruhigend zu schildern.
Der Zweck des Experiments war, zu entdecken, ob der Zuhörer etwas im Ausdruck der Schwestern lesen könnte, was auf Lügen hinwies. Versteckte Videokameras zeichneten die Interviews auf. Man hatte sich für Krankenschwestern entschieden, weil sie stark motiviert waren zu lernen, keine Reaktionen auf Körperverstümmelungen zu zeigen.
Manche Schwestern konnten gut lügen, andere logen unvollkommen, und einige konnten überhaupt nicht lügen. Die schlechten Lügnerinnen zeigten nicht so viele Gesten, die normalerweise eine Rede begleiten – wie mit einem Finger deuten, Bilder in die Luft malen oder Richtung und Größe angeben. Statt dessen fuhren sie mit der Zunge über die Lippen, rieben sich die Augen und machten nervöse Bewegungen.
Die guten Lügnerinnen konnen Unschuld, Zorn oder Freude vorspielen, aber sie wußten dennoch nicht so recht, wann sie diese Gefühle auf dem Gesicht erscheinen lassen sollten oder wie lange sie sie zeigen und wann sie sie verschwinden lassen sollten.
Kummer, Sorge und Trauer befielen die lügenden Schwestern häufig, und diese Emotionen konnten am Hochziehen des zur Nase zeigenden Teils der Augenbrauen entdeckt werden. Das Ergebnis ist ein Paar schiefer Augenbrauen, in der Mitte hochgezogen, eine Art umgekehrtes V. Die Augenlider waren

ebenfalls hochgezogen. Dieses Zusammenspiel von Bewegungen kann nur in einem von zehn Fällen willentlich unterdrückt werden. Zumeist tritt es trotz der Bemühungen auf, die Gefühle zu verbergen.

Das verräterische Lächeln

Die Art, wie Gefühle durch Ausdruck und Gesten nach außen dringen, kann einen Hinweis auf Lügen geben. Der einfachste Gesichtsausdruck ist ein Lächeln, und darauf haben sich die meisten Forscher konzentriert. Aber ein Lächeln kann täuschen, weil die Leute genausooft lächeln, wenn sie lügen wie wenn sie die Wahrheit sagen.

Man kann jedoch auf Dutzende von verschiedenen Arten lächeln. Dr. Ekman hat die verschiedenen Typen gemessen, katalogisiert und untersucht und ist zu dem Schluß gekommen, daß sie vermutlich der am stärksten unterschätzte Gesichtsausdruck und viel komplizierter sind, als einem bewußt ist.

Die Menschen lächeln, wenn sie erfreut, glücklich, zufrieden, amüsiert und fröhlich sind; aber sie lächeln auch, wenn sie unglücklich und traurig sind. Und es gibt das falsche Lächeln, das wie eine Maske verwendet wird und ein Signal sendet, daß die Person nicht ganz ehrlich ist.

Dr. Ekman führt 18 Formen des Lächelns an, die nichts vortäuschen. Sie werden von dem Lächelnden wirklich empfunden. Was ein solches Lächeln von einem künstlichen unterscheidet, ist die Tatsache, daß sich ausschließlich die Muskeln um die Augen straffen, während die Muskelpartien im unteren Teil des Gesichts unbeteiligt sind. Dieses Lächeln dauert länger als das falsche Lächeln und ist intensiver, wenn die auslösende Empfindung sehr stark ist.

Wir sind uns dieser feinen Veränderungen vielleicht nicht voll bewußt, aber sie senden ihre Botschaft auf einer unbewußten Ebene. In der Literatur finden sich zahllose Hinweise auf falsches Lächeln: »Er lächelte mit den Lippen, doch nicht mit den Augen.« Oder: »Das Lächeln drang nicht bis zu ihren Augen vor.« Diese fehlende Beteiligung der Muskeln um die Augen, betont Dr. Ekman, »ist ein feiner, aber entscheidender Wink, um ein empfundenes von einem falschen Lächeln zu unterscheiden«.

Denken Sie nun an Formen des Lächelns, die empfunden sind, aber keine positiven Gefühle vermitteln. Manchmal lächeln wir, wenn wir Angst haben. Beim Angstlächeln sind die Lippen zu einem Rechteck gedehnt. Muskeln, die die Lippen bei Angst waagerecht dehnen, heben manchmal die Mundwinkel zu einem spöttischen Lächeln an, das wir als Grimasse bezeichnen. Bei diesem Lächeln sind die Augenbrauen gewölbt und zusammengezogen, und die Augen sind aufgerissen.

Ein anderes negatives, jedoch empfundenes Lächeln ist eines, das Verachtung zeigt. Die Mundwinkel sind gespannt, und gewöhnlich ist eine Seite ein wenig hochgezogen, während die Augenbrauen leicht gewölbt sind. Bei dem Lächeln eines Menschen, der unglücklich ist, ist die Unterlippe durch den Kinnmuskel hochgeschoben, und die Mundwinkel sind nach unten gezogen. Die Brauen weisen ebenfalls nach unten.

Das sind einige Formen des richtigen oder empfundenen Lächelns, die wir verwenden. Ein falsches Lächeln dagegen wird häufig als Maske benutzt, um zu verbergen, was man wirklich fühlt. Bei diesem Lächeln neigt die Person dazu, die Lippen zusammenzupressen, die Mundwinkel anzuspannen und die Unterlippe hochzuschieben.

Ein falsches Lächeln ist nach Dr. Ekman oft asymmetrisch (obwohl auch ein normales Lächeln schief sein kann). Nur eine Seite des Mundes ist beteiligt, und es wird von keiner Muskelbewegung um die Augen begleitet. Ein anderer wesentlicher Hinweis ist die Dauer. Das falsche Lächeln kann abrupt abbrechen oder schrittweise nachlassen, aber in beiden Fällen ist die Dauer nicht passend.

Zusammenfassend läßt sich über das falsche Lächeln sagen:

- Bei der Vortäuschung von Angst oder Traurigkeit fehlt der begleitende Ausdruck der Stirn.
- Bei der Vortäuschung von Glück sind die Augenmuskeln nicht beteiligt.
- Um Verstellung bei einer Empfindung zu entdecken, suchen Sie nach asymmetrischen Ausdrucksweisen, einem zu plötzlich einsetzenden Lächeln und einer unpassenden Dauer des Lächelns.

Mikroausdruck

Die vielleicht faszinierendste Art, auf die echte Subtexte durch den Gesichtsausdruck nach außen dringen, sind solche flüchtigen Bilder, die von den Psychologen als Mikroausdruck bezeichnet werden. Sie werden beim normalen Gespräch völlig übersehen und haben dennoch eine unterschwellige Wirkung. Ich erinnere mich an einen Vorfall, der sich während der Dreharbeiten zu einem Film für eine pharmazeutische Firma ereignete. Wir hatten eine Kamera hinter einem einseitigen Spiegel aufgebaut, um im Sprechzimmer des Arztes zu filmen. Bei dem betreffenden Mittel handelte es sich um einen Tranquilizer, und wir machten über einen Monat verteilt eine Reihe von Aufnahmen, während der Arzt mit den Patienten vor und nach Einnahme des Tranquilizers sprach.

Die Patienten wurden selbstverständlich über die gefilmten Gespräche ins Bild gesetzt, und die meisten gaben uns bereitwillig ihre Zustimmung. Bei einem Gespräch versicherte ein junger Mann, der das Mittel seit einer Woche nahm, dem Arzt, es ginge ihm sehr gut, wirklich sehr gut.

»Ich glaube ihm keinen Augenblick«, flüsterte mir der Kameramann zu, und er behielt recht. Zwei Tage später saß der junge Mann wieder im Sprechzimmer und schluchzte hysterisch.

»Das hätte ich nie vermutet«, berichtete uns der Arzt unglücklich. »Er wirkte so fröhlich, so überzeugt, seine Schwierigkeiten überwunden zu haben. Sie haben doch das Gespräch verfolgt. Was dachten Sie dabei?«

Wir versicherten ihm, daß es uns genauso ergangen war, aber ich erinnerte mich an die Zweifel des Kameramanns. Was hatte er im Verhalten des Patienten gesehen oder in seiner Stimme gehört?

Ich ließ den Film von dem Gespräch allein für mich ablaufen. Als ich den jungen Mann anstelle des Arztes beobachtete, fühlte auch ich mich unwohl. Aber warum? Es war nur eine Eingebung. So ließ ich den Film noch einmal in Zeitlupe laufen, und dann ging mir ein Licht auf. Dreimal im Verlauf des Gesprächs löste sich das Gesicht des Patienten, während er dem Arzt versicherte, wie gut es ihm ginge, in einen herzzerreißenden Ausdruck der Traurigkeit auf – einen Ausdruck, der so flüchtig, so kurz war, daß er bei normaler Geschwindigkeit nicht auffiel.

Dieser Mikroausdruck erklärte alle seine Worte zur Lüge. Der Kameramann hatte ihn während des Gesprächs unterschwellig wahrgenommen, ohne zu verstehen, was er sah. Dem Arzt, der sich auf die Karteikarte des Patienten konzentriert hatte, war der Blick völlig entgangen.

Als ich einer Bekannten, einer Psychoanalytikerin, darüber berichtete, nickte sie: »Ja, es beeindruckte Sie unbewußt, doch mittels Erfahrung und Training kann man sich aneignen, solche Ausdrucksformen zu sehen. Ich habe es gelernt, weil sie in meiner Praxis viel verraten. Das ist ein triftiger Grund, glaube ich, einem Patienten während einer psychoanalytischen Sitzung ins Gesicht zu sehen.«

Dr. Ekman schlägt eine Möglichkeit vor, wie man das Auge darin üben kann, den Mikroausdruck zu beobachten und seinen Subtext zu deuten. Man läßt von jemandem eine Aufnahme eines Gesichtsausdrucks vor den eigenen Augen machen, so schnell es möglich ist. Versuchen Sie zu erraten, was für ein Ausdruck auf dem Bild festgehalten wurde, dann betrachten Sie das Bild, um Ihre Vermutung zu bestätigen. Danach probieren Sie es mit einem anderen Bild. Um Übung zu bekommen, wiederholen Sie die Prozedur mit wenigstens 100 Bildern.

Nicht nur Traurigkeit dringt durch den Mikroausdruck nach außen, sondern auch Fröhlichkeit, Triumph oder List – ein Dutzend beliebiger Gefühle können sich offenbaren. Hält man sie neben die gleichzeitigen Äußerungen, sind sie eine faszinierende Möglichkeit, eine Lüge aufzuspüren.

Interessanterweise ist der Mikroausdruck, der »durchsickert«, wenn wir reden, im allgemeinen nicht leicht zu kontrollieren oder zu fälschen. Er verlangt bestimmte Muskelbewegungen, die nur wenige Menschen absichtlich machen können. Aber sie machen sie unbewußt.

Als Beispiel führt Dr. Ekman an, daß nur 10 Prozent der Leute, die er testete, absichtlich die Mundwinkel nach unten ziehen konnten, ohne ihre Kinnmuskeln zu bewegen. Doch dieselben Personen können es, wenn sie Traurigkeit, Kummer oder Sorge empfinden!

Das Geheimnis in den Augen

In einem New Yorker Kaufhaus wurde ein junges Mädchen lateinamerikanischer Herkunft gefeuert, weil der Geschäftsführer sie des Diebstahls verdächtigte. »Sie sah mir nicht in die Augen, als ich sie ausfragte«, berichtete er einem Gewerkschaftsvertreter, der zu ihrer Verteidigung gekommen war. »Ich wußte, daß sie log.«

Der Gewerkschaftsvertreter, der selbst lateinamerikanischer Abstammung war, schüttelte den Kopf. »Sie verstehen nicht«, erklärte er, »daß ein wohlerzogenes Mädchen ihrer Herkunft keinen Blickkontakt zu einem Mann aufnehmen kann, der nicht mit ihr verwandt ist. Das würde schlicht als dreist aufgefaßt. Wenn sie eine gute Erziehung hat, sieht sie weg oder senkt die Augen.«

Ein Fehler wurde dank der Einsicht des Gewerkschaftsvertreters abgewendet, doch die meisten Menschen glauben, daß die Augen die Wahrheit verraten können. Wie viele Eltern haben nicht schon zu ihren Kindern gesagt: »Schau mir in die Augen, damit ich sehe, ob du nicht lügst.« Zum Nachteil für Lügenjäger ist der Augentest nicht narrensicher. Wir wenden aus einer ganzen Reihe von Gründen die Augen ab und weichen einem Blickkontakt aus. Anstandsregeln wie in dem oben genannten Beispiel sind so ein Grund. Wir können aus Traurigkeit nach unten, aus Scham nach unten oder beiseite und vor Ekel beiseite blicken.

Ein Lügner jedoch wird, wenn er einigermaßen perfekt ist, der Person, mit der er spricht, mit klarem, festem Blick in die Augen sehen. Als Kind lernte ich schnell, daß ich Erwachsenen nur in die Augen starren mußte, um überzeugend zu lügen. Mein klarer, unschuldiger Blick vergewisserte sie, daß ich die Wahrheit sagte, auch wenn die Lüge noch so groß war.

Es ist in der Tat sehr leicht, die Richtung des Blicks zu kontrollieren. Es ist schwerer, das Blinzeln zu beherrschen. Man kann absichtlich blinzeln, aber es ist auch ein unwillkürlicher Vorgang, wenn man emotional erregt wird. Dies ist ein physiologischer Hinweis, den man aufgreifen kann, so wie der Polygraph Aufregung aufzeichnet. Es ist jedoch immer noch lediglich ein Hinweis auf emotionale Erregung, nicht unbedingt auf eine Lüge.

Es gibt noch einen anderen Hinweis, der Aufgeregtheit oder

Freude verraten kann: die Erweiterung oder Verkleinerung der Pupillen. Sie entziehen sich unserer bewußten Steuerung. Es ist oft schwierig festzustellen, ob die Pupillen einer Person groß oder klein sind, wenn sie keine blauen oder grauen Augen hat, doch auf einer unbewußten Ebene bemerken wir die Veränderungen der Pupillen und reagieren darauf.
Der Psychologe Dr. Ekhard Hess hat sich lange mit den unwillkürlichen Veränderungen der Pupillengröße befaßt und ein Forschungsgebiet entwickelt, das er Pupillometrie nennt. Dr. Hess bemerkte eine Wechselbeziehung zwischen der Pupillengröße einer Person und ihrer emotionalen Reaktion. Er fand eine große Bandbreite von Reaktionen. Wenn wir emotional erregt werden, erweitern sich unsere Pupillen. Wenn wir ungehalten sind, verengen sie sich. Es ist eine kaum spürbare Reaktion, dennoch wird das Signal der Pupillengröße unterschwellig verstanden.
Ein letzter Hinweis auf Gefühle, den man in den Augen findet, sind Tränen. Tränen weisen normalerweise eindeutig auf emotionale Erregtheit hin, obwohl manche Menschen auf Befehl weinen können. Tränen sind nicht immer ein Zeichen für Traurigkeit. Sie können Zorn, Erleichterung, Kummer und auch Freude bedeuten.

Wahr oder unwahr

Fest steht: Wir können eine Lüge nur entdecken, indem wir die Zeichen einer emotionalen Störung, die die Lüge verursacht, bemerken. Diese werden im allgemeinen durch Veränderungen im autonomen Nervensystem sichtlich, welches auch die Blutgefäße kontrolliert. Wenn sich unsere Blutgefäße erweitern, erröten wir; wenn sie sich zusammenziehen, werden wir blaß. Keiner dieser Vorgänge wird bewußt gesteuert. Sie geschehen, ohne daß wir sie herbeiführen oder

auch nur wünschen. Jemand, der errötet, kann verlegen sein oder sich schämen. Jemand, der blaß wird, kann Angst haben oder wütend sein. In beiden Fällen könnte die Reaktion ausgelöst worden sein, weil die Person eine Lüge erzählt.
Schwitzen ist ein weiterer physiologischer Vorgang, der vom Nervensystem gesteuert wird, und wenn es meist eine Reaktion auf starke Hitze oder Anstrengung ist, kann es auch auftreten, wenn jemand emotionalem Druck ausgesetzt wird.
Noch andere Arten des Gesichtsausdrucks können dazu beitragen, eine Lüge zu entdecken. Am häufigsten ist das »ungleichmäßige« Gesicht. Dabei erscheint der gleiche Ausdruck auf beiden Seiten des Gesichts, ist aber auf einer Seite stärker. Dieser ungleichmäßige Ausdruck ist nach der Meinung von Wissenschaftlern ein Hinweis auf die Tatsache, daß das ausgedrückte Gefühl unecht ist.
Ein schiefer oder asymmetrischer Ausdruck ist jedoch immer noch kein eindeutiger Hinweis auf eine Lüge. Wie andere Hinweise auch ist Asymmetrie nur ein einzelnes Element in dem Arsenal, das man braucht, um einen möglichen Lügner zu beurteilen.
Ein anderes Element, mit dem man einen Lügner ertappen kann, ist die Zeit. Wie lange dauert ein Ausdruck, und wie lange braucht er, um zu erscheinen und zu verschwinden? Nach Dr. Ekmans Untersuchungen sind Ausdrucksformen, die lange dauern, zwischen fünf und zehn Sekunden, wahrscheinlich falsch, und der Subtext, den sie senden, ist, daß man ihnen nicht trauen darf. Der Ausdruck eines wahren Gefühls ist viel kürzer. Echte Emotionen bleiben nur wenige Sekunden auf dem Gesicht. Ein Ausdruck der Überraschung zum Beispiel muß, um echt zu sein, weniger als eine Sekunde dauern. Es muß etwas Flüchtiges sein.
Jeder, behauptet Dr. Ekman, ist fähig, irgendeine Art von unechten Empfindungen zu erzeugen, aber ein Lügner hat Schwierigkeiten mit der Dauer. Wenn ein Ausdruck der Wut

nach zornigen Worten folgt, ist er vermutlich falsch. Gewöhnlich zeigt sich echte Wut mit dem Moment, in dem man sie in Worten äußert, oder sogar einige Sekunden vorher. Das gleiche gilt für Symbole der Wut, die sich als Körpersprache vermitteln. Wenn ein Arbeitgeber mit der Faust auf den Tisch schlägt, um Zorn zu zeigen, und dann nach dem ersten Faustschlag seinem Zorn in Worten freien Lauf läßt, handelt es sich vermutlich um gespielten Zorn. Es sollte auch eine zeitliche Übereinstimmung zwischen dem Gesichtsausdruck und dem körperlichen Ausdruck des Zorns geben. Wenn sie nicht zusammenpassen, weiß man, daß etwas nicht stimmt.

Stanislawskij und die Maske

Obwohl es einem helfen kann, eine Lüge zu entdecken, wenn man diese Elemente wahrnimmt, ist kein Hinweis auf Täuschung im Gesicht, in der Stimme, in den Worten oder in der Körpersprache absolut sicher. Die Menschen, die am besten lügen können und damit durchkommen, benutzen häufig eine Methode, die der Stanislawskij-Schule der Schauspielkunst ähnlich ist. Sie finden eine Situation in einer vergangenen Erfahrung, entweder der Freude, Traurigkeit, Ehrlichkeit oder was sonst zur Lüge paßt, und sie holen sie in die Gegenwart herauf, so daß sie auf ihr Fühlen abfärbt, und dieses Fühlen geht in die Lüge ein.

Mit Hilfe dieser Methode haben sie das emotionale Material gefunden, daß der Lüge entspricht, und dann ist die Chance geringer, daß sich irgendwelche wahren Gefühle zeigen. In gewissem Sinn glauben sie die Lüge – oder wenigstens die Gefühle, die die Lüge begleiten sollten. In einem Punkt ähneln sie pathologischen Lügnern, die ihre eigenen Lügen glauben.

Der Lügner, der weder die Stanislawskij-Methode anwendet noch seine eigene Lüge glauben kann, kann die Wahrheit am

besten verbergen, indem er sich eine Art Maske überstülpt und lächelt.
Ich arbeitete einmal für einen Unternehmensleiter, der ernsthafte gesundheitliche Probleme hatte, als die Firma gerade mitten in wichtigen Verhandlungen steckte. Dem Direktor war klar, daß er nicht wagen durfte, seine körperliche Schwäche oder die starken Schmerzen zu zeigen. Als Maske, hinter der er seine wirklichen Gefühle verbarg, lächelte er ständig. Obwohl es Hinweise gab, daß sein Lächeln unecht war, wurden sie von den Verhandlungspartnern nicht aufgegriffen, und er trotzte erfolgreich seinen körperlichen Problemen, ohne daß jemand etwas davon erfuhr.
Der beste Lügner hält sich so eng wie möglich an die Wahrheit. Er erfindet niemals komplizierte Szenarien. Statt dessen erzählt der Lügner soviel wie möglich von der Wahrheit und flicht dann eine kleine Lüge an der Stelle ein, auf die es ankommt.
Eine andere Methode von Lügnern ist es, die Wahrheit so ungeheuerlich klingen zu lassen, daß der Zuhörer sie als Lüge abtut. Ein Angestellter, den man mit der Leiterin einer Konkurrenzfirma beim Essen gesehen hatte, wurde von seinem Chef zur Rede gestellt: »Hat sie versucht, Sie abzuwerben?« Genau das hatte sie versucht, aber anstatt zu protestieren, lachte der Angestellte. »Klar, und sie hat mir drei Millionen im Jahr und drei Monate Urlaub geboten.« Eine offenkundig unsinnige Lüge, aber sie erfüllte ihren Zweck, weitere Fragen abzustellen.

Gesten und Manipulatoren

Bestimmte Gesten begleiten die Sprache. Hände werden benutzt, um einen Satz zu formen, ein Bild in die Luft zu zeichnen, zu verstärken oder zu leugnen, was wir sagen. Manche Kulturen, wie schon erwähnt, verwenden mehr

Handbewegungen als andere; andere wiederum beschränken sich sehr in ihrer Gestik.
Ein wichtiger Hinweis liegt in dem Tempo, mit dem die Gesten gemacht werden. Wir erhöhen die Zahl der Gesten, wenn uns einer nicht versteht oder wenn wir wütend, empört oder aufgeregt sind. Wir verwenden weniger Gesten, wenn wir unsicher bei etwas sind, was wir sagen, oder wenn wir eine Rede zum dritten oder vierten Mal wiederholen.
Die Gesten nehmen auch ab, wenn wir vorsichtig sind mit dem, was wir sagen.
Wir können vorsichtig sein, wenn das, was wir sagen, wichtig ist, wenn wir einen guten ersten Eindruck machen wollen oder in vielen anderen Situationen, Situationen, in denen wir lügen, mit eingeschlossen. Wenn wir keine geübten Lügner sind, wenn unsere Lüge nicht einstudiert ist oder wenn die Lüge starke Emotionen weckt, nehmen unsere Gesten ab. Der Mensch, der hofft, eine Lüge zu entdecken, muß freilich zuerst wissen, wie der verdächtigte Lügner Gesten benutzt und ob er außer bei der möglichen Lüge in anderen Dingen unsicher ist.
Dr. Ekman erwähnt noch andere mögliche verräterische Hinweise beim Aufdecken von Lügen. Es gibt Augenblicke, in denen eine Hand manche Teile des Körpers streichelt, massiert, zupft, kratzt oder sonstwie betastet. Er nennt diese Bewegungen Manipulatoren. Sie dauern vielleicht nur kurz, oder sie gehen minutenlang weiter. Bei manchen Leuten wird über das Haar gestrichen, am Ohr gezupft oder der Körper gekratzt. Manchmal zeigt sich eine Lüge darin, daß das Haar um den Finger gedreht wird, mit dem Fuß geklopft wird, die Finger gerieben werden oder irgendeine andere nervöse Bewegung gemacht wird.
Diese unruhigen Bewegungen kommen normalerweise vor, wenn sich jemand unwohl fühlt – oder wenn er lügt. Hier bleiben einige Zweifel, denn wenn viel auf dem Spiel steht,

wenn die Lüge wichtig ist, können die Manipulatoren zurückgehen. Dies geschieht, wenn der Lügner merkt, daß das nervöse Gezappel als Beweis einer Täuschung betrachtet wird. Aber bei alltäglichen Lügen nehmen die Manipulatoren eher zu, und das gesendete Signal heißt: »Diese Person lügt.« Insgesamt gibt es keine eindeutigen Zeichen, Signale, Gesichtsausdrucksformen oder Gesten, die einen Lügner mit absoluter Sicherheit entlarven. Aber es gibt viele kleine Hinweise auf emotionale Erregung, die oft, wenn auch nicht immer, mit Lügen verbunden ist.

Um einen Lügner zu ertappen, gab Schopenhauer den Rat, bei dem entsprechenden Verdacht so zu tun, als glaube man der Person. Dadurch werde sie ermutigt fortzufahren, sie werde in ihren Behauptungen noch dreister und verrate sich so am Ende selbst.

8 Aspekte der Macht

Der Mann, der Macht mißverstand

»Diese Stelle«, sagte mein Freund Pete zu mir, »möchte ich wirklich haben, und bei Gott, ich werde sie bekommen. Ich bin für das Einstellungsgespräch morgen früh richtig auf Erfolg getrimmt!«
Die Stelle lag genau in Petes Richtung, da es um ein computergestütztes Zeichenprogramm (CADD) ging. Er konnte mit Computern umgehen und hatte nur noch ein Jahr bis zu seinem Studienabschluß als Ingenieur.
»Ich habe meine Hausaufgaben gemacht«, versicherte er mir.
Ich nahm an, er habe einen Auffrischungskurs in CADD gemacht, aber ich lag falsch, denn er erklärte mir: »Ein Einstellungsgespräch heutzutage ist ein Zweikampf um die Macht. Ich habe mich gründlich darauf vorbereitet. Ich habe *Macht durch Kleidung, Wie man es allein schafft* und *Weg zum Erfolg* gelesen. Ich habe sämtliche Bücher gelesen, und ich werde es denen morgen zeigen!«
Eine Woche später lief mir Pete über den Weg, und ich fragte: »Hast du die Stelle bekommen?«
Pete seufzte tief. »Ich weiß es nicht. Ich habe mir solche Mühe gegeben – ich trug einen perfekt sitzenden Anzug, einreihig mit Weste, anthrazitgrau, dazu ein weißes Hemd. Weiß ist immer gut, heißt es in den Büchern. Ich wollte konservativ erscheinen, eine Botschaft von Würde und Stärke senden.«

»Ich verstehe. Du hast dich auf Erfolg angezogen.«
»Genau. Ich trug sogar eine kastanienbraune Krawatte.«
»In diesem Aufzug«, fragte ich vorsichtig, »konnte es doch nicht danebengehen?«
Er sah mich finster an. »Ich ging zu dem Gespräch in das Büro des Chefs, und was glaubst du, was er trug?«
Ich nickte. »Natürlich. Die gleiche Aufmachung? Oder hat er sich auf mehr Macht gekleidet?«
»Falsch! Er trug Turnschuhe und Jeans und ein T-Shirt! Und er schwang einen Golfschläger. Fummelte während des ganzen Gesprächs damit herum.«
Ich schüttelte den Kopf. »Wirklich?«
»Ich nahm die Machtposition ein, als wir uns setzten«, sagte Pete versonnen.
»Was heißt das?«
»Fester Sitz, aufrecht und ruhig. Zappelei verrät innere Schwäche, also saß ich steif da und richtete die Augen auf ihn. Fester Blickkontakt also. Angeblich funktioniert das immer.«
»Und hat es gewirkt?«
Pete zuckte die Achseln. »Er fummelte immerzu mit diesem Golfschläger herum. Er nahm meine Kleidung einfach nicht nur Kenntnis. Was für eine Enttäuschung.«
»Und nun, Pete?«
»Hm . . .« Er biß sich auf die Lippen. »Ich habe mir gerade dieses Buch über Macht durch Einschüchterung vorgenommen. Beim nächstenmal probiere ich es vielleicht mit einem marineblauen Anzug und einer gelben Krawatte . . .«
Armer Pete. Er hatte ein einfaches Problem. Er verstand im Grunde nicht, was Macht ist. Er ging davon aus, daß der Subtext von Macht die Macht ist. Er hatte gelesen, daß mächtige Männer sich in einer bestimmten Weise kleiden, und er hatte den falschen Schluß gezogen, daß es ihm Macht geben würde, wenn er sich nur so kleidete.

Macht ist freilich etwas Tiefgründigeres als die Art und Weise, wie man sich kleidet, wie man sich bewegt oder hinsetzt. Pete wurde aus dem Tritt gebracht, als er auf einen jener seltenen Männer stieß, die sich für das Drum und Dran der Macht, das Pete erwartet hatte, nicht interessieren.
Der Chef, bei dem er sich vorstellte, verfügte über so viel Macht, daß er auf das Äußere überhaupt nicht zu achten brauchte. Er konnte sich kleiden, wie er Lust hatte, sich verhalten, wie es ihm gefiel, mit etwas herumspielen, wenn er wollte. Pete hatte keine Möglichkeit, irgendwelche Machtspiele mit so einem Mann zu spielen.
Die einzige Macht, über die Pete verfügte, war seine Kenntnis des CADD. Diese »Macht« verhalf ihm schließlich zu einer ausgezeichneten Stelle. Er hatte der Sekretärin des Chefs seinen Lebenslauf dagelassen, und sie schickte ihn in die Personalabteilung. Dort erkannte man seine Stärke, und er wurde noch einmal zu einem Gespräch aufgefordert.
»Vergiß, was du über Macht gelesen hast«, riet ich ihm. »Sei ganz normal, und spiele keine Spielchen.«
»Meinst du wirklich, ich soll keinen marineblauen Anzug mit gelber Krawatte tragen?«
»Möchtest du die Stelle, Pete?«
»Das weißt du doch.«
»Bist du in CADD gut?«
»Spitze.«
»Okay, dann will ich dir einen guten Rat geben. Verkaufe alle Bücher über Macht, und kaufe ein paar Kleidersäcke und Mottenkugeln.«
Er sah mich verblüfft an. »Warum?«
»Um deine Sachen wegzupacken. Zieh dich an, wie du dich am wohlsten fühlst, selbstverständlich geschmackvoll. Der Mann, der das Gespräch führt, hat mehr Macht als du. Konzentriere dich auf eines. Auf dein Können in CADD.«
»Meinst du, das klappt?«

»Es wird besser klappen als deine anderen Versuche.« Und ich behielt recht. Pete bekam die Stelle und ist glücklich bei der Arbeit, die er am besten beherrscht.

Ein Spieler der alten Schule

Das Wort *Macht* wird ziemlich wahllos gebraucht, und viele verwechseln wie Pete Macht mit ihren Subtexten. Das Wörterbuch definiert Macht als »Befugnis, den eigenen Willen gegen Widerstände durchzusetzen, Herrschaft, Befehlsgewalt«. Aber eine andere, zweite Definition ist »Mittel und Möglichkeiten, etwas zu bewirken«.

Letzteres ist der eigentliche Kern der Macht. Petes Macht liegt in seiner Beherrschung des CADD. Es ist eine Begabung, die ihm eine einmalige Stärke gibt. Aber die Art von Macht, von der Pete in vielen Ratgebern gelesen hatte, ist die Macht, die sich mit Einfluß, Kontrolle und Befehlsgewalt befaßt.

Baron John Acton, der in der zweiten Hälfte des 19. Jahrhunderts lebte, schrieb hierzu: »Macht neigt dazu, zu korrumpieren, und absolute Macht korrumpiert absolut.« In der Welt der Wirtschaft nimmt die korrumpierende Tendenz der Macht oft die Form eines anrüchigen Spiels an.

Ich arbeitete in einer kleinen Firma für einen Chef, der solche Machtkämpfe liebte. Eines seiner Lieblingsspiele nannten wir »Licht wegnehmen«. Er stellte sich dazu einfach neben den Schreibtisch eines Mitarbeiters und blieb wortlos stehen. Eine junge Frau berichtete: »Er nahm mir das Licht weg. Er stand bedrohlich über mir wie ein riesiger Raubvogel, sagte nichts, sah nur zu. Wenn ich gerade telefonierte, egal mit wem, mußte ich murmeln: ›Ich rufe zurück‹ und auflegen und ihm meine volle Aufmerksamkeit widmen.«

Er hatte noch ein anderes Lieblingsspiel. Bill, einer der Verkäufer, nannte es »Niemand ist am Telefon«. Er war selbst eines seiner Opfer: »Er rief mich an, wenn er wußte, daß ich zum Mittagessen fort war, und ließ eine Nachricht bei meiner Sekretärin. Wenn ich versuchte, ihn zurückzurufen, war er regelmäßig in einer Konferenz.

Ich hinterließ eine Nachricht, daß ich angerufen hatte, und er meldete sich todsicher, wenn er wußte, daß ich nicht am Schreibtisch war. Er mußte jeden Schritt, den ich tat, registriert haben. Ich rief zurück, und genau dann war er ›unerreichbar‹.

Das konnte Tage so weitergehen, und wenn ich ihn auf dem Gang traf und fragen wollte, was er wünschte, oder einen Termin ausmachen wollte, eilte er schlecht gelaunt vorbei. ›Rufen Sie mich doch an, Bill.‹ Es zermürbte mich allmählich!«

Bill ließ sich jedoch nicht lange auf das Spiel ein. Er war ein guter Verkäufer, und das gab ihm Macht. Er sah sich unauffällig um und fand eine bessere Stelle. »Das tat ich, während ich noch bei dem alten Spieler arbeitete«, erzählte er mir. »Als ich ihn das nächstemal anrief und er ›nicht erreichbar‹ war, sagte ich seiner Sekretärin: ›Gut, er weiß ja, wo er mich findet!‹«

Ich mußte lachen, als ich mir das Gesicht des Chefs vorstellte, wenn er das hörte. »Wie hat er reagiert?«

Bill zuckte die Achseln. »Das war komisch. Ihm muß aufgefallen sein, daß es mir egal war. Er machte eine Kehrtwendung und wurde sehr respektvoll. Ich merkte, daß er mich brauchte, und wenn ich gewollt hätte, hätte ich hier Boden gutmachen können.«

»Hast du es ausgenutzt?«

»Nein.« Bill schüttelte den Kopf. »Ich mag solche Spiele nicht. Ich kündigte und trat eine Woche später die neue Stelle an.«

Von Zeit und Telefon

Bill hatte Glück, daß er über die Macht verfügte, loszugehen und eine andere Arbeit zu suchen. Viele Leute hingegen müssen lernen, wie sie mit den Machtspielern fertig werden – müssen sich wehren oder unterwerfen. Jede Menge von Machtspielen finden an einem Arbeitsplatz statt. Eine häufige Masche ist das Spiel mit der Zeit.

In den Vereinigten Staaten wird es als normal angesehen, wenn man bei einem geschäftlichen Termin fünf Minuten warten muß, um jemanden zu sprechen. Wenn jemand einen Kunden länger als zehn Minuten warten läßt, ist die Aussage klar: »Meine Zeit ist wertvoll.«

15 Minuten bedeuten: »Ich bin wichtiger als Sie.« 20 Minuten: »Ich verachte Sie!« Eine halbe Stunde: »Sie sind eine Belästigung. Ich empfange Sie nur, weil ich muß.« 30 oder 40 Minuten sind eine ungewöhnlich lange Wartezeit. Sie enthält einen klaren und nicht gerade freundlichen Subtext: »Ich halte sehr wenig von Ihnen. Ihre Zeit ist nicht wichtig.«

Wenn jemand dagegen sofort aus seinem Büro herauskommt, sobald ein Kunde gemeldet wird, und ihn bittet einzutreten, signalisiert er: »Sie sind eine sehr wichtige Person. Ihre Zeit ist wertvoller als meine oder genauso wertvoll.«

Solche Zeiten und ihr Verhältnis zum Subtext sind ein Teil unserer Kultur. In romanischen Ländern dagegen kann es sein, daß man 45 Minuten warten muß, ohne daß es übertrieben erscheint. In manchen Gegenden des Orients werden Verabredungen, die mehr als eine Woche im voraus gemacht werden, sogar oft vergessen. Wenn Sie zu einem Termin erscheinen, der nicht eingehalten wird, versteht die andere Seite vielleicht überhaupt nicht Ihre Verärgerung oder den Subtext, den Sie daraus ablesen. Wenn nordamerikanische Geschäftsleute in verschiedenen Kulturen geschäftlich zu tun haben, müssen sie diese kulturell bedingten unterschiedlichen

Zeitvorstellungen verstehen und sich klarmachen, wie die Subtexte sich von unseren unterscheiden.
Wenn man die Bedeutung von Zeit und Warten versteht, kann man andere Menschen manipulieren und beleidigen, ohne ein Wort der Kränkung zu äußern. Es ermöglicht einem auch, Respekt zu zeigen. In unserer Gesellschaft steht die Zeit, die Sie jemanden warten lassen, in einem direkten Verhältnis zu Ihrer Auffassung vom Status dieser Person.
Ein anderer subtiler Subtext der Macht wird durch das Telefon vermittelt. Wie lange dauert es, bis Sie einen Anruf beantworten? Rufen Sie überhaupt zurück? Wenn Sie mit einem Kunden zusammensitzen und die Besprechung von häufigen Anrufen gestört wird, kann die Botschaft sein: »Ich bin eine wichtige Person.« Es ist ein gefährlicher Trick, denn er kann leicht damit enden, daß der Kunde verärgert ist.
Ich arbeitete einmal mit einem Mann zusammen, der einen Kollegen zu einer Besprechung in sein Büro bat und es immer schaffte, gerade zu telefonieren, wenn der andere eintraf. Er bat dann den Kollegen mit einer Handbewegung, Platz zu nehmen, lächelte entschuldigend und nickte weitere fünf Minuten ins Telefon. Sein Kollege verstand das Signal: »Ich bin ein sehr beschäftigter Mann, ich habe keinen Augenblick für mich.«
Während diese Spiele im allgemeinen von Leuten gespielt werden, die in der Geschäftswelt nach oben kommen wollen, gibt es viele Menschen in Machtpositionen, die ihre Stärke nicht mißbrauchen, die ihre Untergebenen anständig behandeln und die sich nicht in Machtspiele hineinziehen lassen.
Was unterscheidet Menschen, die anscheinend mit der Macht umgehen können und sich nicht auf künstliche Subtexte verlassen müssen, von solchen, die nicht damit umgehen können und ständig ihr Image aufpäppeln müssen? Eine mögliche Antwort könnte eine Untersuchung ergeben, die zur Zeit von einem Team junger Soziologen an einer größeren Universität durchgeführt wird.

»Wir haben Personen untersucht, die nicht ungezwungen mit Macht umgehen können«, berichtete mir der Leiter der Forschungsgruppe. »Wir erstellen Persönlichkeitsprofile von ihnen und vergleichen die Ergebnisse mit den Profilen anderer Personen, die keine Schwierigkeiten mit der Macht haben.«
»Was haben Sie herausbekommen?« fragte ich.
»Es ist zu früh für sichere Resultate, aber vorläufige Ergebnisse scheinen zu zeigen, daß Menschen, die klug mit Macht umgehen, in ihrer Persönlichkeit sicherer sind und mit dem Leben überhaupt besser fertig werden.«
»Ich glaube, das hätte ich allein durch Beobachtung herausbekommen können«, sagte ich.
»Sicher könnten Sie das, aber wir möchten eine wissenschaftliche Bestätigung.«
Auch wenn seine Forschungen ergeben, daß sichere Menschen besser gerüstet sind, mit Macht umzugehen, wird es die Anziehungskraft der Macht auf die Unsicheren nicht schmälern.

Ihr Machtprofil

Es ist nichts Falsches daran, eine machtvolle Stellung innehaben zu wollen. Manche Menschen haben ein Bedürfnis danach und sind in der Lage, mit Macht umzugehen. Wenn Sie Macht wünschen und brauchen, wie stellen Sie es an, sie zu bekommen?
Die Frage, ob Sie in jeder Situation nach Macht streben, ist eine sehr persönliche, und die Antwort muß sich auf Ihre individuelle Machtmotivation stützen, auf Ihr eigenes Machtprofil.
Es gibt Grundsätze, die Ihnen helfen können, Ihr Machtprofil zu ermitteln und die Richtung zu entdecken, die Sie einschla-

gen sollen: Werden Sie damit zufrieden sein, Befehlsempfänger zu sein? Sollten Sie danach streben, eine leitende Position einzunehmen? Oder sollten Sie unabhängig und neutral bleiben?
Anhand des folgenden Tests können Sie Ihr Verhältnis zur Macht herausfinden. Versuchen Sie, die Fragen zu beantworten, indem Sie so ehrlich wie möglich entscheiden, wie Sie in den jeweiligen Situationen reagieren würden.

Introvertiert oder extravertiert

Menschen, die mit Macht nichts anfangen können, sind häufig introvertierte Menschen. Sie sind im allgemeinen kreativ, ungeachtet ihres Betätigungsfelds, und oft sind sie unabhängig und fähig, Zeit allein zu verbringen.
Extravertierte Menschen sind praktischer veranlagt. Sie fühlen sich sehr wohl in Gesellschaft und lenken gern andere Menschen. Sie können auch gut mit Macht umgehen, genießen sie und wünschen sie sich im allgemeinen.
Als erster Schritt müssen Sie nun herausfinden, ob Sie ein introvertierter oder extravertierter Mensch sind. Die Beantwortung der folgenden Fragen gibt Ihnen einen gewissen Einblick in Ihre Persönlichkeit, ob Sie Macht anstreben sollten oder ob Sie schlecht beraten wären, es zu versuchen. Lesen Sie jede Situation und die drei möglichen Lösungen, dann suchen Sie die Antwort aus, bei der Sie sich am wohlsten fühlen.

Liebe und Ehe
Stellen Sie sich folgendes vor: Sie haben eine gute berufliche Stellung und wissen ungefähr, in welchen Bahnen sich Ihr Leben abspielen soll. Die Singles-Szene interessiert Sie nicht mehr. Es ist an der Zeit, sich für einen Partner zu entscheiden. Was für eine Art von Lebensgefährten möchten Sie?

(A) Er oder sie muß vollkommen sein: gutaussehend, begabt, interessant, mit ausgezeichnetem Geschmack und bester Herkunft. Jemand, der Sie antreiben wird – immerzu!

(B) Gutaussehend? Klar, und mindestens so gescheit wie Sie, aber vor allem jemand, mit dem Sie auskommen können.

(C) Aussehen? Charakter? In Ordnung, aber zuerst jemand, der Sie unterstützen kann, ein Aktivposten. Ein gutes Erwerbsvermögen tut nicht weh. Man kann sich genauso leicht in eine reiche Person verlieben wie in eine arme, aber es muß jemand sein, auf den Sie stolz sind, wenn Sie gemeinsam die Straße hinuntergehen, jemand mit Klasse, jemand, den jeder beneiden wird.

Wo wollen Sie wohnen?

Man hat Ihnen mehrere Apartments gezeigt. Das letzte ist groß, geräumig, mit hohen Decken und einem funktionierendem Kamin. Doch die Fenster sind alt und verzogen, die Installationen sind in schlechtem Zustand, und die Küche ist unpraktisch. Der Teppich müßte ersetzt werden, aber die Miete ist niedrig, und das Viertel ist sehr gut.

(A) Sie nehmen die Wohnung ohne langes Zögern. Allein die Aussicht ist das Geld wert, und die hohen Decken haben etwas Vornehmes. Der eigentliche Trumpf ist der Kamin.

(B) Gewiß, die Aussicht, der Kamin und die hohen Decken sind toll, aber denken wir einmal an die Kosten – der Boden, die Installation und die Küche. Was wird das kosten, alles in Ordnung zu bringen? Sie möchten die Pros und Kontras abwägen, bevor Sie überstürzt einen Mietvertrag unterschreiben.

(C) Es ist ein gutes Geschäft, wenn man das, was herzurichten ist, mit der niedrigen Miete vergleicht. Sie greifen zu.

Die Adresse ist gut und wird die Leute beeindrucken. Die Wohnung ist gut für Ihr Image, und wenn sie erst aufgemöbelt ist, wird sie elegant aussehen.

Der Urlaub

Sie und Ihr Ehepartner haben endlich genug Geld für diesen lange herbeigesehnten Urlaub zusammengebracht. Die Frage ist, wohin Sie reisen.

(A) Sie entscheiden sich für den Club Internationale und die Reise nach Tahiti und einige exotische Inseln in der Nähe. Gewiß, die meisten Clubmitglieder sprechen nicht Deutsch, und es ist sehr teuer, aber Tahiti klingt wirklich romantisch, und jene fernen Orte . . .!

(B) Sie entscheiden sich für eine kanarische Insel. Sie ist leicht erreichbar, und der Preis stimmt. Sie hat herrliche Strände und ist nicht zu überlaufen.

(C) Es kostet mehr, als Sie ausgeben wollten, aber Sie buchen im berühmten alten Kurhotel. Alle Annehmlichkeiten sind im Preis eingeschlossen – auch sämtliche Freizeitangebote –, deshalb ist es ein praktischer Ort zum Erholen und Vergnügen. Außerdem ist es dieses Jahr »in«, und Sie kennen einige sehr wichtige Leute, die dort sein werden.

Die Kinder

Sie und Ihr Ehepartner sind fast dreißig, und die biologische Uhr steht nicht still. Sie haben einen Abend bei guten Freunden und ihrem neugeborenen Baby verbracht, und Sie kommen nachdenklich nach Hause. Sie beschließen, darüber zu sprechen, Ihre eigenen wundervollen Gene weiterzugeben.

(A) Sie möchten ein Haus voll lieber Kinder – oder wenigstens fünf, oder aber Sie treten überzeugt für ein Nullwachstum der Bevölkerung ein und möchten vielleicht überhaupt keine Kinder haben.

(B) Gewiß, Babys sind ein großes Wunder, und Sie planen sie jetzt ein. Mindestens zwei, im Abstand von zwei Jahren.

(C) Stimmt, das Baby Ihrer Freunde war ein goldiges Ding, aber Sie möchten nichts überstürzen. Sie denken an Ihr Einkommen und was ein Baby für jemanden in Ihrer Position bedeuten wird.

Bewertung

Bei diesen wenigen Beispielen ist (A) die Einstellung, die ein introvertierter Mensch am wahrscheinlichsten zeigen würde. Wenn Sie dazu neigen, diesen Weg einzuschlagen, sind Ihre eigenen emotionalen Reaktionen am wichtigsten für Sie. Macht ist etwas, worauf Sie leicht verzichten können.

Wenn die meisten Ihrer Antworten in die Kategorie (C) fallen, dann sind Sie ein extravertierter Mensch, praktisch, abwägend und gut organisiert. Sie genießen die Macht vermutlich und können damit umgehen.

Wenn Sie wie die meisten Menschen in die Kategorie (B) fallen, können Sie in beide Richtungen gehen und je nach der Lage der Dinge als introvertierte oder extravertierte Person handeln. Wenn Sie mit Macht in Berührung kommen, können Sie mit ihr umgehen, aber wahrscheinlich ist, daß Sie nicht nach ihr suchen.

Ihr Dominanzquotient

Jetzt wissen Sie, ob Sie ein eher introvertierter oder extravertierter Mensch sind. Doch das ist nur der erste Schritt, Ihre Fähigkeit im Umgang mit Macht zu begreifen. Es gibt noch andere Wesenszüge zu berücksichtigen. Was ist Ihr »Dominanzquotient«, Ihr DQ? Was wissen Sie über Ihr Bedürfnis, andere zu beherrschen? Es liegt auf der Hand, daß Sie, wenn Sie eine Situation beherrschen wollen, auch Macht anstreben. Wenn Sie sich nichts aus Dominanz machen, haben Sie normalerweise auch kein Verlangen nach Macht. Auch in diesem Test sind wieder verschiedene Situationen und unterschiedliche Reaktionsweisen auf sie angeführt. Wählen Sie die aus, die am besten zu Ihnen paßt.

Das Gespräch
Eine Gruppe von Freunden sitzt im Wohnzimmer und unterhält sich über Gott und die Welt, kommt aber dabei auf einige reizvolle Themen zu sprechen. Sie sind ganz entspannt und fühlen sich wohl.

(A) Sie hören mehr zu, als daß Sie selbst reden, und Sie sind davon überzeugt, daß Sie von dem Abend profitieren. Manche komplizierten Dinge, bei denen Sie unsicher waren, scheinen jetzt klarer. Sie genießen den Abend wirklich.

(B) Sie hören zu, was die anderen sagen, zögern aber nicht, Ihre eigenen Ansichten beizusteuern. Sie geben sicher ebensoviel, wie Sie erhalten. Am Ende haben Sie das Gefühl, viel gelernt zu haben, aber daß Sie auch einigen anderen die Augen geöffnet haben.

(C) Sie reden viel mehr, als Sie zuhören, weil Sie einige wichtige Dinge zu all diesen Themen zu sagen haben, und Sie wissen, daß die andern Ihre Ansicht dazu hören möchten. Sie müssen sogar oft irgendwelche unwichtigen Reden unterbrechen, um Ihre eigene Meinung loszuwerden, aber sie ist es wert.

Ums Futtern
Der Film war prima, und jetzt will Ihre Gruppe entscheiden, wohin sie zu einem gepflegten Essen gehen soll.

(A) Sie hören sich alle Empfehlungen an und hoffen, daß einer einen guten Vorschlag macht.

(B) Sie hören alle an, auch den Spinner, der 20 Kilometer zu diesem »phantastischen Restaurant« fahren möchte. Dann schlagen Sie das kleine italienische Lokal vor, daß seine Pasta selbst herstellt. Am Ende sind Sie mit dem einverstanden, was sich am besten anhört.

(C) Sie denken gar nicht über diese Lokale nach. Sie kennen dieses tolle Lokal mit dem Holzkohlengrill, wo die Steaks nicht von dieser Welt sind. Sie bestehen darauf, daß alle mitkommen, weil Sie wissen, daß es ihnen gefallen wird.

Im Beruf

In Ihrer Abteilung ist es nicht so gut gelaufen, ohne daß jemand daran schuld wäre, und jetzt kommt einer der leitenden Angestellten mit einer Wahnsinnsidee, die alles herausreißen könnte – falls sie funktioniert.

(A) Die Idee sieht auf dem Papier gut aus, aber wenn Sie sie ausprobieren und es schiefgeht, sitzen Sie ganz schön in der Tinte. Warum also das Risiko eingehen?

(C) Es scheint ein guter Plan zu sein, und Sie glauben, daß er wahrscheinlich zu verwirklichen ist, aber warum sollen ausgerechnet Sie das Risiko auf sich nehmen? Lassen Sie darüber abstimmen, und sehen Sie, was die andern davon halten. Sie werden sich nach ihren Vorschlägen richten.

(C) Es ist ein guter Plan, und Sie wissen, daß er gelingen wird. Warum sollten Sie ihn nicht sich als Verdienst anrechnen lassen? Sie setzen sich vehement für den Plan ein und überzeugen alle andern von Ihrem Standpunkt.

Bewertung

Die Bewertung ist hier ähnlich wie bei dem Test über introvertiert oder extravertiert. Wenn Sie sich entsprechend (A) verhalten, sind Sie am wenigsten dominant und fühlen sich vermutlich unwohl im Umgang mit Macht. Der Personentyp (C) ist der dominanteste, hat den höchsten DQ und wird die Macht suchen, wo immer möglich.
Die große Mehrheit fällt unter (B). Sie nimmt Macht an, sucht sie aber nicht. Sie widersteht der Beherrschung durch andere, versucht aber selten, selbst zu dominieren.

Aggression

Aggression ist das dritte Element, das bestimmt, wie wohl Sie sich im Umgang mit Macht fühlen. Diese Reihe von Fragen soll Ihnen helfen, Ihr Maß an Aggression zu erkennen.

Die Kinoschlange
Es ist angeblich ein toller Streifen, und Sie warten seit Wochen, daß er in der Stadt anläuft. Sie stehen in der Kartenschlange, und was für eine Schlange! Die Straße runter und um die Ecke. Als Sie sich umdrehen, um zu sehen, wie lang die Schlange ist, drängt sich ein Typ vor Ihnen ein!

(A) Sie sind wirklich baff, aber Sie sind weit genug vorn, um noch einen Platz zu bekommen, warum sollten Sie also einen großen Wirbel machen? Das würde nur schlechte Stimmung schaffen. Besser darüber wegsehen.

(B) Gewiß, es gibt noch genügend Plätze, und vermutlich ist es sowieso egal, aber warum soll man es dem Blödmann durchgehen lassen? Sie sagen nichts direkt zu

ihm, aber Sie sagen zu Ihrem Hintermann ziemlich laut, daß es ein billiger Trick ist, sich vorzudrängeln, und daß gebildete Menschen das nicht tun.
(C) Was soll denn das, denken Sie, und tippen ihm auf die Schulter und sagen: »Hören Sie mal, ich war zuerst da, stellen Sie sich gefälligst hinter mich, wenn Sie einer reinläßt. Vor mir haben Sie jedenfalls nichts zu suchen!«

Der Kellner mit dem Wasser

Sie befinden sich in einem Restaurant, und nachdem der Kellner Ihre Bestellung aufgenommen hat, bitten Sie ihn um ein Glas Wasser. Er beginnt, das Essen aufzutragen, ohne das Wasser zu bringen, und Sie bitten noch einmal darum. Wieder vergißt er es, und sein Benehmen ist sehr unfreundlich. Endlich, wenn auch sehr ungnädig, bringt er das Wasser, aber Ihnen ist inzwischen der Durst ziemlich vergangen.
(A) Sie sind wirklich ungeheuer wütend, aber wer würde schon gern eine Szene machen? Sie geben kein Trinkgeld, um zu zeigen, was Sie denken.
(B) Sie warten nicht, bis das Essen serviert ist. Sowie Sie merken, daß dieser Kellner unfreundlich ist und den Service auf ein Minimum beschränkt, stehen Sie auf und verlassen das Restaurant.
(C) Sie sagen dem Kellner in deutlichen Worten Bescheid und lassen den Chef oder Geschäftsführer kommen, erklären die Situation und verlangen eine Entschuldigung und einen anderen Kellner.

Die neuen Nachbarn

Das leerstehende Haus nebenan ist endlich verkauft worden, und eine neue Familie ist eingezogen. Sie scheinen etwa in Ihrem Alter zu sein.
(A) Sie warten ab, bis sich ganz natürlich eine Situation ergibt, die neue Familie zwanglos kennenzulernen.

(B) Sie organisieren eine kleine Party, zu der Sie die Neuen zusammen mit den anderen Nachbarn einladen. Hinterher können Sie Ihre Eindrücke vergleichen und feststellen, ob es nette Leute sind.

(C) Sobald der Möbelwagen weg ist und die Vorhänge hängen, gehen Sie mit einer Flasche Wein hinüber, stellen sich vor und heißen sie in dem Viertel willkommen.

Bewertung

Mittlerweile kennen Sie das Prinzip. (C) ist das Zeichen für ein hohes Maß an Aggression. Wenn Sie sich bei den Lösungen unter (A) am wohlsten fühlen, können Sie ziemlich sicher sein, daß Macht nichts für Sie ist. Die Mehrzahl paßt in die Mitte, zu (B). Sie hat eine aggressive Einstellung, aber sie beherrscht nicht ihr Leben. Sie kann mit Macht umgehen, aber sie braucht oder sucht sie nicht.

Die anderen führen

Das vierte Element der Macht schließlich ist Führerschaft. Menschen mit einem Drang zur Macht fühlen sich am glücklichsten, wenn sie die Herde führen. Eine persönliche Abneigung gegen Führerschaft heißt jedoch nicht, daß man gegenüber der Macht anderer klein beigibt.

Die Unternehmensleiterin
Sie sind leitender Angestellter in einem großen Unternehmen, und Sie sind gerade von einer Besprechung mit der Unternehmensleiterin zurückgekommen. Sie hat die Ziele für das kommende Jahr umrissen, und während Sie zuhörten, wurde Ihnen die ungeheure Anspannung klar, unter der sie steht, um

diese Ziele zu erreichen. Allein im Büro, rekapitulieren Sie die Besprechung.

(A) Diese Frau hat wirklich einen harten Job, und sie tut es aus freien Stücken! Wer möchte einen derartigen Druck? Sie arbeiten zufrieden auf Ihrer Ebene.

(B) Es besteht kein Zweifel, daß die Unternehmensleiterin zu schwer arbeitet. Ist das überhaupt so gut für das Unternehmen? Sie sollte es etwas gelassener angehen und ihrem Personal etwas von dem Druck abtreten.

(C) Sie ist eine harte Arbeiterin, und sie tut mir leid. Eines Tages erreiche ich ihre Position und muß das gleiche durchmachen. Es muß irgendwelche Techniken geben, die ich jetzt schon lernen könnte, um es mir leichter zu machen, wenn es soweit ist.

Die Methode

Eine Frau, die unter Ihnen arbeitet, hat eine vielversprechende, aber noch nicht erprobte Methode für eine wesentliche Arbeit vorgelegt. Sie hat Ihnen eine Notiz darüber geschickt.

(A) Sie wissen eigentlich nicht, ob die Methode funktionieren wird oder nicht, deshalb danken Sie ihr für die Idee und heften die Notiz ab.

(B) Die Methode ist interessant, aber warum etwas Neues riskieren, wenn das, was Sie tun, funktioniert? Dennoch sollten es, wenn es lohnend klingt, andere prüfen. Sie leiten sie weiter nach oben.

(C) Die Methode, merken Sie, könnte Ihrer Abteilung nützen und auch Ihnen helfen. Sie beschließen, sie genauer zu betrachten und vielleicht durchzuführen.

Der Auftrag

Sie arbeiten in einem großen Unternehmen, und ein Abteilungsleiter gibt Ihnen einen Auftrag, der Ihnen problematisch erscheint. Wie verhalten Sie sich?

(A) Allein die Tatsache, daß der Abteilungsleiter über Ihnen steht, weist darauf hin, daß der Auftrag korrekt ist, und Sie führen ihn aus.
(B) Sie sprechen mit dem Abteilungsleiter über den Auftrag, diskutieren das Für und Wider und stimmen schließlich zu, ihn auszuführen.
(C) Sie haben starke Zweifel, ob dies die beste Methode ist, die Aufgabe zu lösen. Sie sagen das dem Abteilungsleiter: »Also ich würde es so machen . . .«

Bewertung

Wie bei den anderen Tests weist derjenige, der (C) angekreuzt hat, das größte Machtpotential auf. Wenn Sie sich als solch eine Person einstufen, dann spricht alles dafür, daß Sie gute Führungsqualitäten haben. Sie sind bereit, Risiken einzugehen, und Sie wissen, wie man mit Menschen umgeht und wie man reagiert, wenn man Verantwortung hat. Die Kreuzchen unter (A) sind ein Hinweis dafür, daß Sie sich als Führungspersönlichkeit nicht wohl fühlen würden. Wenn Sie in die Kategorie (B) fallen, können Sie eine leitende Position übernehmen oder es sein lassen.
Die hier angeführten Tests und ihre Bewertung dürfen nicht darüber hinwegtäuschen, daß Männer und Frauen sich nicht in ein Schema einpassen lassen. Zu unterschiedlich ist jeder Mensch einzeln gesehen. Er kann einen leichten Drang zur Macht verspüren, einen maßvollen Drang, überhaupt keinen oder einen überwältigenden – und jeder ist anfällig für Veränderungen. Wer Macht gekostet hat, kann plötzlich aus der Kategorie (A) nach (C) katapultiert werden und auch zu einem Mißbrauch der Macht verführt werden, oder er kann Macht plötzlich als eine Illusion ohne innere Befriedigung sehen und sich von ihr abwenden.

Wie man eine Führungspersönlichkeit wird

Es ist schön und gut zu wissen, daß Ihr Machtquotient hoch ist und Sie das Potential haben, eine leitende Position einzunehmen und mit Macht umzugehen, aber was nutzt Ihnen das, wenn sich die Gelegenheit zum Führen nie ergibt? Ist Macht etwas Zufälliges? Hängt sie davon ab, zur rechten Zeit am richtigen Ort zu sein, oder gibt es Menschen, die sich über ihre Situation erheben können, um mächtig zu werden – Menschen, die sich die Gelegenheiten selbst schaffen?

Nehmen wir eine Person, die für den Umgang mit Macht geeignet ist, aber in einer untergeordneten Stellung arbeitet. Wenn sich die richtigen Umstände ergeben, könnte sie eine Führungspersönlichkeit werden. Ist sie, wenn dieser Fall nicht eintritt, dazu verurteilt, ihr Leben lang in dieser untergeordneten Stellung auszuharren?

Dr. G. A. Talland berichtete im *Journal of Abnormal Social Psychology* über eine Untersuchung von Männern und Frauen in psychotherapeutischen Gruppen. Er ging der Frage nach, ob diejenigen, die Macht ausübten und schließlich Anführer wurden, das erreichten, indem sie die Gruppenmeinung spürten und sich dieser Meinung anschlossen. Oder standen ihre eigenen Ideen denen der Gruppe nahe?

Nach Dr. Talland spielte keiner der beiden Faktoren eine Rolle. Die gründliche Beobachtung der Gruppendynamik überzeugte ihn davon, daß die erfolgreichen Anführer allmählich die Vorstellungen der Gruppe verändern konnten, bis sie zu ihren eigenen paßten. Sie nutzten also weniger eine Situation aus, um Anführer zu werden, sondern veränderten vielmehr die Situation, damit sie zu ihrem Bedürfnis nach Führerschaft paßte. Sie waren in bezug auf Macht stark motiviert, und obwohl die Gruppen, in die sie kamen, bereits ihre eigenen Anführer hatten, gelang es ihnen, anderen die Macht wegzunehmen und die neuen Anführer zu werden.

Tommys Machtübernahme

Die Fähigkeit, Situationen zu verändern, damit sie zum eigenen Bedürfnis nach Führerschaft passen, ist etwas, womit wir entweder geboren werden oder was wir sehr früh im Leben lernen. Nehmen wir Tommy, einen Vierjährigen, der von seiner berufstätigen Mutter in eine Spielgruppe geschickt wurde. Tommy wurde sehr schnell der Anführer der Gruppe, aber dann zog seine Familie um, und ein Jahr später wurde der fünfjährige Tommy in eine seit längerem bestehende andere Spielgruppe geschickt.

Eine Zeitlang stand Tommy ziemlich weit unten in der Hierarchie seiner neuen Gruppe, aber anstatt das hinzunehmen, beobachtete Tommy die Situation sorgfältig. Durch das Spiel mit den anderen Kindern lernte er den Zeitplan der Aktivitäten; dann begann er allmählich, Befehle zu geben und den anderen Kindern zu sagen, was sie tun sollten – und sie hörten auf ihn.

Ein geborener Führer? Eine starke Persönlichkeit? Vielleicht, aber Tommy tat im Grunde nichts anderes, als daß er den Kindern befahl, das zu tun, was sie ohnehin bereits taten oder als nächstes tun würden! Das Risiko, daß sie nicht auf ihn hören würden, war gering.

Sobald er sein Recht, diese Befehle zu geben und Gehorsam zu erwarten, begründet hatte, begann er, leichte Veränderungen an dem eingefahrenen Ablauf vorzunehmen. So bestand er darauf, daß jeder rote Buntstifte nehmen mußte, um ein Frauenkleid auszumalen, und blaue für einen Herrenanzug, oder er trieb zur Eile: »Wir müssen mit allen Sachen um zwei Uhr fertig sein!«

Die Veränderungen waren immer einfach, Dinge, um die sich niemand weiter kümmerte, und nach und nach wurde Tommys Art und Weise übernommen.

Als Tommy so weit gekommen war, tat er den letzten Schritt.

Er kündigte an, daß ihm gewisse Dinge in der Spielgruppe gehörten, alle Buntstiftsortimente, die Scheren und die Klebtuben. Aber er belegte seinen Besitz nie mit Beschlag. Er gab jeden Gegenstand gnädig dem Jungen oder Mädchen zurück, dem er gehört hatte, bevor Tommy sein Besitzrecht verkündet hatte. Er eignete sich keines dieser Dinge tatsächlich an, und jeder benutzte weiter, was er immer verwendet hatte. Aber auf eine sehr hintergründige Art erlangte Tommy das Verfügungsrecht über ihre Benutzung.

Bis zum Ende des Jahres war Tommy der unbestrittene Anführer der Gruppe. Er hatte mit Erfolg die Macht in die eigenen Hände nehmen können. Er traf die Entscheidungen für die Gruppe und gab die Befehle, richtige Befehle jetzt und nicht einfache Bestätigungen dessen, was jeder tat. Tommy hatte sich über die Situation erhoben. Er hatte seine *eigene* Situation geschaffen, um die Macht zu übernehmen.

Die Art, wie Erwachsene Macht übernehmen und behalten, ist der Methode von Tommy oft ähnlich. Innerhalb einer Organisation manipulieren Erwachsene, die über einen entsprechenden Machttrieb wie Tommy verfügen, ihre eigene Position und die Meinungen der anderen, um die Kontrolle in die Hand zu bekommen. Zum Beispiel könnten Arbeiter in untergeordneten Stellungen, die Macht wünschen, entweder die Stelle wechseln oder eine Möglichkeit finden, wie sie ihre Stärke an ihrem derzeitigen Arbeitsplatz besser einsetzen können.

Wenn die Menschen geschickt und klug bei ihren Manipulationen sind und wenn wir sie mögen, haben sie auf uns eine charismatische Ausstrahlung. Wir machen bei ihrem Trieb nach Macht gern mit. Wenn wir sie nicht mögen oder wenn ihre Methoden zu aufdringlich sind, ist ihr Subtext Gerissenheit oder Skrupellosigkeit. Wenn wir jedoch am Ende beide Subtexte wegdenken, scheinen ihre Methoden die gleichen zu sein.

9 Das Einstellungsgespräch

Du hast etwas, was sie brauchen

Wir haben einige grundlegende Möglichkeiten erforscht, wie Subtext projiziert wird und wie man seine Bedeutung interpretieren kann. Nun wollen wir erkunden, wie Sie dieses Wissen – und einige einfache Methoden – anwenden können, um auf Ihrem gewählten Berufsweg immer einen Schritt voraus zu sein.

Eine Situation, in der Subtext – für beide Seiten – ungeheuer wichtig sein kann, ist das Einstellungsgespräch. Mein erstes erlebte ich, als ich zehn Jahre verheiratet war, drei Kinder hatte und ein Haus am Stadtrand besaß. Ich war immer freiberuflicher Autor gewesen, aber mein Einkommen war nie berechenbar, und unser drittes Kind verstärkte den Wunsch nach einem regelmäßigen Gehalt.

»Das Problem ist«, sagte meine Frau, indem sie kritisch meinen einzigen Anzug musterte, den ich immer zu Hochzeiten und Beerdigungen trug, »daß ich das nicht für die richtige Kleidung halte. Was trägt man denn zu einem Einstellungsgespräch?«

Was ziehe ich an? Was sage ich? Wie kann ich es begründen, daß ich zehn Jahre lang freiberuflich gearbeitet habe? Bedeutet meine Stellensuche jetzt nicht, daß ich versagt habe? Werden sie einen Versager einstellen wollen? Und was ist mit dem Lebenslauf? Sie haben mich gebeten, einen mitzubrin-

gen, aber was genau ist ein Lebenslauf? Alles, was ich für die letzten zehn Jahre vorweisen konnte, war eine Sammlung von Büchern und Artikeln!
Meine Frau beruhigte mich, entschied, daß ich von einem Bruder einen grauen Anzug ausleihen sollte, und sagte mir im Weggehen: »Denk daran, sie möchten dich anheuern. Vielleicht haben Hunderte von Leuten auf diese Anzeige geantwortet, aber sie haben entschieden, dich einzuladen. Du hast etwas, was sie brauchen. Geh mit dieser Einstellung hin, und vergiß nicht, daß die Welt nicht untergeht, wenn du die Stelle nicht bekommst.«
»Du hast etwas, was sie brauchen!« Dieser Rat blieb mir während des ganzen Gesprächs im Kopf, und er erlaubte mir, gelassene Beherrschung und Zuversicht auszustrahlen. Ich bekam die Stelle bei einem halben Dutzend von Mitbewerbern, und ein Jahr später gestand mir der Mann, der das Gespräch geführt hatte, daß ich weniger Erfahrung als alle anderen Bewerber mitbrachte. »Aber Sie konnten schreiben. Wir hatten einige Ihrer Bücher und Artikel gelesen, und Sie schienen sich während unseres Gesprächs so gelassen und wohl zu fühlen, daß Sie mich beeindruckten. Ich dachte, dieser Mann hat die Stelle eigentlich nicht nötig, aber er ist sehr ausgeglichen. Das ist ein Grund, warum wir Sie genommen haben.«
Für mich war es ein Triumph der Verstellung. Ich hatte die Stelle wirklich nötig. Ich war nervös, ängstlich und unsicher, aber ich nutzte die zweistündige Fahrt nach Philadelphia, wo das Gespräch stattfand, um mich mit den Worten meiner Frau – »Du hast etwas, was sie brauchen« – aufzubauen. Es war auch meine erste Erfahrung mit der Tatsache, daß man einen Subtext vermitteln kann, der von dem, was man wirklich empfindet, völlig abweicht!

Der Lebenslauf und sein Subtext

Jeder Bewerber, der zu einem Vorstellungsgespräch geladen ist, hat eine besondere Fähigkeit, an der der Arbeitgeber, der ihn zu einem solchen Gespräch gebeten hat, interessiert ist. Im voraus scheiden diejenigen aus, die aufgrund ihres Lebenslaufs von der Firma nicht gebraucht werden. Bei einer Stellensuche hat somit der Lebenslauf eine ganz besondere Funktion. Sie sollten daher Ihren Lebenslauf genauestens kennen, um über alles, was darin steht, sprechen zu können.
Jeder Lebenslauf sendet einen bestimmten Subtext. Sorgen Sie dafür, daß Ihrer genau das ausstrahlt, was für die gewünschte Position erforderlich ist. Übrigens hat auch jede Firma, für die Sie arbeiten möchten, ein bestimmtes Image. Bevor Sie sich überhaupt um eine Stelle dort bemühen, das heißt, bevor Sie Ihren Lebenslauf abschicken und lange bevor das eigentliche Einstellungsgespräch stattfindet, sollten Sie versuchen, möglichst viel über sie in Erfahrung zu bringen.
Viele Möglichkeiten stehen Ihnen dafür offen. Lassen Sie sich die jährlichen Berichte der Firma kommen. Oder bitten Sie, wenn das Unternehmen groß genug ist, eine Bank, Ihnen einen Bilanzbericht zu besorgen, um einen tieferen Einblick zu bekommen. Gehen Sie in eine öffentliche Bibliothek, und schlagen Sie im *Wer gehört zu wem* (hrsg. von der Commerzbank, Frankfurt) nach. Bringen Sie etwas über die leitenden Personen, mit denen Sie wahrscheinlich zusammenkommen, in Erfahrung. Schlagen Sie dazu im *Who's Who* nach.
Es gibt noch viele andere Quellen, über die Sie an Informationen kommen: Handelsblätter, Zeitschriften, Angestellte der Firma, Hausmitteilungen. Alle können Ihnen Fakten liefern, die Sie kennen sollten. Der springende Punkt ist, daß Sie möglichst viel über die Firma wissen sollten, bevor Sie zu dem Einstellungsgespräch gehen, da Sie dann in der Lage sind, Ihre Stärken an die Anforderungen der Stelle anzugleichen.

Diese Kenntnisse können Ihnen darüber hinaus helfen, Ihren Lebenslauf so zu färben, daß er unausgesprochen das enthält, was die betreffende Firma anspricht. Selbstverständlich können Sie nicht ändern, was Sie getan haben, oder lügen, aber Sie können den Bedürfnissen der Firma entgegenkommen, indem Sie bestimmte Aspekte Ihrer Erfahrung hervorheben. Mein Einstellungsgespräch damals fand bei einer pharmazeutischen Firma statt. Obwohl ich nie für diesen Bereich gearbeitet hatte, gelang mir ein Subtext von medizinischen Fachkenntnissen, indem ich unterstrich, daß ich auf das Medizinstudium vorbereitende Kurse besucht, bei der Armee ein medizinisches Labor geleitet, Artikel über Medizin und die Biographie eines Arztes geschrieben hatte. Die Firma, bei der ich mich vorstellte, suchte einen medizinischen Fachautor, also stellte ich meine Erfahrung im Schreiben heraus.

Was zieht man an?

Sie beginnen also mit Ihrem Lebenslauf, und er ist so erfolgversprechend, daß Sie zu einem Gespräch geladen werden. Das nächste Problem ist: Was ziehe ich zu dem Vorstellungsgespräch an, und wie sollte mein persönlicher Stil sein? Vergessen Sie nicht, daß Sie in dem Augenblick, in dem Sie den Raum betreten, Signale aussenden. Bedenken Sie stets, daß eine Firma noch so »rückständig« in Hinblick auf ihren Kleidercode sein kann, daß dies aber für das Gespräch keinerlei Bedeutung hat.

Der Assistent des Personalleiters einer texanischen Firma, die Erdölpipelines betreibt, versicherte mir: »Selbst wenn Sie Bluejeans bei der Arbeit tragen werden, möchten wir keine bei einem Einstellungsgespräch sehen!«

Kleiden Sie sich konservativ, wenn der leiseste Zweifel besteht. Für Frauen sind Kleider geeignet, aber die sicherste

Kleidung besteht aus maßgeschneiderten Blusen, Röcken und Jacken. Auch Kostüme können sehr gut sein. Tragen Sie keine Hosen. Sie passen einfach nicht zu einem Einstellungsgespräch. Sobald Sie angestellt sind, können Sie Hosen tragen, wenn andere auf Ihrer Stufe oder darüber welche tragen.
Vermeiden Sie grelle Farben und Extreme. Es spielt keine Rolle, wie die augenblickliche Mode ist: Ein Minirock ist nicht ratsam, und das gleiche gilt für schulterfreie Blusen oder alles tief Ausgeschnittene. Auch hier trifft zu, daß Sie das, was Sie bei der Arbeit anziehen könnten, nicht zum Einstellungsgespräch tragen sollten. Bemühen Sie sich um gedämpfte Farben und konservativen Schnitt.
Make-up sollte ebenfalls zurückhaltend sein. Rouge sollte möglichst vorsichtig verwendet werden. Wenn Sie Lippenstift benutzen, greifen Sie zu einem blassen Ton. Vermeiden Sie zuviel Eyeliner und Maskara, und halten Sie die Fingernägel kurz mit klarem oder mattem Nagellack.
Schmuck sollte auf ein Minimum beschränkt sein, nicht mehr als ein Ring, und eine Armbanduhr ist einem Armreif vorzuziehen. Wenn Sie Ohrringe tragen, sollten es einfache sein. Eine Halskette sollte so schlicht wie möglich sein. Sie möchten einen Subtext projizieren, der sagt: »Ich bin nicht leichtfertig. Ich packe zu, bin tüchtig und vernünftig.«
Für Männer ist der altbewährte graue oder dunkelblaue Anzug am besten, wobei Dunkelgrau vorzuziehen ist. Vermeiden Sie einen schwarzen Anzug zum Einstellungsgespräch. Sie sollten eine Vorstellung von Ihrem Teint haben und welche Farben am besten für Sie geeignet sind. Wenn Sie hier ratlos sein sollten, wie es vielen Männern geht, stehen Farbberater zur Verfügung, und gegen eine Gebühr können Sie einige wertvolle Hinweise über richtige Kleidung erfahren.
Zu dem Gespräch sollten die Hemden weiß sein und die Krawatte getupft, gestreift oder mit feinen Mustern in

gedämpften Farben. Wenn Hosenträger getragen werden, sollten sie farblich zur Krawatte passen und möglichst vollständig vom Jackett verdeckt sein.
Männer sollten Schmuck vermeiden. Ein Ehering ist akzeptabel, ebenso eine Armbanduhr. Nicht mehr. Wenn Sie einen Ohrring tragen, nehmen Sie ihn vor dem Einstellungsgespräch ab! Schuhe sollten einfach und gut geputzt sein, Socken die Wade bedecken und nicht rutschen. Das Haar sollte ordentlich geschnitten und ein Bart oder Schnurrbart gestutzt sein.
Bärte werden heute durchaus akzeptiert, wobei ihr Subtext eher als ernsthaft oder sogar gelehrt gedeutet wird. Auch hierbei ist es wichtig, daß Sie den Eindruck Ihrer Erscheinung an die gewünschte Stellung angleichen. Auch heute noch gibt es Firmen, in denen man bei einem Bart die Stirn runzelt. Forschen Sie ein wenig nach, ob dies der Fall ist.
Es erschiene eigentlich überflüssig, auf persönliche Gepflegtheit hinzuweisen, gäbe es nicht eine erstaunlich hohe Zahl von Männern, denen die Notwendigkeit nicht bewußt ist. Fingernägel sollten kurz und sauber sein, die Hände sauber. Erinnern Sie sich an all die schönen Regeln aus der Kindheit über Sauberkeit und Pflege!

Drei Elemente und ihr Subtext

Der erste Eindruck, den Sie machen, ist außerordentlich wichtig. Es ist möglich, daß jemand Sie »auf den ersten Blick« mag, und Ihr Gesprächspartner wird sich sicherlich von einer gepflegten Person angezogen fühlen. Abgesehen von der Kleidung, gibt es drei Elemente, die zu Ihrem Subtext und dem ersten Eindruck, den Sie machen, beitragen: die Art, wie Sie den Gesprächspartner ansehen, die Art, wie Sie ihm die Hand geben, und die Art, wie Sie sich benehmen.

Um mit dem letzten zu beginnen: Schon das Eintreten ins Büro enthält ein unmittelbares Signal. Stehen Sie aufrecht, oder lassen Sie sich hängen? Kommen Sie zögernd herein, oder treten Sie zielstrebig vor? Ihr Gang kann sehr viel über Sie verraten. Eine hängende Haltung sendet einen sehr deutlichen Subtext der Depression, als trügen Sie eine schwere Last auf den Schultern. Eine aufrechte Haltung strahlt Kontrolle aus. Sie sind bereit, Verantwortung zu übernehmen.
Blickkontakt: Dies ist in vorangehenden Kapiteln erörtert worden, aber es lohnt eine Wiederholung. Sehen Sie dem Gesprächsleiter von Anfang an in die Augen, und halten Sie den Blickkontakt während des ganzen Gesprächs durch. Das soll kein stetiges, ungebrochenes und entnervendes Starren sein. Brechen Sie den Blickkontakt häufig ab, kommen Sie aber wieder darauf zurück. Das ist die richtige Methode, um einen ehrlichen und freimütigen Subtext zu senden.
Der Händedruck sollte voll und fest sein. Mit voll meine ich, daß man die ganze Hand reicht, nicht nur die Finger. Nichts ist abstoßender als ein schlaffer Händedruck. Seine Aussage ist: »Ich möchte mit Ihnen nichts zu tun haben.« Das ist keine Botschaft für ein Einstellungsgespräch!
Der Händedruck eines Mannes sollte fest sein, aber nicht so übertrieben, daß die Knochen knacken. Der Sinn des Händedrucks ist Kontakt, kein Duell der Willensstärke. Der Macho-Händedruck signalisiert einen aggressiven Wunsch, sich mit dem Gegenüber zu messen, und das ist bei einem Einstellungsgespräch absolut unangebracht!
Frauen haben manchmal Probleme mit dem Händeschütteln – verständlich, da das Handgeben körperlichen Kontakt einschließt und sehr viel Subtext dadurch vermittelt werden kann. Ein Mann, der die Hand einer Frau zu lange hält, übermittelt einen Subtext der Intimität, und das ist im allgemeinen ein störender. Gelegentlich wird einer Bewerberin die Hand nicht angeboten, ein Zeichen dafür, daß der Gesprächs-

leiter in bezug auf den Subtext des Händedrucks unsicher ist. Da es ein wenn auch leichtes Gefühl der Demütigung ist, wenn auf die ausgestreckte Hand von der anderen Person keine Reaktion kommt, lassen Sie lieber den Gesprächsleiter beim Händeschütteln die Initiative ergreifen.
Der Händedruck einer Frau sollte voll, fest und kurz sein. Naturgemäß werden Sie bei einem Einstellungsgespräch auch einmal auf einen Gesprächspartner stoßen, der alle Regeln des Händeschüttelns verletzt, indem er vielleicht nur die Finger in schlaffer Weise reicht oder einen zu herzhaften, schweren Händedruck gibt. Das kann ein Vorteil für den Bewerber sein, weil es meist darauf hinweist, daß der Gesprächsleiter ein Neuling im Spiel ist.

Der Anfang des Einstellungsgesprächs

Das zweite Stadium des Gesprächs ist, wie Sie sitzen und was Sie mit Ihrer Haltung signalisieren – und Sie sitzen natürlich während des Gesprächs. Zu stehen und sich vor dem Schreibtisch des Gesprächsleiters aufzubauen wäre dumm und bedrohlich. Der Gesprächsleiter sollte immer den Vorsitz haben oder es zumindest glauben.
Stanly Hyman, ein Berufsberater, trainiert Bewerber in nichtverbalen, körperlichen Manieren, wie er es nennt, die nach seiner Meinung in den ersten Minuten eines Gesprächs Selbstsicherheit und Kontrolle ausstrahlen.
Sein Ratschlag: Stellen Sie Ihren Stuhl in einem Winkel von 45 Grad zum Schreibtisch des Gesprächsleiters, so daß Sie fast seitlich dazu sitzen. Wenn Sie sich setzen, kreuzen Sie die Beine zum Gesprächsleiter hin, um Stärke anzudeuten, und öffnen Sie ihr Jackett, um zu zeigen, daß Sie sicher sind. Ziehen Sie den Jackettkragen so nach unten, daß er fest auf dem Hemd sitzt, damit es nicht so aussieht, als säße Ihr Anzug schlecht.

Legen Sie den Ellbogen auf die Stuhllehne zum Schreibtisch hin, und stützen Sie sich ein wenig darauf. Legen Sie nie die Hände zusammen. Das bedeutet, daß Sie versuchen, sich zu kontrollieren. Wenn der Gesprächsführer sich zurücklehnt, rücken auch Sie etwas ab – andernfalls machen Sie ihm angst. Nun können Sie bequem mit dem Gespräch fortfahren.

Diese Empfehlungen verdienen Beachtung, doch sollte der Bewerber sich nicht zu sehr um alle Einzelheiten, die Hyman rät, Gedanken machen. Sitzen Sie aufrecht, gewiß, aber bleiben Sie unverkrampft. Halten Sie nicht die Hände zusammen – das ist eine Kleine-Jungen- oder Kleine-Mädchen-Haltung –, und in den meisten Situationen neigen Sie sich dem Sprechenden zu. Sich zurückzulehnen ist eine etwas zu lockere Haltung. Sie signalisiert: »Ich möchte da nicht hineingezogen werden.«

Vermeiden Sie nervöse Gesten, etwa mit einem Kugelschreiber oder Bleistift zu spielen, mit den Füßen zu klopfen oder mit den Fingern zu trommeln. Ein gewisses Maß an nervöser Spannung ist unumgänglich und sogar nützlich. Dadurch bleiben Sie bei der Sache, wach und aufmerksam.

Teppich und Wasserkaraffe

Ein Mitglied eines Managementberatungsbüros in Los Angeles schlägt vor, das Image der Firma, bei der man sich vorstellt, zu untersuchen, bevor man das Büro betritt, in dem das Gespräch stattfindet. Der Standort der Firma kann Ihnen schon nützliche Hinweise geben. Wenn die Firma sich auf dem Land oder am Stadtrand befindet, achten Sie auf den Zustand des Gebäudes. Wächst Unkraut davor? Ist das Gelände gepflegt? Werden die Gebäude ordentlich instand gehalten? Oder in welchem Gebäude in der Stadt befinden

sich die Büros? Werden Sie am Empfang mit Desinteresse behandelt, oder ist man besonders freundlich zu Ihnen, so, als würden Sie erwartet?
Welche Einstellung herrscht unter den Angestellten? Während Sie warten, achten Sie darauf, ob die Empfangsdame sich frei fühlt, mit Ihnen wie auch mit Angestellten zu plaudern. Wenn die Atmosphäre des Gebäudes, der Büros, der Art, wie das Haus geführt wird, und der Angestellten angenehm ist, stehen nach einer allgemeinen Faustregel die Chancen nicht schlecht, daß auch die Geschäfte gut laufen.
Der Vorsitzende einer bekannten Berufsplanungsagentur äußert dazu: »Den Rang der Führungskraft innerhalb der Firma, die das Gespräch mit Ihnen führt, können Sie daran erkennen, ob er oder sie einen Teppich auf dem Boden liegen und eine Wasserkaraffe auf dem Schreibtisch stehen hat. Die meisten großen Unternehmen kennen eine Teppich-und-Karaffe-Regel. Wenn diese Person auf Linoleum geht und sich selbst etwas zu trinken holen muß, ist das ein Hinweis darauf, welches Ansehen Ihre eigene Stelle haben wird!«
Natürlich braucht nicht wirklich ein Teppich auf dem Boden zu liegen oder eine Wasserkaraffe auf dem Tisch zu stehen, aber das Prinzip gilt: Wie gut ist das Büro des Gesprächsleiters eingerichtet?
Das Gespräch selbst ist, um das festzuhalten, wichtiger als alle physischen Elemente der Körpersprache und Imageprojektion im Umfeld. Ich fragte den Leiter der Personalabteilung eines großen Unternehmens, welchen grundsätzlichen Rat man einem Bewerber für ein Einstellungsgespräch mitgeben könne. »Zwei Worte: cool bleiben«, war die Antwort. »Was die Bewerber oft vergessen, weil sie so damit zu tun haben, wie sie aussehen und handeln, ist, daß der Gesprächsleiter auch ein Mensch ist und ebenfalls unter Druck steht. Die Gesprächsleiter wollen keine Zeit verlieren.
Allein die Tatsache, daß Sie einen Termin haben, ist ein

Zeichen, daß der Gesprächsleiter glaubt, Sie sind für die Arbeit geeignet. Das Gespräch gibt dem Gesprächsleiter die Gelegenheit, die Dinge herauszufinden, die nicht in einen Lebenslauf eingehen, die persönlichen Merkmale und den Subtext unter der Oberfläche.
Sie müssen bedenken, daß das Gespräch in zwei Richtungen wirkt. Es gibt auch Ihnen die Gelegenheit, etwas über die Firma herauszubekommen, was Sie sonst nirgendwo erfahren können.«

Drei Arten von Fragen

Einem anderen Personalchef zufolge gibt es bei einem Einstellungsgespräch drei Arten von Fragen. Im folgenden aufgeführt sind die Typen und einige Beispiele dazu:

Willkommene Fragen:
- Welcher Beschäftigung, glauben Sie, gehen Sie heute in fünf Jahren nach?
- Erzählen Sie etwas von sich.
- Welche persönlichen Leistungen haben Sie am meisten befriedigt?

Fragen wie diese sind eine günstige Gelegenheit für Sie, das Gespräch selbst in die Hand zu nehmen.

Gefährliche Fragen:
- Haben Sie das Gefühl, daß Sie mit der Aufgabe fertig werden?
- Planen Sie, eine Familie zu gründen?
- Warum haben Sie Ihre letzte Stelle aufgegeben?
- Was läßt Sie glauben, daß Sie mit dieser Arbeit ohne unmittelbare Erfahrung zurechtkommen?

Sie können gefährlichen Fragen mit bestimmten, mäßig riskanten Antworten begegnen. Drücken Sie Ihre Kompetenz aus, aber versuchen Sie nicht, dem Gesprächsleiter zu widersprechen.

Neutrale Fragen:
- Wer war Ihr letzter Arbeitgeber?
- Haben Sie bereits viel Erfahrung mit dieser Arbeit?

Diese Fragen stellen keine Gefahr dar und geben Ihnen eine Möglichkeit, ausführlicher über Ihren Werdegang zu berichten.
Ein anderer Personalchef sagt, am besten bestehe man ein Einstellungsgespräch, wenn man sich an eine mittlere Linie hält. »Folgen Sie der Richtung, die der Gesprächsleiter vorgibt, aber halten Sie nach einer Chance Ausschau, das Gespräch selbst in die Hand zu nehmen. Stellen Sie nur sachdienliche Fragen. Schweifen Sie nicht ab, wenn Sie auf Fragen antworten. Fragen Sie nach dem Geschäft und seinen Erfordernissen, aber rühren Sie nicht an Pensionspläne und betriebliche Altersversorgung. Die wird Ihnen der Gesprächsleiter erläutern, wenn er seine Aufgabe ordentlich erledigt.«
Den Schwerpunkt des Gesprächs zu verlagern, so daß Sie derjenige sind, der die Fragen stellt, ist ein guter Gedanke. Zunächst einmal ist es für den Gesprächsleiter angenehm. Die meisten Gesprächsleiter sind zwangsläufig ein wenig nervös, auch wenn sie schon lange in der Personalarbeit beschäftigt sind. Eine gute Frage zu Beginn ist: »Was für eine Person suchen Sie?« Das verschafft Ihnen Zeit, sich zu entkrampfen, und gibt Ihnen einen gewissen Einblick in das Unternehmen.
Ich stellte diese Frage bei meinem ersten Einstellungsgespräch. Die Antwort war überraschend. Der Gesprächsleiter lehnte sich zurück, sah zur Decke hoch und sagte: »Wir

suchen jemanden, der etwas aus der Reihe tanzt, jemanden, der schreiben kann, aber bisher nicht auf medizinischem Gebiet tätig war. Wir möchten neue Ideen.«

Diese Antwort brachte mich einen Moment aus dem Konzept, aber zum Glück fing ich mich und ergriff die Gelegenheit, meine Vorzüge als freiberuflicher Autor zu erklären und auch von einigen Projekten zu sprechen, an denen ich gearbeitet, die ich aber in meinem Lebenslauf als zu ausgefallen weggelassen hatte. Ich war wegen dieser Projekte bis zu diesem Augenblick nervös gewesen. Jetzt wurde mir klar, warum sie *mich* eingeladen hatten, einen Mann ohne richtige Erfahrung auf dem Gebiet, und die Spannung fiel von mir ab. Ich brauchte mich nicht mehr zu verstellen!

Wenn Sie Fragen beantworten, streichen Sie Ihre starken Seiten in bezug auf die Stellung heraus, nicht Ihre Schwächen. Beobachten Sie den Gesprächsleiter, um seinen Subtext zu verstehen. Das gibt Ihnen einen Hinweis darauf, wann Sie sich über einen Punkt weiter verbreiten und wann Sie sich kurz fassen sollen. Achten Sie auf fehlendes Interesse und echtes Interesse.

Ein ausgezeichneter Hinweis auf die Einstellung des Gesprächsleiters ist das Nicken. Ein nickender Gesprächsleiter ist ein sympathischer, einer, der Sie versteht. Das Nicken bedeutet Ihnen auch, daß Sie ausführlicher werden können, weil Sie auf dem richtigen Weg sind.

Als Kandidat müssen Sie den Gesprächsleiter überzeugen, daß Ihre Fähigkeiten sich mit den Bedürfnissen der Firma decken. Sie müssen sich verkaufen, ohne daß es nach Angeben klingt. Es kann sein, daß Sie nach besseren Möglichkeiten suchen und aus eigenem Antrieb die Stelle wechseln, aber wenn Sie entlassen wurden und anzudeuten versuchen, daß Sie bei Ihrer letzten Arbeit phantastisch waren, liegt die Frage auf der Hand: »Warum wurden Sie dann entlassen?«

Ein Rauswurf ist kein Hindernis, eingestellt zu werden. Joe

Redmond, Leiter der Personalabteilung bei Pepsico, macht darauf aufmerksam, daß »Leute oft entlassen werden, weil die Firma Personal einspart oder weil persönliche Konflikte auftreten«.
Als Vorsichtsmaßnahme sollten Stellenbewerber versuchen, sich mit dem Chef, der sie entläßt, so weit zu verständigen, daß er kein schlechtes Zeugnis ausstellt. Umgekehrt gilt das gleiche. Reden Sie nie schlecht über einen früheren Arbeitgeber. Es weckt in dem Gesprächsleiter den Verdacht, daß Sie vielleicht über jeden, der Sie einstellt, so reden würden.
Zur Frage des Gehalts meint Dudley Darling, ein Arbeitsvermittler in New York: »Ich rate dem Kandidaten, die höchste realistische Summe anzustreben. Bitten Sie um fünfzehn oder zwanzig Prozent Steigerung gegenüber Ihrer letzten Stelle, und lassen Sie den Gesprächsleiter entweder zustimmen oder ein Gegenangebot machen. Wenn das Gespräch bis dahin erfreulich gelaufen ist, stehen die Chancen gut, daß der Gesprächsleiter auf Ihre Forderung eingeht.«

Der Umgang mit heiklen Fragen

Es gibt viele Fragen im Lauf eines Gesprächs, die Sie reinlegen oder in die Defensive bringen sollen. Hier folgen einige Beispiele und Vorschläge, wie man darauf eingehen kann.
Was wissen Sie über unsere Firma? Wenn Sie Ihre Hausaufgaben erledigt haben, können Sie mit einer Diskussion über die produzierten Waren, Größe und Umsatz, Ruf und Image der Firma aufwarten. Ob die Frage auf den Tisch kommt oder nicht, Sie sollten auf alle Fälle bereit sein, darauf zu antworten. Sie möchten zu verstehen geben, daß Sie Bescheid wissen. Was immer Sie tun, probieren Sie es nicht mit der Methode: »Ich weiß nicht viel darüber, aber ich möchte gern mehr erfahren.« Es wird Ihnen keine Pluspunkte einbringen.

Vertiefen Sie sich vorher in Ihre Nachforschungen, und wenn dabei nichts herauskommt, versuchen Sie, jemanden aufzutreiben, der in der Firma arbeitet und sich mit Ihnen darüber unterhält.

Warum möchten Sie Ihre jetzige Stelle aufgeben? Dies setzt voraus, daß Sie noch Arbeit haben, wenn Sie das Gespräch führen. Die beste Antwort ist, daß es in der Firma keine Möglichkeit zur Verbesserung gibt. Die Aufstiegsmöglichkeiten sind begrenzt, und die Arbeit stellt keine Herausforderungen mehr. Vielleicht wünschen Sie sich eine dynamischere Firma. Eine andere Antwort könnte sein, daß Ihr Gehalt nicht so gut ist und Sie nach einer anspruchsvolleren Arbeit mit besseren Möglichkeiten suchen.

Sie können aber auch sagen, daß Sie nach einer produktiven Stelle und nach keiner Verwaltungsstelle Ausschau halten. Ersteres bedeutet Verkauf, Marketing, Produktion. Alles andere fällt unter Verwaltung. Produktive Stellen beeinflussen direkt den Umsatz; die anderen tragen nur indirekt zum Gewinn bei. Sie gehören zu den allgemeinen Kosten der Firma und sind im allgemeinen der erste Bereich, in dem Entlassungen vorgenommen werden.

Warum haben Sie Ihre letzte Stelle aufgegeben? Diese Frage ist beinahe ein Muß bei jedem Einstellungsgespräch. Wenn möglich, versuchen Sie eine pauschale Antwort zu geben. Einige Beispiele: »Unsere ganze Abteilung wurde aufgelöst.« »Nach dem Aufkauf der Firma wurde unser Gebiet verkleinert.« »Die wichtigen Lieferanten sind aus der Stadt weggezogen.«

Verteidigen Sie sich, ohne zu defensiv zu sein. Eine gute Antwort ist: »Ich habe die Zeit für die Suche nach einer neuen Position eingeplant und genug auf die Seite gelegt, um über die Runden zu kommen.«

Wenn Sie entlassen wurden, ist das weder ein Grund, sich zu schämen, noch wird man es Ihnen vorhalten, es sei denn, es geschah wegen Widersetzlichkeit, mangelhafter Leistung oder Unterschlagung. Die meisten Menschen werden wegen der Kollision der Persönlichkeiten, einer neuen Geschäftsführung, die ihre eigenen Leute mitbringt, oder wegen einer Straffung der Firma, durch die ihre Stelle gestrichen wird, entlassen. Äußern Sie sich, unabhängig von den Gründen, nicht negativ über Ihren Chef oder die Firma. Versuchen Sie, eine Erklärung zu finden, die die Schuld nicht auf Sie fallen läßt. Einige Beispiele: »Ich habe es so weit gebracht, wie ich konnte, und es gab keine Möglichkeiten mehr.« »Meine Stelle ist gestrichen worden und wird nicht mehr besetzt.« »Sie merkten, daß ich mich nach etwas anderem umsah, und forderten mich auf zu gehen.« Der Trick ist, einen negativen Subtext in einen positiven umzukehren.

Für die Beantwortung dieser Frage wäre es wichtig zu wissen, was in Ihren Referenzen über Sie steht. Es gibt eine ganz gute Möglichkeit, das herauszubekommen. Bitten Sie einen Freund, bei Ihrer alten Firma anzurufen, zu sagen, daß Sie sich um eine Stelle bewerben, und nach Referenzen zu fragen. Wenn sich negative Elemente in Ihren Referenzen finden, versuchen Sie, sie mit Ihrem ehemaligen Chef durchzusprechen, um zu sehen, ob sie sich vielleicht abschwächen lassen. Aber am besten ist es, wenn sie als Referenzen Personen angeben können, von denen Sie wissen, daß Sie gut von Ihnen sprechen.

Ihr Lebenslauf ist gut, aber sind Sie für diese Stelle nicht überqualifiziert? Streiten Sie es nicht ab. Sie können diese Einleitung verwenden, um sich wirklich gut zu verkaufen. Erklären Sie, daß Ihre Überqualifikation ein Glück für Ihren Chef ist. Dafür haben Sie mehrere Möglichkeiten. Sie können zum Beispiel die Ähnlichkeiten zwischen Ihrer letzten Arbeit und dieser hier aufzeigen oder wie Ihre bisherige Erfahrung, selbst wenn sie in ein anderes Gebiet fällt, bei der neuen Arbeit von großem Wert sein kann. Ein wichtiger Punkt hierbei: Jede Branche hat ihren eigenen Jargon. Machen Sie sich mit der Terminologie des Geschäfts vertraut, und benutzen Sie sie.

Was hat Ihnen an Ihrer letzten Stelle nicht gefallen? Geben Sie hierauf eine ehrliche Antwort, jedoch in einem positiven Sinn. Noch einmal, sprechen Sie nicht negativ über Ihren letzten Arbeitgeber. Sie möchten zu verstehen geben, daß Sie Ihrer Firma mehr zu geben hatten, als diese interessierte. Eine Masche ist, daß bei Ihrer letzten Stelle Arbeitsjahre hinsichtlich einer Beförderung stärker ins Gewicht fielen als harte Arbeit. Sie sind für harte Arbeit.

Eine andere mögliche Antwort ist, daß es wichtig für Sie ist, Termine und Zeitpläne einzuhalten, und daß Sie glauben, die letzte Firma habe Ihre Stärken nicht genutzt, oder daß die Beförderungen zu langsam waren und nicht auf Leistung beruhten. Versuchen Sie, auf jede Frage in einem Einstellungsgespräch eine Antwort mit einem positiven Subtext zu geben, aber tun Sie es mit Feingefühl!

Was sind Ihre starken Seiten? Überlegen Sie sich mindestens sieben Eigenschaften, und versuchen Sie, jede einzelne mit der Stelle, die Sie haben möchten, in Verbindung zu bringen. Der Subtext, den Sie vermitteln möchten, ist: »Ich bin organisiert, zielorientiert, beharrlich, nicht starr und fähig, ein Team zu leiten und zu motivieren. Ich arbeite gut allein oder als Mitglied eines Teams.« Vor dem Gespräch bereiten Sie eine Liste mit Ihren Stärken vor. Lassen Sie sich nicht überraschen.

Was sind Ihre schwachen Punkte? Wir alle haben sie, doch bei einem Einstellungsgespräch brauchen Sie nicht gerade den ganzen Vorrat loszuwerden, obwohl Sie bei einigen weniger wichtigen durchaus ehrlich sein sollen. Der Witz hierbei ist, daß Sie eine Schwäche zu einem Plus machen, ohne daß es auffällt. Senden Sie widersprüchliche Subtexte, wobei der positive der stärkere ist. Hier sind einige Beispiele:

»Ich bin ungeduldig, das heißt, ich will schnell ein Resultat sehen.« »Ich neige dazu, mich einzumischen und mit meinen Untergebenen zu arbeiten. Das ist wohl kein tolles Management, aber ich möchte, daß wichtige Arbeit pünktlich erledigt wird.« »Ich habe überhaupt nichts für Detailarbeit übrig, aber ich mache sie gründlich.« Sehen Sie, worauf es ankommt?

Von der anderen Seite des Schreibtischs: Was der Gesprächsleiter wissen sollte

So schwierig es ist, sich ausfragen zu lassen, es ist oft noch mühsamer, den Gesprächsleiter zu spielen. Sie würden zögern, aufgrund von einer oder zwei Begegnungen mit einem Vertreter einen wichtigen Kauf für Ihre Firma zu tätigen, aber man verlangt von Ihnen, daß Sie eine Person nach nur einem oder zwei Gesprächen einstellen.

Wo das Gespräch stattfindet, wird als wichtiger Teil des Verfahrens betrachtet. Als Gesprächsleiter wünschen Sie eine Ausstrahlung, die einen Kontakt herstellt und den Bewerber ermutigt, unverkrampft und zwanglos zu reden. Der beste Platz für ein Einstellungsgespräch ist ein privates Büro; benutzen Sie allerdings nach Möglichkeit ein Büro, das Ihnen, dem Gesprächsleiter, zu Prestige verhilft. Denken Sie daran, daß Sie die Firma vertreten. Wenn nötig, »leihen« Sie sich für das Gespräch ein anderes Büro, eines, das mehr hermacht.

Kleiden Sie sich so, daß Sie einen geschäftsmäßigen und höflichen Subtext zeigen. Vergessen Sie nicht, daß es nicht nur Ihr Image ist, sondern auch das des Unternehmens. Wenn es sich um einen Bewerber handelt, wird er sicher Jackett und Krawatte tragen. Als Mann kleiden Sie sich genauso. Als Frau kleiden Sie sich, wie es der Bewerber oder die Bewerberin tun wird, adrett und konservativ.

Vermeiden Sie Ablenkungen jeder Art während des Gesprächs. Sorgen Sie dafür, daß keine Anrufe durchgestellt werden und niemand an die Tür klopft. Beginnen Sie damit, daß Sie sich mit Namen und Titel vorstellen, versuchen Sie dann, dem Bewerber die Nervosität zu nehmen. Sprechen Sie zunächst über etwas, was nichts mit der Stelle zu tun hat. Hat der Bewerber ein Hobby? Sprechen Sie darüber, oder lassen Sie es sich erklären.

Denken Sie jedoch daran, daß der Bewerber den größten Teil des Gesprächs bestreiten sollte. Anstatt dem Bewerber zu sagen, was für eine Person Sie suchen, steuern Sie die Unterhaltung so, daß der Bewerber seine Stärken und Schwächen verrät.

Auch die Firma oder die Stelle sollten Sie besser nicht anpreisen. Das kann gefährlich sein. Denn Sie verraten dann vielleicht gerade das, was Sie in einem Kandidaten suchen, und ein kluger Bewerber wird im weiteren Verlauf das von Ihnen Gesagte aufgreifen.

Ermutigen Sie den Bewerber, offen zu sprechen, indem Sie Interesse und Sympathie durchblicken lassen. Dies kann man leicht durch ein wohlüberlegtes Nicken im richtigen Moment oder durch kurze Bemerkungen erreichen: »Mh-hm . . .« Oder: »Das verstehe ich gut.« Oder durch ein Lächeln.

Bewegen Sie den Kandidaten dazu, offen zu sein, indem Sie sich selbst offen geben. Kreuzen Sie nicht die Arme. Beugen Sie sich ein wenig zu dem Bewerber vor, und suchen Sie häufig den Blickkontakt.

Aktives Zuhören ist ein nützliches Werkzeug. Es besteht in einem gelegentlichen Bestätigen oder Umformulieren dessen, was die andere Person gesagt hat. Die Aussage dabei ist: »Ich verstehe, was Sie sagen.«

Versuchen Sie, den Bewerber nicht zu unterbrechen, auch wenn Sie anderer Meinung sind. Vermeiden Sie es, sich zu schnell einzuschalten. Warten Sie, bis der Kandidat seinen Gedankengang beendet hat. Versuchen Sie, die negativen

Aspekte des Gesprächs herunterzuspielen, denn Sie möchten Interesse und Verstehen ausdrücken, damit die Bewerber weitersprechen und möglichst viel von sich preisgeben. Machen Sie selbst nur kurze Bemerkungen.
Machen Sie sich über Gesprächspausen keine Gedanken. Schweigen kann ein nützliches Mittel sein. Es kann manchmal neue Informationen hervorlocken, da der Bewerber sich unwohl fühlt und weiter ausholen wird. Das Ziel ist, möglichst viel aus dem Bewerber herauszuholen.
Das Gespräch sollte gut strukturiert sein. Obwohl Sie vielleicht damit beginnen möchten, über etwas Harmloses zu sprechen, etwa Hobbys oder Reisen, vermeiden Sie ganz zu Anfang persönliche Fragen. Der Subtext solcher Fragen könnte störend und in manchen Fällen unzulässig sein! Beginnen Sie mit Fragen nach der Berufserfahrung, dann der Bildung, und danach können Sie auf allgemeinere Gesprächsthemen kommen. Wenn Sie die persönliche Geschichte so hinauszögern, haben Sie größere Chancen, aufschlußreiche Fakten über das Privatleben des Bewerbers herauszulocken. Wenn Sie am Anfang persönliche Fragen stellen, wird der Bewerber dazu neigen, sich zu sperren oder auf der Hut zu sein.
Lassen Sie Einstellungsgespräche immer in einem positiven Ton enden. Sagen Sie dem Bewerber etwas Schmeichelhaftes über seine Leistungen, und lassen Sie ihn wissen, daß Sie ihm Ihre Entscheidung mitteilen. Denken Sie in erster Linie immer daran, daß der Subtext, den Sie von sich und der Firma projizieren, genauso wichtig ist wie der von Bewerbern projizierte Subtext.

10 Verkaufen hat nichts mit Zauberei zu tun

Der springende Punkt

Manche Menschen sind die geborenen Verkäufer und scheinen instinktiv alles richtig zu machen. Auf die meisten von uns trifft dies jedoch nicht zu. Das ist nicht weiter tragisch; fast jeder kann sich die Elemente des Verkaufens aneignen – und eine Sache gilt es auch hier besonders zu beachten: den Subtext.
Ein Verkaufsleiter einer großen Firma sagte mir! »Es läuft auf die Ausstrahlung von drei Dingen hinaus: auf Ihre Ausstrahlung, das heißt die des Verkäufers, auf die Ausstrahlung Ihrer Firma und Ihres Produkts. Jedes hat einen Subtext, und glauben Sie mir, der Subtext jedes einzelnen kann den Kauf gelingen oder scheitern lassen.«
Ein anderer Fachmann, ein Verkaufsschulungsspezialist bei United States Rubber, meinte: »Zu viele Verkäufer machen den Fehler, daß sie versuchen, nur das Produkt zu verkaufen, und vergessen dabei völlig den Subtext des Produkts.« Um zu verdeutlichen, was er darunter versteht, erzählte er die Geschichte eines jungen Vertreters, der einer älteren Dame ein Heizsystem verkaufen wollte. Sie wohnte allein in einem großen Haus, und sie hatte Interesse an einer Ölheizung bekundet. Der Vertreter war ein Profi und kannte sein Produkt. Eine geschlagene Stunde belehrte er die Frau über das Fassungsvermögen des Kessels, über die Verbrennung und

alle Einzelheiten der Konstruktion. Schließlich fragte er sie dann ziemlich blasiert, ob es noch etwas gäbe, was sie willen wollte.

Sie seufzte. »Hm, ja. Wird die Heizung einer alten Frau genug Wärme abgeben?«

Der alles entscheidende Subtext eines Produkts ist nicht, wie es gebaut und wie kompliziert es ist, nicht einmal, wie lange es halten wird. Der springende Punkt ist ganz einfach, ob es funktionieren wird. In diesem Fall drang die Frau direkt zum Kern vor: »Wird die Heizung mich warm halten?«

Der Subtext eines Produkts setzt sich im allgemeinen aus zwei Teilen zusammen. Zum einen aus der Qualität, zum anderen aus der Aura, die dieses Produkt umgibt. Laut Wörterbuch bezeichnet Aura eine von Personen oder Sachen ausgehende Wirkungskraft, und ich verwende das Wort ganz bewußt, weil der Begriff Aura wiederum seinen eigenen Subtext hat – einen mystischen, ätherischen.

Jedes Produkt verfügt über eine Aura. Ideal ist, wenn die Aura damit zu tun hat, wie gut das Produkt funktioniert. Im besten Fall hängt die Aura von der Leistung ab. Jedoch – und es ist ein gewichtiges *Jedoch* – kann die Aura durch geschickte Werbung manipuliert werden, so daß sie mit der eigentlichen Leistung des verkauften Gegenstands kaum mehr etwas gemein hat.

Ein Beispiel wäre die Werbekampagne für das Auto vom Typ Infiniti im Jahr 1989. Anstatt das Auto vorzuführen und seine Vorzüge zu beschreiben, zeigt die Anzeige Elemente der Natur, die eindeutige Signale senden; sich brechende Wellen, schroffe Klippen, Sonnenuntergänge. Dann wird der Name des Autos über die Mattscheibe oder über die Illustriertenseite gegossen.

Kümmern Sie sich nicht darum, wie das Auto aussieht oder wie es fährt. Kümmern Sie sich nicht um den Preis oder irgendwelche anderen Merkmale. Leistung interessiert hier kaum; Aura ist alles. Oder vielleicht sollten wir sagen, Subtext ist alles, denn natürlich ist Aura einfach nur ein anderes Wort für Subtext. Die Werbekampagne für den Infiniti ist ein Versuch, von Anfang an die Aura des Autos zu begründen oder die unterschwellige Botschaft zu unterstützen.

Die jeweilige Aura von Prestigewagen wie Cadillac, Rolls-Royce, Mercedes oder BMW ist so gefestigt, daß wir keine Versicherung der Leistung brauchen. Die Aura bürgt für Leistung, aber die Aura ist legitim durch jahrelange Leistung erworben worden. Beim Infiniti versucht die Werbung, die jahrelange Bewährung zu überspringen und uns eine ausgewachsene Aura für ein Auto, von dem wir nie gehört haben, vorzustellen.

Nehmen wir als anderes Beispiel das beliebte und bekannte Parfum Chanel. Eine neuere Werbeanzeige für Chanel hat es nicht einmal nötig, die Parfumflasche zu zeigen. Auf der Anzeige sieht man eine Gruppe von attraktiven Frauen und Männern um einen Billardtisch versammelt, alle mit einem vage erotischen Ausdruck. Darüber steht der Name Chanel. Was sagt das über das Produkt, das zum Verkauf angeboten wird? Eigentlich nichts, aber es spricht Bände über die Aura von Chanel. Hyperkultivierte Menschen, zu cool, um zu lächeln, spielen Billard. Auch Sie können so kultiviert sein, wenn Sie Chanel verwenden. Das ist die Aura, die verkauft wird.

Eine Kosmetikwerbung für Elizabeth Arden zeigt ein ausgefallenes Model, das auf einem modernen Stuhl sitzt. Auch hier keine Erwähnung des Produkts. Was verkaufen sie? Ist es die Aura des Models? Oder die Aura des bemerkenswerten Designs der Anzeige?

In diesem Fall mag es die Aura der Firma sein, die den Gegenstand produziert. Wenn die Firma so stark ist, daß sie eine gut eingeführte Aura hat, sind wir eingestimmt, jedes Produkt anzunehmen, das sie herstellt! Elizabeth Arden, Bill

Blass, Ralph Lauren. Die Namen Electrolux, Hoover und Whirlpool, um auf praktischere Dinge zu kommen, haben alle eine Aura entwickelt, deren Subtext Verläßlichkeit und Qualität ausstrahlt.

Bei dem Bestreben, einen Subtext der Zuverlässigkeit aufzubauen, macht sich Maytag nicht die Mühe, uns mitzuteilen, wie gut ihre Maschinen sind. In ihren Anzeigen zeigen sie Reparaturmechaniker, die verzweifeln, weil es keine Arbeit für sie gibt.

Honda verlegt sich auf die gleiche Verkaufsmethode in den Anzeigen, indem die Firma versucht, einen Subtext zu schaffen, der mit den großen Namen gleichzieht. Ihre Werbung zeigt Verkäufer, die unglücklich sind, weil sich das Auto selbst verkauft. Der Trick in allen diesen Fällen ist, Haltbarkeit und Begehrtheit zu signalisieren, so daß wir annehmen, ihre Produkte seien die besten.

Der Subtext und der Verkäufer

Auch wenn das Produkt und der Hersteller solide Subtexte der Zuverlässigkeit aussenden, bleibt noch der Subtext des Verkäufers. Erfolgreiche Verkäufer vermitteln einen Eindruck von Ehrlichkeit, Vertrauen und Aufrichtigkeit.

Eine der besten Verkäuferinnen, die ich kenne, war im Immobiliengeschäft tätig. Sie machte einen naiven und ein wenig konfusen Eindruck, mußte immer in ihren Papieren wühlen, um das richtige zu finden, und strahlte während dieser Prozedur einen Subtext der Arglosigkeit aus. Es gelang ihr immer, genau das Dokument, das sie brauchte, zu finden, denn in Wirklichkeit hatte sie einen Kopf wie eine Registrierkasse! Aber ihre Kunden vertrauten ihr vollkommen. Zehn Minuten in ihrer Gegenwart, und schon waren sie einfach fest davon überzeugt, daß sie unfähig war, andere zu täuschen. Dieser

Subtext der Unschuld half ihr mehr als ihre ganze beträchtliche Kenntnis im Verkauf.
Wenn es sich arrangieren läßt, versuchen Sie, die Aussage des Produkts, das Sie verkaufen, auf ein spezifisches Detail einzuengen. Das macht nicht nur den Verkauf einfacher, sondern es ermöglicht Ihnen auch, überzeugender aufzutreten. Sehr wenige Leute glauben Ihnen alle die großartigen Dinge, die Sie ihnen über ein Produkt erzählen, aber sie lassen sich von einer einzelnen wichtigen Sache überzeugen. Wenn Sie es richtig auswählen, kann diese eine Sache das Produkt verkaufen.

Wenn der Kunde sich sperrt

Denken Sie über das Thema Widerstand des Käufers gründlich nach, bevor Sie den Käufer auch nur ansprechen. Gut, dieser Mensch könnte also einen Einwand haben. Machen Sie eine Pause, bevor Sie darauf eingehen, auch wenn Sie die Antwort wissen. Diese Pause enthält eine Botschaft für den Käufer. Sie besagt, daß der Einwand von Ihnen registriert wird. Das ist von größter Bedeutung. Sie teilen dem Käufer damit mit, daß Sie nicht einfach ein typisches Verkaufsgespräch vom Stapel lassen, sondern tatsächlich zuhören, was er zu sagen hat. Das ist eine klassische Methode, einen hartnäckigen Widerstand zu brechen. Sie wirkt nicht nur beim Verkauf. Sie kann auch im Privatleben funktionieren. Jeder weiß einen Zuhörer zu würdigen!
Der Leiter der Verkaufsschulung bei einem großen Forschungsinstitut an der Westküste berichtete, als erstes sagt man Verkäufern, die mit Widerstand fertig werden sollen, daß sie sich entkrampfen müssen. »Wir lehren sie, sich auf dem Stuhl zurückzulehnen, nicht erwartungsvoll auf der Kante zu hocken.«

Auf meinen verblüfften Blick hin erklärte er: »Die erwartungsvolle Person teilt unbewußt mit: ›Ich kriege Sie bei der ersten sich bietenden Gelegenheit.‹ Sie ist kampfbereit. Es ist der gleiche Subtext wie bei der Person, die steif mit vor der Brust gekreuzten Armen dasteht. Man muß begreifen, wenn man auf Widerstand stößt, sei es beim Verkauf oder einer Präsentation, bei jedem Aspekt des Verkaufens, von der Haustür bis zum Konferenzsaal, daß der Durchschnittskäufer selten am Ende der Präsentation kaufen wird, bevor er nicht in jedem Punkt seines Widerstands vollkommen befriedigt ist.

Aus diesem Grund muß der Verkäufer zuhören, wenn er auf Widerstand stößt. Die übermittelte Botschaft muß sein: ›Ich denke darüber nach, was Sie sagen, und ich verstehe es.‹ Das tut man, indem man sich entspannt, indem man bestimmte Signale der Körpersprache verwendet. Ziehen Sie die Stirn in Falten. Wölben Sie nachdenklich die Brauen, nicken Sie, und suchen Sie den Blickkontakt.

Der nächste Schritt ist seltsamerweise, daß man Zugeständnisse macht. Stimmen Sie in einem weiten, allgemeinen Sinn zu: ›Ich kann Ihren Standpunkt gut verstehen‹ oder: ›Ich weiß, was Sie meinen.‹ Das ist eine entwaffnende Aussage, weil das Gegenteil, nämlich Widerspruch, erwartet wird. Wenn dann der potentielle Käufer entwaffnet ist, versuchen Sie, den Einwand in einen Vorteil umzumünzen und daraus den besten Grund zu machen, jetzt zu kaufen. Dies erfordert natürlich ein tiefes Verständnis des Produkts und der Bedürfnisse des Kunden, aber jeder gute Verkäufer verfügt darüber, bevor der Verkauf beginnt.«

Die ersten zehn Sekunden

Ich sprach mit vielen Leuten, die im Verkauf arbeiten, während ich dieses Kapitel vorbereitete, und die breiteste Übereinstimmung, die ich fand, betraf die Wichtigkeit der ersten zehn Sekunden. Alle rieten dringend, daß Verkäufer ihre Stimme, ihren Händedruck, ihre Haltung und ihren Gesichtsausdruck überdenken sollten, um sicherzugehen, daß der erste Eindruck gut ist.

Ein Verkaufsleiter verglich die ersten zehn Sekunden eines Verkaufs mit jenem kritischen Augenblick, wenn ein Entertainer die Bühne betritt. Er war einmal Theaterdirektor gewesen, und er wies darauf hin, daß der Auftritt der Ruin vieler ausgezeichneter Entertainer gewesen sei. »Ich hatte einen Sänger, der zu mir kam und sagte, sein Manager habe ihm enorme Gagen verschafft, aber gedroht, ihn fallenzulassen, wenn es ihm nicht gelänge, einen besseren Eindruck auf das Publikum zu machen. Er konnte sich nicht vorstellen, was er falsch machte. Ich wußte, es war nicht die Stimme, also bat ich ihn, in die andere Ecke des Zimmers zu gehen und aufzutreten, als wäre es vor einem Publikum.

Tatsächlich, als er auftrat, hatte er die tödlichste Ausstrahlung, die man sich denken kann: ängstliches Gesicht, kein Lächeln, steife Haltung – nun, wir brachten das alles in Ordnung, und er machte sich gut. Aber ich will damit sagen, daß das gleiche für den Verkauf gilt. Es sind jene ersten zehn Sekunden!«

Eine junge Frau, die viel Erfahrung im Verkauf in Wall Street hatte, berichtete mir von den drei Regeln für ihre eigene Verkaufsmethode: sei spezifisch, sei bestimmt, sei selbstsicher. Sie sagte: »Ich plane mein Verkaufsgespräch so, daß es spezifisch ist, sich auf einen spezifischen Teil dessen, was ich verkaufe, konzentriert, und ich bin bestimmt bei meinem Verkaufsgespräch, aber vor allem versuche ich, Selbstsicherheit zu projizieren. In meiner Branche ist Vertrauen auf mein Urteil das ein und alles!«

»Wie stellen Sie das an?«

»Durch Wissen. Ich kenne mein Produkt, meine Aktien und Obligationen. Ich kenne den Markt und kenne die Konkurrenz. Das gibt mir die Fähigkeit, perfekte Selbstsicherheit zu projizieren. Wenn Sie nämlich nicht an Ihr Produkt glauben, können Sie das Verkaufen vergessen. Dann sucht man sich besser eine andere Arbeit.« Eine gute Verkäuferin ist von sich selbst überzeugt, ehe sie versucht, andere zu überzeugen. Diese Selbstsicherheit leitet sich nach einem anderen erstklassigen Verkäufer aus drei Regeln ab:

① Suchen Sie das Produkt aus, das Sie gern verkaufen möchten.
② Versuchen Sie nie, ein Produkt zu verkaufen, daß Ihnen nicht gefällt.
③ Verkaufen Sie nicht für eine Firma, die Ihnen nicht zusagt.

Wenn Sie gegen diese Regeln verstoßen, wird Ihr Subtext Sie schnell verraten!

Sie sind der Beste

Ein Aspekt des Verkaufens ist das Eintreiben von Geldspenden. Ich habe einen Freund, der als Geldbeschaffer für eine große wohltätige Organisation arbeitet. »Eine unserer typischen Maschen«, vertraute er mir an, »ist, daß wir jemanden finden, der sich für unsere Organisation interessiert, und ihm dann einen Ehrentitel verpassen und ein Dinner veranstalten. Du willst den Subtext? Der Subtext dieses Manövers ist klar. Wir schicken Einladungen in seinem Namen an eine Liste seiner Freunde, Bekannten und Geschäftspartner. Wir be-

rechnen eine ganze Menge für das Essen, aber es dient einem guten Zweck, also kommen die Leute, und zusätzlich zu den Speisen bieten wir einige Reden und Unterhaltung.«
Ich runzelte die Stirn. »In Wirklichkeit benutzt du ihn und übst Druck auf seine Freunde aus.«
Mein Freund nickte. »Genau! Du hast es erfaßt.«
»Aber warum läßt er das mit sich machen?«
»Warum?« Mein Freund zuckte die Achseln. »Aus dem besten Grund. Es schmeichelt ihm. Es massiert sein Ego, und er macht vergnügt mit.«
An Schmeichelei als Verkaufstrick hatte ich nicht gedacht, aber in den Gesprächen mit anderen Verkäufern wurde mir bewußt, was für eine wesentliche Rolle sie beim Verkauf spielen konnte. »Sie können einen potentiellen Käufer mit einem aufrichtigen Lächeln erfreuen«, sagte mir der Leiter eines Verkaufsinstituts. »Aber es ist noch besser, potentiellen Käufern zu schmeicheln, indem man direkt ihr Urteil lobt oder sie nach ihrer Meinung zu irgendeiner künstlerischen oder politischen Angelegenheit fragt. Das Signal, das Sie mit Ihrer Frage senden, ist schmeichelhaft: ›Sie wissen mehr als ich.‹ Sie schätzen ihre Meinung. Die Schmeichelei muß natürlich hintergründig und indirekt sein. Tatsächlich ist eine indirekte Schmeichelei am besten.«
Ich erkundigte mich, wie eine indirekte Schmeichelei wirkt. »Sie können Schlüsselsätze verwenden, um Komplimente zu machen und zu schmeicheln. Zum Beispiel: ›Was sind Ihre Vorstellungen? Wie denken Sie darüber?‹ Die Leute lassen sich gern nach ihrer Meinung fragen. Eine andere Einleitung ist: ›Ich würde Sie gern um eine kleine Hilfe bitten.‹ Damit drücken Sie aus, daß der potentielle Kunde klüger ist als Sie. Das ist nicht nur schmeichelhaft, es ist entwaffnend. Aber sorgen Sie auf jeden Fall dafür, daß Sie den gleichen Wissensstand haben.«
»Ich habe viel von Ihnen gehört« ist eine sehr wirkungsvolle

Art, einen neuen Kunden zu begrüßen, aber seien Sie gewarnt, es muß wahr sein. Bevor Sie das sagen, müssen Sie genug über die Person, die Sie treffen, in Erfahrung bringen, damit Sie in dem gar nicht so seltenen Szenario eine Antwort parat haben, dann nämlich, wenn der Kunde sagt: »Ach ja? Was haben Sie denn gehört?«

Ein früherer Vertreter von Computersystemen, mit dem ich sprach, hatte Erfahrungen im direkten Verkauf gesammelt. »Ich mache das jetzt nicht mehr«, sagte er mir mit einem bedauernden Unterton. »Ich bin jetzt Verkaufsleiter der Firma, aber ich sehne mich nach jenen Tagen. Ein guter Verkaufstag gab mir das Gefühl, etwas geleistet zu haben. Es hat mir Riesenspaß gemacht. Schmeichelei? Und ob ich sie benutzte. Damit kam ich durch die Tür.

Ich begann: ›Meine Firma möchte Ihre Meinung über diese Software hören.‹ Ich hätte nie gesagt: ›Ich würde Ihnen gern diese Software zeigen, wenn Sie einen Augenblick Zeit haben.‹ Sie sehen, die erste Einleitung fragt um Rat. Da kann man kaum widerstehen. Die zweite Einleitung fordert eine Abweisung heraus. Ich hatte einen ganzen Koffer voll Fragen dieser Art: ›Ich würde mich freuen, wenn Sie uns helfen könnten, eine neue Richtung für das nächste Jahr auszuwählen.‹ ›Welche hiervon würde die meisten Menschen ansprechen?‹ Das sind alles schmeichelhafte Einleitungen, und ihre Aussage lautet: ›Ich schätze Ihre Meinung.‹ Sie machen den potentiellen Käufern Komplimente, aber Sie dürfen es nicht übertreiben. Machen Sie es nicht zu kompliziert. Sagen Sie nicht zuviel. Die Leute nehmen sich nicht einmal eine Minute, um sinnlosen Worten zuzuhören.

Etwas anderes, was Sie beim direkten Verkauf beachten sollten, ist, daß Sie verschiedene Eröffnungssätze parat haben müssen, falls der erste danebengeht, und in der Zwischenzeit lassen Sie Ihren Kunden etwas sagen, selbst wenn das heißt: ›Ich bin nicht interessiert.‹ Als ich Programme verkaufte, antwortete ich darauf: ›Ich verstehe, daß Sie an dieser bestimmten Software nicht interessiert sind, aber ich wette, Sie interessieren sich dafür, Ihre Buchungszeit um siebzig Prozent zu verringern!‹ Wie könnte jemand dazu nein sagen, und damit haben Sie die Einleitung, die Sie brauchen.«

»Was ist mit der schroffen Ablehnung?« fragte ich ihn.

»Das fand ich immer schlimm«, sagte er mir, »aber eine Vertreterin, mit der ich zusammenarbeitete, brachte mir dafür etwas bei. Sie sagte, bei einer direkten Ablehnung fühlt man sich schlecht, aber das wirkt in beide Richtungen. Der potentielle Kunde schämt sich ein bißchen, und das kann man ausnutzen. Sie sagte mir, wie, und wenn ich danach nicht hineingelassen wurde, nahm ich meine Karte und schrieb eine Nachricht auf die Rückseite, etwa so: ›Es tut mir leid, daß ich Sie zu einer unpassenden Zeit gestört habe. Ich hätte mir denken können, daß Sie beschäftigt sind. Ich möchte Ihnen sehr gern von einem Produkt berichten, das Ihnen zehntausend Dollar im Jahr einsparen hilft, und ich komme morgen um die und die Zeit wieder. Ich hoffe, Sie können sich dann für ein paar Minuten freimachen.‹ Das funktioniert. Der potentielle Kunde liest die Karte, schämt sich ein wenig wegen seiner schroffen Ablehnung, und wenn Sie wieder hingehen, ist er im allgemeinen entgegenkommender.«

Eine Frage der Energie

»Eine wesentliche Eigenschaft beim Verkaufen ist, daß man sich für das Produkt begeistert«, sagte mir derselbe Vertreter. »Wenn Sie einen Subtext der Begeisterung projizieren, haben Sie den Verkauf schon halb getätigt.« Er selbst war ein kleiner, stämmiger Mann mit einem enormen Energievorrat. Als er mir ein typisches Beispiel für ein Verkaufsgespräch vorspielte, gebrauchte er bildhafte und aufregende Worte, um

die Qualität des Produkts zu vermitteln. Während ich ihm zuhörte, konnte ich das Programm beinahe arbeiten sehen.
Er hob auch die Bedeutung der körperlichen Ausstrahlung seines Auftritts hervor. »Wenn ich in ein Büro geschlurft käme, mit hängenden Schultern und müde, würde der Kunde, den ich überzeugen möchte, mich auf der Stelle als schon wieder so einen gelangweilten Vertreter abstempeln. Komme ich flott mit erhobenem Kopf herein, denkt er sich, daß ich etwas Wichtiges zu sagen habe. Während meiner ganzen Zeit im Verkauf war mein Energievorrat mit am wichtigsten.«
Eine Verkäuferin für Kosmetika sprach mit mir über Verkaufsmethoden. »Es ist eine Sache der Energie. Die Kundin wird diese Energie spüren und darauf reagieren. Da liegt Ladung in der Luft, Erregung. Ich mache das mit meinem Körper. Ich lächle und bewege mich geschmeidig. Ich verwende die Energie, um Eifer zu projizieren. Meine Körpersprache richtet sich an die Kundin. Sie sagt: ›Das wird Sie nicht langweilen!‹ Auf einer anderen Ebene sagt sie: ›Verwenden Sie dieses Produkt, und Sie werden genauso energisch und lebhaft wie ich!‹«
Ich habe dieses Wort *Energie* von Verkäufern auf allen Ebenen gehört, von Vertretern im Außendienst bis zu Unternehmensleitern. Sie ist absolut wichtig bei Präsentationen im Konferenzsaal und bei geschäftlichen Besprechungen im allgemeinen. Prozeßanwälte behaupten, sie könne ihnen helfen, die Jury zu manipulieren. Energie ist einer der wichtigsten Faktoren im Verkauf. Ich habe an Seminaren teilgenommen, wo nach stundenlangen Vorträgen über die verschiedenen Verkaufsmethoden die Teilnehmer körperlich und geistig abgeschlafft waren. Dann sah ich, wie ein Seminarleiter innerhalb weniger Minuten in ihnen wieder Begeisterung wecken konnte, indem er einen Subtext der Aufregung projizierte. Wie? Indem er seine Stimme hob. Indem er einen aufrührerischen Ton annahm, der die Luft mit einer elektri-

schen Kraft auflud. Kurz, indem er den Raum mit Energie anreicherte.
Wenn man begeistert ist, beim Verkaufen wie bei jeder anderen Beschäftigung, regt man andere an. Was sind die Elemente, die Erregung und Energie vermitteln? Das erste ist Bewegung, Bewegung des Körpers, der Hände, des Kopfs. Keine zufälligen, sinnlosen Bewegungen, sondern eine kontrollierte Bewegung, die alle Elemente der Körpersprache nutzt. Richtig ausgeführt, kann diese Körperbewegung eine Atmosphäre von Spannung und emotionaler Ansprache projizieren.
Wenn Sie während Ihrer Präsentation stehen, bewegen Sie sich hin und her. Verharren Sie nicht in einer einzigen Haltung. Verwenden Sie die Hände eindrucksvoll, um zu gestikulieren, zu deuten, Ihre Worte zu gestalten und zu projizieren. Setzen Sie Ihren Körper ein, um sich zu dem Kunden hin zu öffnen. Offene Arme sind wirkungsvoll. Gekreuzte Arme sind tödlich. Kreuzen Sie sie nie auf der Brust.
Eine offene Haltung Ihrerseits wird zumeist Offenheit beim Gegenüber hervorrufen. Es ist eine Art Spiegelwirkung. Die Offenheit, die Sie hervorlocken, wird sich auf das Denken des Zuhörers ausdehnen und die Bereitschaft verstärken, Ihrem Verkaufsgespräch zuzuhören.
Setzen Sie Ihre Stimme als Verkaufsinstrument ein, nicht nur um Worte zu projizieren, sondern um die Klangfarbe und Tonhöhe zu modulieren. Sprechen Sie nicht leise und monoton. Heben und senken Sie die Stimme Ihren Worten entsprechend. Eine Stimme ist ein wunderbares Instrument, denn sie kann Erregung genauso leicht übermitteln wie Aussichtslosigkeit.
Aber Sie müssen immer genau wissen, was Sie tun, damit Ihre Hände sich richtig bewegen. Die Hände sind ausdrucksvoll, aber sie können etwas Falsches vermitteln. Hier ein paar Verbote, an die Sie denken müssen:

- Ziehen Sie nicht an Ihrer Nase. An der Nase zu zupfen und zu ziehen ist eine nervöse Angewohnheit und macht einen schlechten Eindruck.
- Drehen Sie nicht an Ihrem Ohr herum. Auch das ist eine nervöse Angewohnheit, die das Falsche aussagt.
- Streicheln Sie nicht Ihr Kinn: eine weitere nervöse Geste, die einen Kunden abstoßen kann.
- Kratzen Sie sich nicht. Viele Menschen tun das, ohne es zu merken. Es würde wahrscheinlich bei Ihrem Kunden einen Juckreiz auslösen!
- Kauen Sie nicht an den Fingernägeln, und zupfen Sie nicht an den Nagelhäutchen Ihrer Finger. Ob Sie es glauben oder nicht, manche Leute tun das, während sie verkaufen!
- Klimpern Sie nicht mit Kleingeld in der Tasche, während Sie sprechen.
- Letzte Verbote: Kritzeln Sie nicht auf einem Block, und spielen Sie nicht mit etwas herum. Dinge aufheben und hinlegen, Büroklammern aufbiegen, Bleistifte drehen und mit Federhaltern herumfummeln, mit Ihrem Ring spielen – das alles sind nervöse Angewohnheiten, die Ihre Kunden verärgern können.

Das Brutzeln verkauft das Steak, nicht die Kuh

Ich habe einen guten Freund, Jim, der sein erstes halbes Jahrhundert längst hinter sich hat. Jim verbrachte den größten Teil seines Lebens im Verkauf und wurde dann Leiter der Verkaufsabteilung einer großen amerikanischen Organisation. Er hat sich jetzt aus dem Geschäft zurückgezogen, arbeitet aber noch als Berater und spricht gern über die »guten alten Zeiten«, und fast alles, was er sagt, läßt sich auf unsere heutigen Belange anwenden.

»Ich arbeitete anfangs bei dem Vorsitzenden eines Verkaufsschulungsinstituts in New York. Das war 1942. Er wußte schon damals alles über Subtext. Sein Lieblingsspruch war: ›Das Brutzeln verkauft das Steak, nicht die Kuh!‹ Obwohl ich, um die Wahrheit zu sagen, die Kuh für ziemlich wichtig halte.«

Ich bat Jim, den Satz zu erläutern. »Na, du hast bestimmt nie eine Kuh durch ein Restaurant laufen sehen, die die Kunden verlockt hätte, sich ein Stück aus der Lende zu schneiden. Aber laß mal einen Kellner eine brutzelnde Platte mit Steaks vorbeitragen, und allen läuft das Wasser im Mund zusammen. Deshalb muß alles, was du verkaufst, dieses Brutzeln haben. Wenn du das Brutzeln in deinem Produkt entdeckst, hast du es schon halb verkauft!

Sobald du das kapiert hast«, fuhr er fort, »brauchst du noch eine Spur Showtalent. Du weißt ja, was du tust, ist genauso wichtig wie das, was du sagst. Wie du deine Hände und Füße bewegst, wie du das Produkt berührst, das alles ist wichtig. Paß auf die Augenbraue auf. Zieh sie überrascht hoch, und du kannst dich direkt aus dem Verkauf hieven. Du mußt ehrlich sein. Dein Lächeln muß aufrichtig sein und darf kein Grinsen werden. Du mußt einen Eindruck vermitteln.«

»Einen Subtext?«

»Genau. Einen Subtext, der sagt, daß du mit dem Kunden zufrieden bist, mit dem Produkt zufrieden bist, froh über die Möglichkeit, es zu verkaufen, zuversichtlich bezüglich einer Bestellung.«

Sobald ich mir die Beziehung zwischen der Idee des Subtexts und Jims »Brutzeln« klargemacht hatte, ging ich in Gedanken einige von seinen Effekthaschereien durch, die er früher genutzt hatte, um zu verkaufen.

Als er Versicherungen anpries, betonte er den Subtext des Geldes, das diese Police für Vergnügen und Reisen beschaffen würde. Um dieses »Brutzeln« rüberzubringen, zeigte er seinen Kunden Bilder von fernen, exotischen Orten – Hawaii, Japan, Kenia. Als er Herrenanzüge verkaufte, band er einen Faden mit einem Gewicht an einen Knopf, um zu beweisen, daß er hielt. Diese Art Effekthascherei erzeugte einen starken Subtext im Kopf des Kunden – das Brutzeln, das das Steak verkaufte.

Zwei Möglichkeiten anbieten

Meine sechsjährige Enkeltochter war ihrer Mutter ein wenig zu aufgeweckt, und meine Tochter suchte deshalb einen Psychologen auf, von dem sie sich Rat erhoffte: »Sie tut einfach nicht, was ich ihr sage.«
»Kindern in diesem Alter«, riet der Psychologe, »müssen Sie immer zwei Dinge zur Auswahl anbieten. Sie werden immer eines davon nehmen.«
Zweifelnd probierte meine Tochter es eines Abends aus, als das Kind nach dem Spielen nicht aufräumen wollte. »Du hast zwei Möglichkeiten. Lese deine Spielsachen auf, oder geh in dein Zimmer!«
Meine Enkeltochter dachte nach, dann sagte sie: »Mir gefallen beide Möglichkeiten nicht. Gibt es noch eine andere?«
Tja, sie ist ein bißchen gerissener als die meisten Leute. Eine Immobilienmaklerin verwendet die Methode mit den zwei Möglichkeiten sehr erfolgreich. Sie erzählte mir von einem unschlüssigen Kunden, dem sie zwei Eigentumswohnungen im 32. Stock eines New Yorker Hauses zeigte. Sie hatte das Gefühl, daß sie jetzt zur Sache kommen und den Kauf perfekt machen konnte. In der Wohnung sagte sie: »Diese hier hat eine herrliche Aussicht auf den Hudson, nicht wahr?« Der Kunde stimmte zu. Als sie die andere, ähnliche Wohnung besichtigten, sagte sie: »Das ist auch ein herrlicher Blick. Der East River.« Wieder stimmte der Kunde zu. »Welche Aus-

sicht ziehen Sie vor?« fragte meine Maklerfreundin. »Oh, den Hudson natürlich.« Damit war es klar. Sie war auf dem Weg zu einem Kaufvertrag.
Der Verkäufer sollte dem potentiellen Käufer eine Wahl zwischen einer Sache und einer anderen bieten, niemals zwischen etwas und nichts. Dann können Sie mit einer gezielten Frage eine Festlegung erreichen, und Sie sind bereit zu verkaufen.
Eine andere Methode beim Verkaufen ist, den zukünftigen Käufer nicht zu bekämpfen. Wenn der Käufer in einem Punkt anderer Meinung ist, denken Sie einen Moment nach, dann sagen Sie: »Ich verstehe Ihren Einwand, aber . . .« Und dann steigen Sie in das Verkaufsgespräch ein. Sie signalisieren Zustimmung. Sie sind auf der Seite des Käufers, und das schwächt im allgemeinen jede Feindseligkeit ab.
Aber seien Sie aufrichtig, wenn Sie diese Methode anwenden. Sehen Sie ein, daß vermutlich etwas an dem Einwand dran ist. Prüfen Sie ihn, suchen Sie einen Weg darum herum, aber streiten Sie ihn nicht ab. Der Subtext wäre sonst: »Ich weiß das besser als Sie«, und auch wenn das stimmt, möchten Sie nicht, daß der Käufer so denkt. Stimmen Sie zu, dann erklären Sie: »Ich freue mich, daß Sie die Sprache darauf bringen.« Oder: »Die meisten klugen Käufer fragen mich das.« Oder: »Ja, Sie haben recht. Ich wollte es gerade erklären.«

Ich denke ernsthaft daran zu kaufen

Ein letzter Subtext, den ein guter Verkäufer erkennen lernen muß, ist derjenige, der signalisiert, daß der Kunde bereit ist zu kaufen. Allzuoft lassen Verkäufer sich diese Signale entgehen. Sie müssen wachsam sein, um zuzugreifen und sie zu verstehen. Mein Freund, der ehemalige Vertreter, spricht noch einmal von seinem Mentor.

»Er teilte diese Signale immer in zwei Teile, die gesprochenen und die unausgesprochenen. Ich will dir einige Beispiele für gesprochene Signale nennen. Das sind die, auf die ein Ohr wartet. Wenn du sie hörst, brichst du das Verkaufsgespräch ab und bittest um die Bestellung.
›Wie wird dieses kosmetische Mittel hergestellt?‹
›Läuft das Metall an?‹
›Bewährt sich der Stoff bei täglichem Tragen?‹
›Kann ich das mit nach draußen nehmen und bei Tageslicht betrachten?‹
Die Leute stellen solche Fragen, wenn sie laut über das Kaufen nachdenken. Wenn du Fragen dieser Art gestellt bekommst, sagt der Subtext: ›Ich bin bereit zu kaufen.‹ Verschwende keine Zeit, und verdirb nicht den Verkauf, indem du das Verkaufsgespräch fortsetzt.«
Die deutlichsten dieser Signale haben mit Geld zu tun!
»Kann ich monatlich statt wöchentlich zahlen?«
»Würde ich etwas sparen, wenn ich eine große Menge kaufe?«
»Kosten sie alle das gleiche?«
»Was für einen Nachlaß können Sie mir beim Preis gewähren?«
»Wie hoch muß die Anzahlung sein?«
Übergehen Sie nie die Frage nach dem Preis. Der Subtext ist ziemlich eindeutig: »Ich bin so gut wie entschlossen zu kaufen!«
Andere Signale sind die feinsinnigeren der Körpersprache, erklärte mein Freund. »Wir wußten das alles schon damals in den Vierzigern, wenn wir es auch nicht Körpersprache nannten. Hauptsächlich achteten wir auf die Augen des Kunden. Ich glaube, die Augen sind wirklich die Spiegel der Gedanken. Meistens versuchen die Kunden, ein Pokergesicht zu machen und einen nicht spüren zu lassen, was sie denken und wie interessiert sie sind. Aber wenn ihre Augen fortwährend

auf die Muster oder auf den Vertrag auf dem Tisch sehen, dann sind sie interessiert! Nimm es in die Hand und sprich darüber, erkläre es. Wenn der Kunde fragt: ›Wie funktioniert es?‹ Oder: ›Woher kommt das?‹ Oder noch besser: ›Wofür brauche ich das . . .?‹ – dann hast du dein Schäfchen im trockenen!
Ich will dir noch ein paar unausgesprochene Signale oder Hinweise der Körpersprache nennen. Wenn die Augen der Kunden halb geschlossen sind, dann wälzen sie wichtige Gedanken über das Kaufen. Rede dann nicht zuviel. Sie hören vermutlich nicht zu. Aber wenn sie die Lippen spitzen, sind sie kurz vor dem Kaufen. Dann kreise die Dinge ein, die sie interessieren, und wiederhole sie. Hole den Vertrag heraus. Sprich über Mengenrabatte. Das ist dein großer Augenblick. Greif zu!«
Hier sind einige weitere wichtige, nichtverbale Zeichen:

- Der Kunde nimmt immer wieder den Vertrag in die Hand.
- Er kratzt sich nachdenklich am Kopf.
- Sie spielt mit dem Federhalter.
- Er reibt sich nachdenklich das Kinn.
- Sie lehnt sich auf dem Stuhl zurück und denkt nach.
- Er ruft einen Freund an, um sich Rat zu holen.
- Sie beißt sich auf die Lippe oder runzelt die Stirn.

Bei allen diesen Signalen ist der Subtext der gleiche: »Ich denke ernsthaft darüber nach, ein Geschäft zu machen.«

11 Gefährliche Liebschaften

Der Mann, der die Chefin liebte

»Der Ärger begann«, berichtete mir Art, »als ich mich in meine Chefin verliebte.
Ich war stellvertretender Verkaufsleiter, und Simone war die Abteilungsleiterin. Ich fühlte mich schon an dem Tag, als ich mich vorstellte, von ihr angezogen. Sie hatte etwas an sich . . . Als ob sie wirklich daran interessiert wäre, daß ich dort arbeiten wollte. Ich weiß, daß ich in meinem Beruf gut bin, aber ich hatte noch bei keinem Einstellungsgespräch eine so positive Reaktion erlebt. Und dann – da war alles mögliche. Nichts Offenkundiges, aber – die Ausstrahlung war richtig.«
»Ausstrahlung?«
»Ja, ich weiß, Sie nennen es Subtext, und das wird es gewesen sein. Es war etwas, was ich nicht benennen konnte.«
»Sie haben miteinander geflirtet?«
Er zögerte. »Flirt ist zuviel gesagt. Aber da war eine ganze Menge von Kleinigkeiten, wenn wir zum Beispiel über Verkaufsstrategie diskutierten. Nun hat Verkaufsstrategie wenig mit Romantik zu tun, aber die Art, wie wir darüber sprachen und nur zueinander, die Worte, die wir gebrauchten . . . Ich hätte vernagelt sein müssen, um nicht zu merken, daß etwas im Busch war.«
»Was war mit Körpersprache?«

»Na ja, wir kamen uns ziemlich nahe, wenn wir über einen Kunden sprachen, als ob wir ein Geheimnis miteinander hätten.«

»Sie meinen, Sie teilten persönlichen Raum?«

»Genau. Es war zuerst ein wenig eigenartig, aber es gefiel mir irgendwie, und ich merkte, wie ich darauf einging. Wir waren an einem Abend allein im Büro und gingen einige Kaufverträge durch. Warum wir so spät arbeiteten?« Er zuckte die Achseln. »Ich glaube, wir waren beide schuld. Ich hatte eine Situation geschaffen, wo wir einfach nicht mehr alles rechtzeitig vor der Vorstandssitzung am nächsten Tag erledigen konnten. Sie machte meine kleine Verschwörung mit. Und dann – es war unser erster Kuß – und unser letzter.«

»Warum Ihr letzter?«

»Weil mir plötzlich klar wurde, was da lief. Sehen Sie, sie war fünf Jahre älter, viel raffinierter und auf dem Weg nach oben. Ich faßte gerade erst Fuß in der Firma. Klar, ich habe von Leuten gehört, die sich an die Spitze geschlafen haben, aber ich dachte nur, es wäre beruflicher Selbstmord. Ich wollte mich damals auf nichts Ernsthaftes einlassen. Angenommen, sie hätte es gewollt? Ich würde in der Klemme sitzen, wenn aus irgendeinem Grund unser Verhältnis schiefginge. Ich würde tief in der Tinte stecken. Ich tat das Vernünftigste, was ich tun konnte. Ich machte einen Rückzieher und ging sofort auf Stellensuche!«

Sich an die Spitze schlafen

Ist Arts Geschichte ungewöhnlich? Wenn er eine Affäre mit seiner Chefin begonnen hätte, hätte er sie als Starthilfe auf der Unternehmensleiter benutzen können? Oder wäre es ein Fehler gewesen? Wir haben alle die modischen Romane über

Menschen gelesen, die sich ihren Weg nach oben erschlafen. Aber wie sieht die Realität aus?
In einer Umfrage unter 1000 berufstätigen Männern, die eine Zeitschrift vor kurzem durchführte, meinte die Hälfte der 35jährigen und darunter, daß ein Mann sich an die Spitze schlafen könnte. Die Männer über 35 hatten stärkere Zweifel, doch hielt es immerhin ein Drittel für möglich; und dennoch sagten nur 6 Prozent der befragten Männer, sie hätten es versucht.
Um noch etwas genauer zu werden: 71 Prozent der befragten Männer arbeiteten für eine Frau, und von diesen sagte ein Viertel, sie fühlten sich sexuell zu ihr hingezogen. Ein Fünftel sagte, die Chefin sei von ihnen angezogen.
Art, der vierzig war und geschieden, meinte, daß ein Verhältnis mit seiner Chefin zu »beruflichem Selbstmord« führe. Aber mehr als die Hälfte der Babyboom-Generation räumten ein, daß sie sich in so einer Situation wohl fühlen würden. Hier zeigt sich sehr deutlich der Generationsunterschied.
Wie sieht es bei der Frau aus, die versucht, Sex und seinen Subtext einzusetzen, um voranzukommen? Hören wir die Geschichte von Cynthia und Leslie, beide Maklerinnen in einem großen Maklerhaus in Chicago. »Wir wurden beide gleichzeitig eingestellt«, erinnerte sich Cynthia, »und es bestand immer eine freundschaftliche Konkurrenz zwischen uns. Sie zeigte sich offen, als eine wirklich gute Position als Vorstandsmitglied mit der Aufgabe Handel frei wurde. Wir hatten gleich viele Berufsjahre, und unsere Arbeit hatte den gleichen Rang, doch Leslie kleidete sich in einer Weise, die ich einfach bewundern mußte, aber nie zu imitieren gewagt hätte. Die Signale, die sie sendete, waren recht deutlich.
Wir wußten, daß die Position des Vorstandsmitglieds an eine von uns gehen würde, aber nach der ersten Woche war ich sicher, daß Leslie sie bekommen würde. Sie startete eine Großoffensive, um unseren Chef zu verführen. Zunächst war

es nur ein Flirt, dann folgten einige gemeinsame Mittagessen, und schließlich, erzählte sie mir selbstgefällig, hatten sie nach der Arbeit ein richtiges Rendezvous. Ich bekam später mit, daß es in einem Hotelzimmer endete.
Nun, ich dachte, das sei nun gelaufen – sie hätte die Stelle. Aber zu meiner Überraschung kam sie eine Woche später in Tränen aufgelöst in mein Büro. Was war passiert? Der Chef hatte ihr mitgeteilt, daß sie entlassen war! Er könnte nach allem, was passiert sei, nicht mehr mit ihr arbeiten. Er würde ihr ein gutes Empfehlungsschreiben mitgeben, aber nur, wenn sie ihre Affäre für sich behielt.
Leslie tat mir leid, aber ich war begeistert, als der Chef mir sagte, ich bekäme die Stelle. Zum erstenmal wurde mir klar, daß mein zurückhaltendes Image von Vorteil sein könnte.«
Cynthias »zurückhaltendes Image«, das sie manchmal nur zu gern geändert hätte, sendete einen Subtext über ihre Fähigkeit, die Aufgabe gut zu erfüllen. Ob richtig oder falsch, wir setzen oft voraus, daß ruhige, bescheidene Menschen tüchtiger sind als gesellige, auffällige. Obwohl Leslie genauso gut arbeitete, hatte ihr extravertierter Stil einen anderen Subtext. Sie war »zu haben«, und ihr Flirten machte das klar. Der Chef sprach nur allzu leicht darauf an, aber während er gedacht haben mag, ein einmaliges Gastspiel sei in Ordnung, wollte er sich nicht durch eine Beziehung seine Arbeit erschweren. Leslie hatte seine Signale falsch gedeutet.

Sex-Appeal in der Geschäftswelt

In Wirklichkeit war es nicht Leslies »Stil«, der ihr ein Bein stellte, obwohl sie signalisierte, sie sei zu haben. Es war ihre Annahme, daß sie diesen Subtext zu einer Beförderung ausbauen könnte, indem sie mit dem Chef schlief.
Helen Gurley Brown, Herausgeberin der amerikanischen

Zeitschrift *Cosmopolitan*, verfügt über eine Fülle von Erfahrungen am Arbeitsplatz. Obwohl ihre Vorstellungen den meisten Ansichten zuwiderlaufen, sind sie wegen ihres Erfolges wert, erwähnt zu werden.
Gurley Browns entschiedene Meinung ist, daß es insgesamt gut, richtig und vorteilhaft für eine Frau ist, in der Geschäftswelt Sex-Appeal einzusetzen. In ihrem Buch *Sex and the Office* äußert sie die Ansicht, daß provokative Kleider eine »geheime Waffe« für die Geschäftsfrau sein können. Zu ihren Empfehlungen gehört ein »männlicher Schnitt« auf dem »kurvenreichen« Körper einer Frau. Sie meint, daß der Gegensatz erregend sei. Sie empfiehlt auch offenherzige Kleider und stimulierende Parfums.
Aber sie scheint mit ihren Empfehlungen allein dazustehen. Fast jede andere Autorität meint, daß jede Art Signal von berufstätigen Frauen, sie seien zu haben, unweigerlich ins Auge gehen wird.
Wenn eine Büroaffäre für eine Frau Gefahren birgt, so kann sie für einen Mann im gleichen Maß Nachteile bringen. Solange die Beziehung keine ernste Sache ist, liefert sie ihn offenkundigen Schwierigkeiten aus: Andere Kollegen werden bald mitbekommen, was sich abspielt, und werden es übelnehmen; sein eigener Vorgesetzter wird das Verhältnis vermutlich mißbilligen, und er kann nicht dieselbe Art von beruflicher Beziehung von einer Geliebten erwarten, die er mit einer Frau haben könnte, mit der er weniger persönlich verbunden ist.

Das Ende der Affäre

Mit dem Chef oder der Chefin auszugehen oder überhaupt mit einer Person, deren Position höher als Ihre eigene ist, macht nur einen Teil des Problems aus. Bei weitem schwieriger ist es, so eine Affäre zu beenden. Die Person, die in der Firma höher rangiert, sieht im allgemeinen die beste Lösung darin, den anderen Partner loszuwerden. Die Frage der Erpressung – »Wirf mich raus, und ich erzähle überall von unserer Affäre« – wird so beantwortet: »Wenn du ordentliche Referenzen haben willst, spiel mit!«

Manchmal ist es wichtig, aus einer Affäre auszusteigen, bevor sie beginnt. Ein Verhältnis zu beenden ist ein schwieriges Problem und, wie Art spürte, eine so schnelle Möglichkeit, eine Stelle zu verlieren. Der beste denkbare Rat ist daher, sich unter gar keinen Umständen mit jemandem zu verabreden, der höher steht als man selbst. Ein guter Rat, aber da wir alle Menschen sind, wird er nicht immer befolgt.

Romanze im Büro

Sollte eine Beziehung im Büro überhaupt undenkbar sein? Gibt es dafür gar keinen Platz? Die Wahrheit ist, daß viele Ehen und dauerhafte Beziehungen aus einer Bürobekanntschaft entstanden sind. Die logische Folgerung heißt: Was für einen besseren Ort gäbe es für eine Frau, einen annehmbaren Mann zu finden? Oder für einen Mann eine passende Frau? Erst wenn die Beziehung kaputtgeht, setzt die Gefahr ein.

Art betrat schwankenden Boden, als er sich in eine ältere Frau mit einem höheren Rang in der Firma verknallte. Leslie geriet in die gleiche Gefahrenzone, als sie versuchte, einen Mann in einer höheren Position zu verführen, um selbst aufzusteigen. Leslies Subtext war sehr deutlich, aber falsch. Arts Subtext war zwar weniger deutlich, hatte aber etwas Unaufrichtiges an sich. Er hatte nicht die Absicht, sich auf eine ernste Bindung einzulassen, etwas, worauf seine Chefin aus war.

Auf einer gleichen und ehrlichen Grundlage können die Subtexte alle leicht ineinandergreifen. »Ich finde Sie sympa-

thisch.« »Ich möchte Sie besser kennenlernen.« »Ich könnte mich sogar verlieben.« An solchen Signalen ist nichts auszusetzen. Es wird nur dann bedenklich, wenn sie die Arbeit oder Beziehungen am Arbeitsplatz stören.
»Ich würde eine Frau, mit der ich arbeite, einladen, mit mir auszugehen«, sagte ein Angestellter zu mir, »aber ich würde mich bemühen, es aus dem Büro herauszuhalten.«
»Nach meiner Erfahrung«, sagte eine Angestellte, »hat praktisch jeder Mann in unserem Büro eine Affäre gehabt oder ist dazu fähig.«
»Die meisten Frauen im Büro«, meinte eine Sekretärin, »würden mit einem Mitarbeiter gehen. Klar, manche heiraten die Männer, aber nicht alle!«
Aus meiner eigenen Zeit als Büroangestellter weiß ich von mindestens sieben verheirateten Personen, die Büroaffären begonnen haben. Vier von ihnen wurden schließlich geschieden und waren mit ihren neuen Partnern »glücklicher«. Die drei anderen schafften es entweder, ihre Partner versetzen zu lassen, nachdem die Affären vorbei waren, oder taten sich selbst nach etwas anderem um.
Alles in allem bin ich immer noch davon überzeugt, daß Romanzen im Büro tabu sein sollten. Letty Cottin Pogrebin, die verschiedene Erfahrungen am Arbeitsplatz gemacht hat, stimmt zu. In ihrem Buch *How to Make it in a Man's World* rät sie Berufstätigen, Romanzen bei der Arbeit im Keim zu ersticken. »Es wird wahrscheinlich die Stellung gefährden, wenn die Schmeicheleien ernst werden.« Sie führt die Büroromanze als ein Risiko an, das auf diejenigen wartet, die Geschäfte und Vergnügen vermischen. Pogrebin rät zu Selbstdisziplin in Büroverhältnissen und schlägt vor, daß die Leute sich eher nach Partys, Freunden von Freunden, Rendezvous mit Unbekannten, Klubs, Erwachsenenbildung und anderen Aktivitäten umsehen, bevor sie es im Büro versuchen. Doch auch sie erkennt die treibende Kraft des Sex

an und kommt zu dem Schluß, ja, »Sie können eine Büroromanze haben, solange sie die Büroarbeit nicht stört«.
Viele Firmen sind hier anderer Meinung und haben Regeln aufgestellt, nach denen solche Beziehungen zu unterlassen sind. Manche Anwaltsfirmen setzen sogar einen Anstellungsvertrag auf, der Heirat zwischen Angestellten verbietet. Die Hewlett-Packard Company verfolgt eine Linie, die ausdrücklich nicht auf die Arbeit bezogene »Beziehungen« zwischen Vorgesetzten und Untergebenen mißbilligt. Sie sind der Ansicht, daß es zu Interessenkonflikten kommen könnte.
Robert Mathis, Professor für Management an der University of Nebraska in Omaha, glaubt allerdings, daß man Amors Pfeile nicht kontrollieren kann. »Ebensowenig wie man Moral per Gesetz verordnen kann, kann man gegenseitige Zuneigung im Büro völlig verbieten.« Dennoch meint er, daß Unternehmen eine klare Linie zu solchen Beziehungen verfolgen sollten.
Die Gannett Company stellt sich der Realität, daß Sexualität überall, wo Männer und Frauen zusammen arbeiten, ein Problem darstellt. Christine O. Landauer, die Direktorin des Unternehmens für Schulung und Entwicklung, bemerkt: »Wenn Angestellte ihre Objektivität im Büro von ihren persönlichen Beziehungen beeinflussen lassen, dann setzen wir uns mit dem Problem auseinander. Aber wir würden es für unfair halten, die Fachleute, die wir anstellen, von vornherein zu verurteilen, indem wir voraussetzen, sie könnten ihr Berufsleben nicht von ihrem Privatleben trennen.«

Sexuelle Belästigung

Die Sexualität kann das Leben am Arbeitsplatz auch auf andere Weise komplizieren, nämlich dann, wenn Belästigung zum Problem wird. Was ist ein Flirt im Büro, und wie weit kann er gehen, bevor er zur Belästigung wird? Nehmen wir den Fall von Jane, die Leiterin der Produktionsplanung in einem großen Bauunternehmen im Südosten ist. Produktionsplanung und -kontrolle ist ein traditioneller Männerberuf, aber Jane als Witwe mit zwei Kindern brauchte das höhere Gehalt, das es für diesen Posten gab, und bestand den Test des Unternehmens vor den anderen Kandidaten. Sie war eine gute Kraft und stets gut gelaunt. »Ich kannte meine Arbeit und erledigte sie«, erinnert sie sich. »Ich vertat keine Zeit an der Kaffeemaschine im Büro.«

Jane war eine attraktive Frau, und die anderen Angestellten waren alle Männer. »Ich weiß nicht, wann es begann, mehr zu sein, als ich dulden konnte«, sagte Jane. »Zuerst waren es Scherze, dann zweideutige Bemerkungen, wenn ich vorbeiging. Wenn ich mich beklagte, war ich ein Spielverderber. Aber ich hatte nicht das Gefühl, daß es bloß freundschaftliche Hänseleien waren, und als ich nicht mitspielen wollte, wurde es sehr viel ernster.

Manchmal streiften sie mich absichtlich im Vorbeigehen. Manchmal war es der sogenannte harmlose Klaps auf den Hintern. Ich kannte den Subtext hinter allen Anspielungen und Andeutungen. Es war nichts anderes als sexuelle Belästigung!

Ich beklagte mich schließlich beim Chef. Es war mir zuwider, aber ich kam anders nicht zurecht. Er hörte mir zu, dann sah er mich an, als wäre ich übergeschnappt. ›Ach, so sind eben die Männer. Was soll's, sie denken sich nichts dabei. So sind sie nun mal.‹«

Janes Erfahrung ist durchaus nicht einmalig. Vielmehr ist es eine sehr alltägliche Situation. Die Späße und Anzüglichkeiten scheinen an der Oberfläche rein sexueller Natur zu sein, aber es gibt gewöhnlich einen tieferen Subtext, besonders wenn eine Frau eine Arbeit macht, die traditionell als Männerarbeit gesehen wird. Dann stecken dahinter auch Neid und Ärger, ein verborgener männlicher Unmut gegenüber

Frauen, die Gleichheit anstreben, ein Unmut, der als sexuelle Anspielung nach außen dringt und in Wirklichkeit sexuelle Belästigung ist.

Der rechtliche Aspekt

Hätte Jane ihren Fall vor Gericht bringen können? Vermutlich, aber es wäre ein harter Kampf geworden. Nur eine Handvoll Fälle, in denen Frauen wegen sexueller Belästigung klagten, haben Grundlagen für Rechtsverfahren erbracht. Der Grund? Die Gerichte zeigen oft wenig Verständnis, es besteht immer die Furcht vor Repressalien, und die Entscheidung eines Falls kann sich über Jahre hinziehen, wodurch sich die seelische Belastung verlängert und ernste finanzielle Probleme entstehen. Viele Frauen sind verständlicherweise wenig geneigt, sich in so eine schwierige Situation hineinziehen zu lassen.

Aber das wandelt sich in dem Maß, in dem Frauen in wachsender Zahl berufstätig werden. Arbeitgeber in Amerika ergreifen selbst die Initiative im Kampf gegen Belästigungen, entweder weil ihnen die Bedeutung weiblicher Arbeitskräfte und deren Beitrag zum Geschäft klar wird oder weil sie die Entscheidung des amerikanischen Obersten Gerichtshofs von 1986 kennen, nach der ein Arbeitgeber gesetzlich dafür verantwortlich ist, sexuelle Belästigung zu verhindern und eine belästigungsfreie Umgebung zu schaffen.

In Deutschland arbeitet das Frauenministerium zur Zeit an einem Gesetzentwurf zur Gleichstellung der Frau, in dem ein besonderer Paragraph erstmals die sexuelle Belästigung als strafrechtlichen Tatbestand erfassen soll.

Good Housekeeping weist darauf hin, daß die Campbell Soup Company in Camden, New Jersey, kurz nach der Entscheidung des Obersten Gerichtshofs ein Programm begonnen hat, um ihren 1700 Arbeitern und Angestellten beizubringen, was

das Gericht über sexuelle Belästigung verfügt hat und wie man damit umgeht. Der Sprecher des Unternehmens erklärte, es liege »im eigenen Interesse der Firma, Problemen vorzubeugen und die, die dennoch vorkommen, schnell zu lösen«. Campbell ist nicht das einzige Unternehmen, das gehandelt hat. Unter anderen hält Dupont in Wilmington, Delaware, halbtägige Seminare ab, um den 100 000 Angestellten des Unternehmens die Subtexte der sexuellen Belästigung zu erklären und auf die Möglichkeiten der Hilfe hinzuweisen.
Freada Klein, Beraterin für betriebliche Menschenführung, aus Boston, rechtfertigt diese Schulungsverfahren. »Die Firmen müssen ihren Angestellten die Hand reichen und sagen, daß es richtig ist, die Probleme auszusprechen«, sagt sie und erklärt, daß selbst dort, wo man gegen Belästigungen vorgeht, manche Frauen Angst haben, sich zu Wort zu melden.
Es bringt nicht nur dem Unternehmen, das sexuelle Belästigung verurteilt, Vorteile, sondern auch den Beschäftigten. K. C. Wagner, ein Berater mit Sitz in Manhattan, der in Unternehmen Kurse über sexuelle Belästigung durchführt, sagt, daß es dem Berufsweg und den Gefühlen der Beschäftigten weniger schadet, wenn Probleme innerhalb des Unternehmens gelöst werden.
Ein wichtiger Faktor ist, daß man überhaupt erst versteht, was sexuelle Belästigung ist. Was sind die Signale, die einen darauf hinweisen? Die Schwierigkeit liegt darin, daß es nur sehr wenige objektive Signale gibt. Manchmal liegt die Belästigung auf der Hand, aber viel häufiger ist es nicht so eindeutig. Folglich steht nicht selten die Wahrnehmung einer Person gegen die einer anderen.
Good Housekeeping erklärt, daß es, rechtlich gesehen, zwei Arten der sexuellen Belästigung gibt: »Unwillkommenes verbales oder körperliches Verhalten sexueller Natur, das als direkte oder unterschwellige Grundlage der Beschäftigung oder Beförderung benutzt wird.« Und: »Eine feindliche oder

einschüchternde Arbeitsatmosphäre, die durch sexuelle Witze, Hänseleien oder Bemerkungen oder auch das Vorhandensein anzüglicher Poster erzeugt wird.«
Hinter den Hänseleien, den Anspielungen, den Postern steht der Subtext, der sagt: »Frauen gehören nicht hierher – oder wenn doch, um dann von den Männern benutzt zu werden.«

Die Kehrseite der Medaille

Nach allem, was über sexuelle Belästigung geschrieben wurde, scheint es eine Einbahnstraße zu sein, wenn Frauen von Männern belästigt werden. Aber daß Männer von Frauen belästigt werden können, darüber spricht niemand. Sexuelle Belästigung von Männern kommt vor, doch sehr selten und nur unter extremen Umständen.
Kenneth ist ein junger Buchhalter, der in einem Immobilienbüro in einer großen Stadt arbeitet. Er bedient den Computer und erledigt die Buchungen. Vor kurzem entschied er sich gegen die Anstrengung eines Gerichtsverfahrens wegen sexueller Belästigung nur deshalb, weil er meinte, er würde sich damit lächerlich machen.
»Ich bin der einzige Mann in einem Büro mit zwanzig Frauen, und glauben Sie mir, das ist kein Zuckerschlecken! Ich dachte, als ich damals die Stelle annahm, ich würde gern mit einer Gruppe von Frauen zusammenarbeiten. Aber ich muß Ihnen sagen, sie fallen ständig über mich her. Vielleicht sind es nur Neckereien, und wenn ich mich beschwere, tun sie es als das ab. Was ist Böses an einem kleinen Flirt?
Nun, ich bin verheiratet, und ich halte es nicht für harmlos. Sie kommen an meinen Schreibtisch, beugen sich über meine Schulter, hauchen mir manchmal sogar ins Ohr. Sie denken vielleicht, daß sie Spaß machen, aber ich empfange eine sehr lüsterne Botschaft von ihnen, und das gefällt mir nicht! Das geht so in einem fort, und es bringt mich aus der Fassung. Ich

kann nicht voll konzentriert arbeiten. Ich habe mich bei der Chefin beklagt, aber sie lacht mich bloß aus. Ich weiß, die Männer haben das immer so gemacht, und es ist höchste Zeit, daß wir selbst eine Kostprobe davon abbekommen, aber ich habe es nicht getan, und ich will nicht für alle Männer büßen!«

Kenneth löste das Problem schließlich, indem er eine neue Stelle suchte und kündigte.

Kampf gegen sexuelle Belästigung

Ob Mann oder Frau, was können Sie gegen sexuelle Belästigung unternehmen? Zuallererst stellen Sie denjenigen, der Sie belästigt, zur Rede. Wenn es ein Mann ist, lassen Sie ihn wissen, daß er sich in beleidigender Weise verhält. Wenn das nicht hilft, dann ist der nächste Schritt, ihm zu sagen, daß Sie Ihren oder seinen Vorgesetzten ins Bild setzen. Am besten tun Sie das schriftlich. Es ist auch wichtig, daß Sie alles schriftlich festhalten, mit Daten und Zeiten der Belästigung und einer Erklärung, was sich genau abspielt. Sie sollten Kopien Ihrer Aufzeichnungen und Notizen aufbewahren.

Wenn es dennoch weitergeht, müssen Sie die Sache vor die Unternehmensleitung bringen und daran erinnern, daß das Unternehmen gesetzlich verpflichtet ist, eine belästigungsfreie Atmosphäre zu schaffen. Wenn die Firma ein Beschwerdeverfahren eingeführt hat, benutzen Sie es. Wenn das alles nicht wirkt, sollten Sie sich mit der Gewerkschaft oder der Frauenbeauftragten in Verbindung setzen. Dort wird man Sie weiter beraten.

Diese Schritte machen den meisten Beschäftigten angst, und selbstverständlich müssen sie zuvor sorgfältig erwogen werden: Aber wenn die Belästigung stark ist und nicht nachläßt, sollte der Angestellte den Rechtsweg einschlagen.

12 Wenn Welten aufeinanderprallen

Der amerikanische Geschäftsmann und der Saudi-Prinz

Weil der heutige Weltmarkt das Geschäftemachen oft zu einem internationalen Abenteuer macht, ist das Verständnis für unausgesprochene, unterschwellige Botschaften in anderen Kulturen zu einer außerordentlich wichtigen beruflichen Fähigkeit geworden. Man erzählt sich die Geschichte von einem amerikanischen Geschäftsmann, der nach Saudi-Arabien geschickt wurde, um mit einem der 4000 Saudi-Prinzen ein Ölgeschäft auszuhandeln. Endlich gelang es ihm, ein Gespräch zu vereinbaren, das in den gedrängten Terminkalender des Prinzen paßte. Das Gespräch fand in einem großen Ballsaal unmittelbar vor einem Empfang statt. Der Amerikaner kam sofort zur Sache und unterbreitete sein Angebot.

Der Prinz, der sich für das Projekt interessierte, rückte dem Amerikaner bis auf 15 Zentimeter nahe. Aber der Amerikaner fühlte sich in dieser körperlichen Nähe unwohl und rückte ab, bis über ein Meter zwischen ihnen lag, was er für eine angenehme Distanz hielt.

Der Prinz näherte sich ihm wieder in dem Abstand, der ihm behagte, 15 Zentimeter, und der Amerikaner ging ein Stück zurück, ohne daß es ihm bewußt wurde. Auf diese Weise durchmaßen die zwei Männer innerhalb der folgenden Viertelstunde den ganzen Ballsaal, der Amerikaner rückwärts, der Prinz vorwärts.

Der Prinz wurde jedoch immer unglücklicher. Die Botschaft, die er empfing, war ihm klar: »Ich möchte Ihnen nicht nahe sein. Sie beleidigen mich. Ich finde Sie unsympathisch.« Auch der Geschäftsmann fühlte sich langsam unbehaglich. Warum rückte ihm dieser Mann so unangenehm nahe, daß er seinen Atem im Gesicht spürte? Er konnte tatsächlich die Speisen riechen, die der Prinz gegessen hatte. Er spürte sogar ein verwirrendes sexuelles Signal in dieser Nähe, und er fing an, sich zu verhaspeln, wurde rot und schaute weg. Am Ende fiel das Geschäft ins Wasser. Da mochte der Gewinn, den beide aus einer Zusammenarbeit gezogen hätten, noch so groß sein, der Subtext eines jeden verstimmte den anderen.

Die unterschiedlichen Bedürfnisse und Wünsche nach Raum in Saudi-Arabien und in den Vereinigten Staaten spiegeln verschiedene kulturelle Auffassungen. Fast jede Kultur hat ihre eigenen Regeln für den Umgang mit dem Raum, und in jeder wird ein anderer Subtext gesendet, wenn der Raum verletzt wird.

In den Vereinigten Staaten und in England haben die Menschen am liebsten eine etwa 60 Zentimeter große Luftblase um sich. Wenn zwei Menschen miteinander sprechen, berühren sich die »Blasen«, und es entsteht ein Abstand von 1,20 Meter. Das wird als angenehmer Subtext wahrgenommen. In jeder geselligen Situation richten sich die Menschen so ein, daß ihre privaten Zonen unversehrt bleiben.

Diese Gepflogenheiten sind Thema des Prologs zu *The Birth of Architecture*, den der Dichter W. H. Auden verfaßt hat. Die Zeilen lauten:

> Some thirty inches from my nose
> The frontier of my person goes,
> And all the untilled air between,

Is private *pagus* or demesne.
Stranger, unless with bedroom eyes
I beckon you to fraternize,
Beware of rudely crossing it:
I have no gun, but I can spit.*

Der private Raum sollte laut Auden nur von einer geliebten Person betreten werden. Jeder andere ist verdächtig. Es ist kein Wunder, daß der amerikanische Geschäftsmann das Eindringen des Prinzen in seinen persönlichen Raum verwirrend und sexuell anzüglich empfand. In Wirklichkeit akzeptieren allerdings auch die Menschen in den Vereinigten Staaten bei guten Freunden und geliebten Menschen die größere Nähe, ohne einen sexuellen Subtext wahrzunehmen.

Wie verschiedene Kulturen mit dem Raum umgehen

Die Art, wie wir mit dem Raum umgehen, wirkt sich unmittelbar darauf aus, wie wir unterschwellige Signale wahrnehmen und aussenden. Wenn wir mit anderen Kulturen zu tun haben, sollten wir wissen, wie jede den Raum behandelt.
Araber fühlen sich, wie der Prinz in unserer Anekdote zeigt, in einem Abstand von 15 Zentimetern wohl, wenn sie sich unterhalten. Die Araber berühren einander gern. Wenn möglich, sind arabische Häuser weiträumig und luftig, aber die Bewohner drängen sich in einem kleinen Bereich zusammen. In der Öffentlichkeit haben Araber wenig Verständnis für die

* Gut dreißig Zoll vor meiner Nase verläuft die Grenze meiner Person, und all die freie Luft dazwischen ist privater *pagus* oder Grundbesitz. Fremder, wenn ich dir nicht mit Schlafzimmerblick ein Zeichen gebe, dich freundschaftlich zu nähern, dann hüte dich, sie unverschämt zu überqueren: Ich habe kein Gewehr, doch ich kann spucken.

Privatsphäre. Ein Araber drängt sich in eine Schlange und hält das für ein zulässiges Benehmen. Wenn ein Araber allein sein möchte, zieht er sich einfach in sich zurück. Amerikaner, die mit Arabern zu tun haben, halten dieses Sichzurückziehen für beleidigend.

In Deutschland besteht ein sehr starkes Bedürfnis nach privatem Raum. Als während des Zweiten Weltkrieges deutsche Kriegsgefangene im Mittleren Westen zu viert in kleinen Hütten untergebracht waren, machten sie größte Anstrengungen, Material zu finden, mit dem sie Trennwände bauen konnten, damit jeder seinen eigenen privaten Raum hatte. In Deutschland ist der private Raum – abgeschirmte Balkons und eingezäunte Gärten – ein Heiligtum.

In deutschen Büros und Häusern werden die Türen gewöhnlich geschlossen gehalten. In amerikanischen Häusern werden sie normalerweise offengelassen – außer an den Zimmern der Teenager. Bei Heranwachsenden besteht oft ein sehr starkes Bedürfnis nach Alleinsein. Amerikaner schließen sich in ihren Zimmern ein, wenn sie allein sein wollen.

Die Engländer verinnerlichen ihre Barrieren, um ihre Privatsphäre zu schützen. Die englische Haltung entsteht aus einer Kultur, die nicht über viel Raum verfügt. Deswegen bedeutet es nicht, daß zwei Menschen Freunde sind, wenn sie körperlich nahe beieinander sind. Der Soziologe Dr. Robert Sommer zitiert in seinem Buch *Personal Space* einen englischen Gastgeber, der mit einem amerikanischen Besucher spricht. »Verzeihen Sie uns die scheinbare kalte Gleichgültigkeit. Dies ist eine kleine, übervölkerte Insel. Wir können nur existieren, wenn wir einander übersehen.«

Die Franzosen haben ebenfalls wenig Platz – in größerem Maß als die Nordeuropäer. Aber in Frankreich offenbart sich die Bevölkerungsdichte in einer Liebe zum Leben im Freien, zu den Straßencafés. Das Haus gehört der Familie; die Straßen und Plätze gehören der Geselligkeit und dem Geschäft.

Bei einer Geschäftsreise nach Frankreich fand ein sehr kleiner Teil meiner Arbeit im Büro meines Gastgebers und überhaupt nichts bei ihm zu Hause statt. Fast alles wurde in Restaurants und Cafés erledigt, wo lange, ausführliche Diskussionen über das Essen geführt wurden, bevor wir auf das Geschäftliche zu sprechen kamen.

In Japan, wo Raum ebenfalls etwas ganz Besonderes ist, lösen die Menschen das Problem, indem sie dem Raum eine andere psychologische Interpretation geben. Das dichte Zusammenrücken wird als Zeichen einer herzlichen und angenehmen Vertrautheit betrachtet. In gewissen Situationen bevorzugen die Japaner tatsächlich die Menge.

Der Umgang mit dem Raum ist nur eine von vielen Erscheinungen, in denen sich Kulturen atmosphärisch unterscheiden, und nur einer der Bereiche, auf denen bereits eine geringe Kenntnis der Signalsprachen einen großen Unterschied ausmachen und international große Gewinne einbringen kann. Während der Vorarbeiten zu diesem Kapitel unterhielt ich mich mit vielen Geschäftsleuten, die überall in der Welt gearbeitet hatten und herumgereist waren. Anstatt mich auf das Urteil oder die Beobachtung eines einzigen zu verlassen, führte ich für jedes Land mit wenigstens fünf verschiedenen Personen Gespräche, bevor ich mich für die Person entschied, deren Erfahrungen ich für die repräsentativsten halte.

Da ich mit vielen Varianten im Subtext zu tun hatte, zögerte ich, irgendein Merkmal als eine nationale Eigenart zu betrachten, wenn es nicht mehrfach und in verschiedenen Situationen geschildert wurde. Auch dann noch gibt es immer Ausnahmen von der Regel, und was in einem Land vorzuherrschen scheint, muß nicht auf jeden zutreffen.

Fast alle Geschäftsleute baten mich, ihre Namen oder ihre Geschäftsverbindungen nicht zu nennen, da sie immer noch geschäftlich mit diesen Ländern zu tun hatten oder als Berater von Amerikanern, die dort Geschäfte machten, tätig waren. Ich habe ihren Wunsch nach Anonymität respektiert, aber ich habe ihre Geschichten mit größter Genauigkeit wiedergegeben. Hier sind ihre Erfahrungen. Klar – es sind alles Erfahrungen, die Amerikaner im Ausland gemacht haben. Aber sie sind sicherlich auch für Sie, lieber deutscher Leser, von Interesse. Denn auch Ihnen wird es in Skandinavien, Japan, Korea oder Taiwan ähnlich ergehen. Auch Sie werden auf vergleichbare Schwierigkeiten stoßen. Das Kapitel über Deutschland schließlich kann Ihnen Aufschluß darüber geben, wie wir Amerikaner Ihr Land erleben.

Die Sauna erleben

John, Bürger der Vereinigten Staaten, ist Professor für Management an einer hervorragenden Universität und verfügt über eine 30jährige geschäftliche Erfahrung. In den letzten zehn Jahren ist er internationaler Berater gewesen. Ich fragte John nach seinen Erfahrungen, die er bei seinen Geschäften in verschiedenen europäischen Ländern gemacht hatte.
Als er Skandinavien beschrieb, bemerkte er, daß die Dänen den Nordamerikanern sehr ähnlich sind. »Sie haben Sinn für Humor, aber sie wissen, wann sie ernst sein müssen. Was den Subtext betrifft, so gilt, daß sie das, was man sagt, auch so wahrnehmen. Es gibt sehr wenige unterschwellige Botschaften.«
Im Gegensatz dazu sind die Schweden sehr reserviert. »Sie werden einen nicht zu seinen eigenen Bedingungen akzeptieren, und man braucht viel Zeit, bis man eine Beziehung zu ihnen hergestellt hat. Sie lassen sich nicht auf lange Unterhaltungen ein. Wenn Sie fragen: ›Wie ist das Wetter?‹, wird ein Schwede antworten: ›Gut.‹ Nicht mehr.
Wenn man dagegen die Dänen nach dem Wetter fragt,

machen sie es sich bequem und beginnen so: ›Für welchen Teil Dänemarks interessieren Sie sich?‹ – und schon sind Sie mittendrin.«
Ich war fasziniert, als er von den Finnen erzählte. Finnland ist ein zweisprachiges Land mit Finnisch und Schwedisch als amtlichen Sprachen. John konnte zwar Schwedisch sprechen, aber leider waren nur wenige Finnen bereit, es bei geschäftlichen Besprechungen zu verwenden. Sie sprachen alle Finnisch, eine schwierige Sprache, die mit fast keiner anderen in Europa verwandt ist. Bei geschäftlichen Verhandlungen empfand John die Finnen sehr hartnäckig, sehr bestimmt und sehr anspruchsvoll. Die Subtexte, die sie ihm vermittelten, waren: »Wir sind eine geschlossene Gesellschaft. Wir trauen Fremden nicht.«
»Ich war geschäftlich dort«, erklärte John, »bei Rosennew, der größten Gießerei in Finnland, wo ich versuchte, sie zu veranlassen, eine Artikelserie von emailliertem Kochgeschirr herzustellen. Die meisten ihrer Produkte waren Gußwaren für schwere landwirtschaftliche Ausrüstung, aber sie hatten auch einige Konsumgüter, und ich wußte, daß sie herstellen konnten, was ich wünschte.
Der Haken war, daß ich nicht weiterkam. Wir konnten uns einfach nicht auf einen Preis einigen. Sie verstanden nicht, wer wir als Unternehmen waren, und sie wollten es eigentlich auch nicht verstehen. Sie waren mehr daran interessiert, daß ich verstand, wer sie waren.
Während wir redeten und auf der Stelle traten, fragte ich, um über etwas Unverbindliches zu plaudern, nach der Sauna, einem nationalen Phänomen in Finnland.
Zum erstenmal während unseres Gespräches schienen sie munter zu werden, und sie erklärten, daß die Sauna in ihrem bitterkalten Land ein guter Platz sei, um sich aufzuwärmen und über Geschäfte zu sprechen. Als ich ihnen sagte, daß ich nie in einer gewesen sei, luden sie mich zögernd ein, unser

nächstes Treffen dort stattfinden zu lassen. Ich merkte, daß sie sich nicht sicher waren, wie ich die Einladung aufnehmen würde. Wie lädt man einen Amerikaner ein, sich auszuziehen, um zu einer geschäftlichen Sitzung zu kommen? Ich verstand langsam, daß ein großer Teil ihrer Geschäfte in der Sauna getätigt wird!

Als ich die Einladung annahm, waren sie erfreut. Wir gingen in die Sauna, ließen die Hüllen fallen, und sie begannen, vom Geschäft zu reden. Es ging ziemlich lustig zu, und es entwikkelte sich eine zwanglose, kameradschaftliche Atmosphäre. Alle sprachen mir zuliebe Schwedisch. Zu meiner Freude erreichte ich genau, was ich wollte. Es war ein völlig anderes Verhältnis!«

Der Subtext, merkte John, war deutlich: »Wir trauen Ihnen nicht, bis wir wissen, daß Sie über unsere Eigenarten nicht lachen und nicht auf uns herabsehen, wie es viele Ausländer tun.« Aber das Saunatreffen hatte noch einen anderen, tiefgründigeren Subtext: »Wenn man nackt ist, hat man nichts zu verbergen! Man ist bereit, sich bloßzustellen. Es herrschte ein Gefühl der Gleichheit unter uns. Kleidung, Position, selbst aggressive Verhaltensweisen aus dem Konferenzraum waren vergessen. Wir standen eindeutig auf der gleichen Stufe.«

John stellte fest, daß der Besuch der Sauna Vertrauen begründete. »Sobald mir klar wurde, was ablief«, erklärte John, »akzeptierte ich andere Elemente ihrer Kultur. Sie glauben, daß Amerikaner nur Steaks essen und Rentieresser verachten. Sie freuten sich, als ich zum Abendessen Rentierfleisch als Hauptgericht bestellte. Sie wurden offener, und ich fühlte mich wohler. Die Schranken zwischen uns verschwanden.«

Geschäfte in Deutschland, Frankreich und Belgien

Die Deutschen, erzählte mir John, verhalten sich geschäftlich in vielen Dingen wie die Finnen. Sie sind genauso hartnäckig, bestimmt und anspruchsvoll. Aber das, betonte er, ist heute so. »Ich kam Anfang der fünfziger Jahre zum erstenmal nach Deutschland. Sie erholten sich noch vom Zweiten Weltkrieg, und wir waren die Sieger. Wir konnten nichts falsch machen, und sie waren eifrig bemüht, ihre Schuldgefühle loszuwerden und uns zu sagen, wie leid es ihnen tat. Der Subtext: ›Wir möchten es Ihnen um jeden Preis recht machen.‹«

Als John jedoch in den sechziger Jahren wieder nach Deutschland kam, hatte sich die Lage sehr stark verändert. »In Hamburg traf ich dieselben Leute, die ich zwölf Jahre vorher kennengelernt hatte. Sie waren wohlhabend, und der Krieg war Vergangenheit, vergessen. Sie redeten mit uns von oben herab bei geschäftlichen Verhandlungen, weil sie von einer Position der Stärke aus verhandelten. Der Subtext war: ›Wir sind die Topleute!‹

Heute glaubt man in Deutschland an Offenheit. Die Deutschen machen sich kein Kopfzerbrechen mehr, ob sie unsere Gefühle verletzen könnten. Wenn Sie einen Vorschlag unterbreiten, den sie für schrecklich halten, sagen sie Ihnen unverblümt, was sie davon halten. Der Subtext ist: ›Wir haben die Macht und die Stärke. Sie kommen uns zu unseren Bedingungen entgegen.‹«

Frankreich ist John zufolge ganz anders. »Es gibt große regionale Unterschiede, und die Geschäfte verlangen dort unterschiedliche Strategien. Man trifft auf verschiedene Subtexte, je nachdem ob man oben im Norden oder unten im Süden, im Osten oder im Westen ist. Je näher ich zum Beispiel der belgischen Grenze kam, desto provinzieller erschienen mir die Menschen. Es war fast unmöglich, eine

Diskussion auf Fabriksebene zu führen. Warum? Weil es keine Kontroverse gibt. Man kann bei jeder Verhandlung gewinnen. Ihr Subtext war: ›Wir fühlen uns unwohl, weil Sie hartnäckiger sind und mehr Kenntnisse haben als wir.‹
Doch das war in der Provinz. Wenn man näher an Paris herankommt, werden die Geschäfte gemacht, wie man in Amerika Geschäfte macht. Die einzige Hürde ist die Sprache. Man redet viel darüber, daß die Franzosen sich weigern, mit einem zu verhandeln, wenn man nicht Französisch spricht. In Wirklichkeit ist es so, daß sie hart verhandeln, wenn man ihre Sprache spricht, aber wenn das nicht der Fall ist, geben sie sich alle Mühe, damit man sich wohl fühlt, und helfen einem. Wenn man die Sprache beherrscht, ist der Subtext: ›Sie stehen auf der gleichen Stufe wie wir. Fechten wir es aus!‹ Wenn man nicht Französisch spricht, lautet die Botschaft: ›Wir helfen Ihnen, die Unterschiede zwischen uns zu überwinden.‹«
John hatte auch in Belgien zu tun gehabt, und er sah die Belgier als »arme Franzosen«, die versuchen, es den Franzosen gleichzutun, aber es nie ganz schaffen. »Ihr Lebensstandard ist niedriger als der französische, und sie haben mehr Probleme mit unserer Sprache. In der französischen Industrie findet man immer einen, der Englisch spricht. Nicht in Belgien. Außerhalb der Städte mußte man sich auf Dolmetscher verlassen, und bei Dolmetschern hat man immer das eine große Problem: Da gibt es keinen Subtext!«
John erklärte, was er meinte. »Ein Dolmetscher äußert sich nie persönlich. Er nimmt einfach Ihre Worte und übersetzt sie so wörtlich wie möglich, und da fallen alle Nuancen weg – und der ganze Subtext.«

Japan

In Japan trifft allerdings das Gegenteil zu. Nach Cathy, einer Frau in den Dreißigern, die fließend Japanisch spricht und viele Jahre als Wirtschaftsberaterin in Japan und Amerika gelebt hat, kann man einem japanischen Geschäftsmann durch einen Dolmetscher eine Frage stellen, eine halbe Stunde lang dem Hin und Her zwischen Dolmetscher und Geschäftsmann zuhören, um sich dann vom Dolmetscher sagen zu lassen: »Er glaubt, daß er es nicht machen kann.«

Der lange Wortwechsel ist ein Versuch, Sie einzuschätzen, die kurze Antwort ist das Ergebnis dieser Analyse. »Die Japaner sind sehr daran interessiert, was für ein Mensch Sie sind. Wie denken Sie? Kann man Ihnen vertrauen? Das alles ist Teil der Übersetzung, die Sie natürlich nie hören. Sie erhalten eine gefilterte Version. Tatsächlich erhalten Sie den Subtext. Sie lassen sehr viel Persönliches einfließen.«

Cathy macht auf einen Punkt aufmerksam, den man stets bedenken muß, wenn man in Japan Geschäfte macht, nämlich daß die Japaner nie die Gefühle des anderen verletzen möchten. Bei einer geschäftlichen Verhandlung stellen sich für einen Amerikaner die Dinge vielleicht gut dar, wenn er ausgeführt und zum Essen eingeladen wird. Der Amerikaner deutet das Signal: Das Geschäft kommt zustande. In Wirklichkeit kann die Bewirtung gerade den entgegengesetzten Subtext haben.

»Ich betrieb mein eigenes Beratungsgeschäft in Japan«, sagte mir Cathy, »und einmal wollte eine japanische Bank eine Filiale gründen. Ein amerikanischer Anwalt, der meine Dienste in Anspruch nahm, hoffte, die Bankleute davon zu überzeugen, ihn zu nehmen. Nach einer langen geschäftlichen Konferenz führte uns der Leiter der japanischen Bank zu einem sehr teuren Essen aus. Mein Klient war sicher, daß er ihr Mann war. Warum hätte es sonst unbedingt so ein langes und üppiges Essen sein müssen?

Als wir das Restaurant verließen, dankte ich dem Bankier auf japanisch, und mit einer angedeuteten Verneigung sagte er: ›Es ist das mindeste, was wir tun können.‹ Ich wußte, daß das seine Art war zu sagen: ›Kein Abschluß.‹«

Einer der wichtigsten Subtexte in Japan hat mit dem Alter zu tun. Ältere Leute werden in Japan, anders als in Amerika, verehrt und mit großem Respekt behandelt. Cathy erzählte mir von einem jungen amerikanischen Staranwalt, der Japanisch sprach und von seinen japanischen Kollegen respektiert wurde. Er arbeitete für eine japanische Anwaltskanzlei, aber sie überließen ihm seine japanischen Klienten nicht allein, weil er erst in den Dreißigern war. Seine Firma wußte, die Klienten würden beleidigt reagieren, wenn nicht ein erfahrenerer Anwalt bei den Besprechungen anwesend wäre. Der ältere Anwalt, ob er sein Fach verstand oder nicht, gab der Besprechung den Subtext der Autorität.

»Es gibt viele Feinheiten im Umgang mit Japanern«, hob Cathy hervor. »Der Austausch von Visitenkarten ist ein Bereich, in dem es Probleme geben kann. In den Vereinigten Staaten nimmt man die Karte von jemandem an. Vielleicht wirft man einen kurzen Blick darauf, dann steckt man sie in die Tasche.

In Japan käme dies einer regelrechten Beleidigung gleich. Man muß die Karte nehmen, genau betrachten und irgendeinen schmeichelhaften Kommentar dazu abgeben. Dann legt man sie auf den Tisch und läßt sie eine Weile dort liegen. Steckt man sie zu schnell weg, beleidigt man den Besitzer. Der Subtext wäre: ›Diese Person ist nicht wichtig.‹

Wir Amerikaner sehen Japan, als bewege es sich in einer langsameren Gangart. Wir sind oft frustriert, weil die Japaner so lange brauchen, bis sie Entscheidungen treffen. Hier in den Staaten fällt ein Chef eine Entscheidung und gibt sie nach unten weiter. In Japan gibt es ein Gremium, und jedes Mitglied hat einen Anteil an der Entscheidung. Jede Person liest

das betreffende Dokument und stempelt es mit einem Siegel ab. Die Japaner unterschreiben nicht wie wir. Sie verwenden einen Stempel mit in Elfenbein geschnitzten Schriftzeichen. Das Siegel bedeutet das gleiche wie eine Unterschrift bei uns: ›Ich bin einverstanden.‹
Man kann sogar seinen Stempel einem anderen geben, um Geld bei der Bank abzuheben, und die Bank akzeptiert das!
Weil so viele Meinungen gehört werden müssen, um eine Entscheidung zu fällen, und weil die Japaner den Kompromiß und Konsens bevorzugen, können Konferenzen endlos erscheinen, und es wird immer neue Konferenzen geben, bis der Konsens erreicht ist. Man muß sich auf längere Zeiten einstellen, wenn man in Japan Geschäfte macht.«
Es ist auch wichtig, wie Cathy sagt, daß Personen gleichen Ranges bei geschäftlichen Besprechungen nebeneinandersitzen. Das Kopfende des Tischs mit dem Ehrenplatz bekommt die wichtigste Person. »Der Ehrenplatz in einem traditionellen japanischen Konferenzraum«, merkt Cathy an, »ist mit dem Rücken zu einer Nische, in der sich ein hübsches Blumenarrangement befindet, ein Muß für jeden geschäftlichen Rahmen. Amerikaner würden es eher für schmeichelhaft halten, gegenüber der Nische zu sitzen, damit man die Blumen sehen kann.«
Es gibt feine sprachliche Nuancen, über die man bei japanischen geschäftlichen Besprechungen Bescheid wissen muß, sagt Cathy weiter. Wenn jemand sagt: »Wir werden darüber nachdenken«, meint er in Wirklichkeit: »Nein!« Wenn man an einem Tisch im Restaurant gefragt wird, ob man noch einen Drink möchte, sagt man nicht: »Nein, danke.« Das würde die Gefühle des Gastgebers verletzen. Statt dessen sagt man, wenn man nichts mehr trinken möchte: »Ich bin zufrieden.«
Hinter der Maske der Höflichkeit verstecken sich die Japaner im allgemeinen. Die japanische Gesellschaft ist sehr hierar-

chisch geordnet, und jeder muß seinen Platz kennen. Verneigung, Lächeln und gesittete Höflichkeit senden nicht allzu tiefgründige Signale aus, die in einer Gesellschaft, wo überall Gedränge herrscht, notwendig sind. Seltsamerweise wird in diesem übervölkerten Land Berührung mißbilligt. Die amerikanische Gewohnheit, einen Arm um die Schulter zu legen oder einen Arm zu berühren, wird verabscheut.

Ich hatte immer gehört, daß Frauen in Japan vom Geschäft ausgeschlossen sind, doch Cathy versicherte mir, dies sei nicht der Fall. »Wenn man Ausländer ist, Mann oder Frau, paßt man nicht in das System. Aber wenn man qualifiziert ist, verhandeln sie genauso bereitwillig mit einer Frau wie mit einem Mann. Ich muß es wissen.«

Auch ist es für japanische Frauen nicht unmöglich, beruflich Karriere zu machen. Allerdings ist es völlig ausgeschlossen, Karriere zu machen und trotzdem verheiratet zu sein. Japaner glauben, man soll eine Sache machen, und diese richtig. Ihrer Ansicht nach kann man nicht Frau und Mutter sein und dennoch arbeiten.

»Ich war das jüngste Mitglied einer japanischen Firma«, sagte Cathy, als sie an ihre erste Zeit in Japan zurückdachte. »Wenn wir zum Essen aus waren, ging der wichtigste Mann zuerst, und nach ihm ging jeder in der Reihenfolge seiner Bedeutung. Ich ging als letzte und mußte die Tür selbst aufstoßen. Das Signal war klar. Ich stand ganz unten in der Hackordnung!

Dann besuchte uns einmal ein britischer Anwalt, und wir gingen alle zum Essen aus, und siehe da, sie hielten mir die Tür auf, damit ich als erste gehen konnte! Ich begriff, daß sie dachten, so hätte es der britische Besucher getan, und sie wollten ihn nicht beleidigen.«

Weitere Berührungen mit den Japanern

Anthony arbeitet für eine Firma, die Einrichtungsgegenstände importiert, und reist häufig ins Ausland, um die Einfuhr unterschiedlicher Artikel aus verschiedenen Fabriken zu organisieren. Er berichtete mir von seinen Problemen mit einer japanischen Gußwarenfabrik. »Ich wollte wissen, ob sie einen bestimmten Zinkspritzguß für einen Kerzenleuchter machen könnten. Wir hatten die Absicht, den Guß zu versilbern, weil das feine Gravuren erlauben würde, je nachdem, wie die Gußformen gemacht wurden.

In der Fabrik sah ich, daß sie ausgezeichnete Spritzgußarbeiten für industrielle Produkte herstellten. Ich zeigte dem Fabrikkomitee das Muster des Kerzenleuchters und fragte: ›Können Sie das machen?‹ Sie sagten ja, und ich fragte, wie schnell ich Muster bekommen könnte. Sie fragten, wann ich aus Japan abreisen würde. ›In vier Tagen‹, sagte ich ihnen. ›Wir haben die Muster für Sie, bevor Sie losreisen‹, versicherten sie mir.

Nun wußte ich, daß das unmöglich war. Die Formen sind das ein und alles, um einen guten Guß herzustellen. Eine gute Form herzustellen ist eine mühsame Arbeit und dauert viel länger als vier Tage. Ich sagte dem Komitee durch meinen Übersetzer, daß sie in vier Tagen keine Form herstellen könnten. Es gab ein langes Gerede hin und her zwischen dem Komitee und meinem Übersetzer, und schließlich erfuhr ich, sie versuchten mir zu erklären, daß sie den Kerzenleuchter in vier Tagen herstellen könnten, wenn sie eine Form hätten.

Warum sagten sie das? Hm . . . Er wußte darauf keine Antwort, aber ich kannte den wahren Grund. Sie wollten meine Gefühle nicht verletzen. Es hätte mich vielleicht beunruhigt, wenn sie mir die Wahrheit gesagt hätten, und vielleicht wäre ich sogar zu einem Konkurrenten gegangen. Lieber logen sie mich an und erzählten mir, was ich hören wollte. Hätte ich mich auf die Schätzung von vier Tagen eingelassen, wäre ich wiedergekommen und hätte nichts fertig vorgefunden. Wenn ich dann gesagt hätte: ›Aber Sie haben doch gesagt, vier Tage!‹, hätten sie geantwortet: ›Sehr bedauerlich. Unvorhersehbare Schwierigkeiten.‹«

Wenn man in Japan Geschäfte macht, unterstrich Anthony, muß man diesen Subtext verstehen: »Wir möchten Ihre Gefühle nicht verletzen.« Um aus dieser Sackgasse herauszukommen, muß man seine Fragen richtig formulieren. Fragen Sie nicht: »Wie schnell kann ich das Muster haben?« Die Zeit, die Sie noch in Japan sind, würde die Antwort bestimmen. Die Frage sollte lauten: »Wie lange werden Sie brauchen, um einen Satz Formen herzustellen?« »Stellen Sie die Formen hier her, oder geben Sie den Auftrag an einen Subunternehmer?« »Woraus werden sie hergestellt?« Alle diese Details werden Ihnen helfen, sie auf eine richtige Antwort festzunageln.

Allen Personen zufolge, die ich befragt habe, gibt es in Japan zwei Sprachen. Die eine hat einen Subtext, der sagt: »Wir möchten, daß Sie zufrieden sind«, und die andere hat einen Subtext der Realität. Um zu letzterem vorzudringen, müssen Ihre Fragen bestimmt und präzise sein, nicht allgemein.

Die japanische Gewohnheit, den Kunden glücklich machen zu wollen, kann frustrierend sein. Man kann kein modernes Geschäft leiten, indem man seine Kunden fortwährend enttäuscht. Um das wettzumachen, haben die Japaner das Konzept der Handelsgesellschaft eingeführt. Die Handelsgesellschaft ist im wesentlichen eine Gruppe von Verwaltungsleuten mit einem gewissen technischen Verständnis von der Branche, die sie vertreten. Eine Handelsgesellschaft vertritt etwa zehn bis zwölf Fabriken. Sie erledigt die Verwaltungsarbeit und stellt die Rechnungen aus. Wenn man die Spiele auf Fabriksebene beendet hat (ein notwendiger Schritt), geht

man zur Handelsgesellschaft, um realistische Auskünfte über Preise und Lieferung zu bekommen. Die Handelsgesellschaft tätigt Geschäfte gegen offene Rechnung. Sie arbeitet mit Kreditbriefen, um die Sicherheit zu haben, daß sie bezahlt werden, wenn sie ihren Vertrag erfüllt.
In einer Handelsgesellschaft wird die Maske der Höflichkeit teilweise fallen gelassen. Ihre Mitarbeiter machen sich nicht allzu viele Gedanken, ob sie Ihre Gefühle verletzen, aber zum Ausgleich für die rauhe Wirklichkeit bewirten sie ihre Geschäftspartner großzügig. Sie denken sich nichts dabei, 1000 Dollar für ein Essen auszugeben – selbstverständlich zahlt die Fabrik!

Korea und Taiwan

Ein anderer amerikanischer Geschäftsmann, der mit Korea zu tun hatte, sagte, daß Verhandlungen mit Koreanern sehr schwierig sind, weil sie ständig versuchen, irgendwelche Absichten zu durchschauen. »Aus irgendeinem Grund fühlen sie sich in Verhandlungen den Leuten aus den Vereinigten Staaten unterlegen. Sie halten einen Amerikaner wegen seiner Bildung, seiner Herkunft und seines Reichtums für ein As im Verhandeln. Sie lassen sich Zeit, bis sie Ihnen glauben, und sie verbringen viel Zeit damit, mit Ihnen zu fechten, bis sie meinen, sie können Ihre Motive verstehen und sich darauf verlassen, daß Sie aufrichtig sind.«
In Korea besuchte dieser Geschäftsmann eine Gießerei, wo er dekorative Wandhaken aus Messing kaufen wollte. Die Gießerei war sehr altmodisch, wie Gießereien in den Vereinigten Staaten vor 150 Jahren, aber sie stellte schöne Produkte her. Die Arbeitskraft war freilich sehr billig.
Er zeigte ihnen seine Blaupausen im Glauben, daß sie einen realistischen Preis schätzen könnten, da sie ähnliche Produkte

herstellten. Sie nannten dreißig Cent, was weit unter Wert war, wie er wußte.
»Erstaunt wiederholte ich: ›Dreißig Cent?‹ Damit verriet ich mich. Sie sagten schnell: ›Ja, das ist für die, die wir Ihnen zeigen. Ihre würden teurer kommen.‹ – ›Wieviel teurer?‹ – ›Das kommt darauf an . . .‹ Es ging hin und her, wie in einem Boxkampf, während sie versuchten, mich zu durchschauen. Ich begriff den Subtext: ›Es wird billig sein, aber wir möchten wissen, wie hoch wir Sie treiben können.‹ In der Zwischenzeit versuchte ich, ihnen meinen Subtext nicht zu verraten – ›Ich zahle viel mehr, als Sie genannt haben.‹«
In Korea stieß mein Freund auf zwei Unternehmenstypen: auf die sehr kleine Firma wie die, bei der er die Wandhaken bestellte, und auf das sehr große Unternehmen, das bis zu 40 000 Menschen beschäftigt. Je größer die Firma, desto mehr ähnelte sie einem amerikanischen Unternehmen und desto leichter fiel es ihm, die Signale zu deuten. »Reden Sie mit einem Koreaner, der eine Stahlfabrik mit zehn- oder zwölftausend Beschäftigten leitet, und Sie könnten genausogut einen Mann aus Pittsburgh vor sich haben. Text und Subtext stimmen weitgehend überein.«
Derselbe Mann hatte geschäftlich viel in Taiwan zu tun. Dort, sagte er, kann man über alles verhandeln, aber man muß auch bereit sein, bei allem zwischen den Zeilen zu lesen. »Es ist ein Land, wo im Grunde keine Gewißheit im Geschäft existiert. Auch wenn unterschrieben ist, kann man nicht sicher sein, daß man einen Vertrag hat.
Große Unternehmen wie RCA und GM haben ihre eigenen Leute dort. Sie lassen ihre Fabrik lieber nicht von Chinesen leiten. Die Chinesen in Taiwan sind gewandt, sehr lernfähig, und man kann ihnen fast alles beibringen, aber ich mache dort äußerst ungern Geschäfte, ungeachtet der Einsparung an Lohnkosten. Ihre Subtexte sind immer verwirrend.
Wenn Sie zum Beispiel einen Artikel für dreißig Cent möch-

ten, und sie bieten vierzig, und nach Verhandlungen drücken Sie ihn auf fünfunddreißig – was Sie sich leisten können –, haben Sie immer noch keine feste Verpflichtung. Wenn Sie fragen, wie lange sie diesen Preis halten können, sagen sie Ihnen, das können sie nicht genau sagen. Sie bekommen eine Menge Wenn und Aber zu hören. Wenn ich ihnen sage, ich kann den Vertrag nicht offenlassen, fragen sie mich, wieviel Stück ich möchte. Ich sage ihnen, fünfzigtausend, und sie antworten: ›Wir können den Preis wahrscheinlich für fünfzigtausend halten.‹

›Wahrscheinlich?‹

›Nun, sicher sind wir nicht.‹

Sie können noch so sehr versuchen, sie festzunageln, sie schlüpfen immer durch, und selbst bei einer festen Verpflichtung kann die nächste Lieferung mit einer Rechnung eintreffen, die ein paar Cent über dem vereinbarten Preis liegt. Sie teilen einem nur die Wahrscheinlichkeiten mit, die sich mit Sicherheit wandeln werden. Klar, Sie können dort Geschäfte machen, solange Sie den Subtext hinter dem Vertrag verstehen: ›Auf die eine oder andere Art werden wir den Preis anheben!‹«

Die italienische Art

Samantha, eine Frau in den Fünfzigern, die durch Europa reist und Produkte für eine Ladenkette in den Staaten kauft, hat viel Erfahrung in Italien gesammelt. »Sie machen wirklich schöne Dinge, aber die Italiener südlich von Mailand, muß ich Ihnen sagen, sind fast naiv in ihrem Geschäftsgebaren. Sie haben die volle Absicht, ihre Versprechungen einzuhalten, und ihr Subtext scheint transparente Ehrlichkeit und ein tiefer Wunsch, es Ihnen recht zu machen, zu sein. Das müssen Sie wissen.

Sie finden einen Artikel, den Sie haben möchten, und man verspricht Ihnen die Lieferung in drei Monaten. Genau, was in Ihre Planung paßt. Der Haken dabei ist, daß Sie die Lieferung dann nicht erhalten. Sie versprechen Ihnen alles, um den Auftrag zu bekommen, weil sie wissen, wenn sie ihn haben, werden sie bezahlt. Vielleicht werden Sie in Zukunft keine Geschäfte mehr mit ihnen machen, aber dann haben sie wenigstens etwas davon gehabt.«

Samantha berichtete mir, daß sie mit einem sehr berühmten italienischen Geschirrhersteller zu tun hatte, der eine ihm zu 100 Prozent gehörende Tochtergesellschaft in den Staaten hat. »Ich glaube, die Muttergesellschaft setzt eine Milliarde Dollar um, und die Tochter verkauft für zwanzig Millionen. Das ist ziemlich wenig, verglichen mit der Muttergesellschaft, und deshalb behandeln sie sie als ein Nichts und bemogeln ihre eigene Tochter. Sie schicken Tassen ohne Untertassen. Die Tochtergesellschaft kann mit einer Tasse ohne Untertasse nichts anfangen. Gut, sie sagen, sie liefern sie nächste Woche nach. Wenn die Lieferung ankommt, fehlen die Untertassen immer noch. Und das ist nun die eigene Tochter. Stellen Sie sich vor, wie es aussieht, wenn man keine Tochtergesellschaft ist!

Etwas anderes ist es allerdings, wenn man mit einer Genossenschaft zu tun hat. Dann hat der Fabriksleiter Verantwortungsgefühl. Man macht Ihnen einen realistischen Preis, und die Lieferung kommt pünktlich.«

Gibt es irgendwelche Tricks für Geschäfte in Italien? fragte ich sie, und sie zuckte die Achseln. »Ich habe nie herausbekommen, wie ich dort Erfolg haben könnte. Jetzt gehe ich einfach davon aus, daß ich mir, wenn sie als Lieferfrist drei Monate nennen, sechs vorstelle. Ich kompensiere. Wissen Sie, ich habe sogar versucht, dort mit einem Kreditbrief mit Verfallsdatum Geschäfte zu machen. Kein Unterschied. Sie lassen die Frist verstreichen. Sie spüren, daß man gebunden ist, wenn man mit einem Kreditbrief kauft. Ihr Subtext sagt ihnen, daß Sie eher nachgeben werden als sie. Sie lassen den Kreditbrief verfallen, und sie warten, bis Sie sagen, gut, verlängern wir ihn. Damit gewinnen sie Zeit, aber es ist natürlich ein Risiko.«

»Gilt das für ganz Italien?« fragte ich sie.

»Nein. Nicht für Mailand. Das ist das Industrie- und Wirtschaftszentrum. Alle Geschäftsleute haben dort ihren Sitz. Die Bankiers und Industriellen dort haben entdeckt, daß sie ohne eine gewisse Stabilität nicht überleben können. In Mailand herrscht mehr Sicherheit.

Aber je weiter man sich von Mailand entfernt, desto mehr sehen die Mailänder die Leute, mit denen sie zu tun haben, als Bauern. Es besteht ein großer Klassenunterschied innerhalb Italiens. In Sizilien zum Beispiel bezeichnet man die Neapolitaner als Nordländer. Dabei reden sie von Menschen, die ihre Nachbarn sind! Sie halten alle Nordländer für große Industrielle. Die Wahrheit ist jedoch, daß Neapel eine bitterarme Stadt ist, in der massive Arbeitslosigkeit herrscht.

Allerdings muß ich darauf hinweisen, daß es Ausnahmen gibt. Zum Beispiel Olivetti. Olivetti vertreibt Waren überall in Italien, und die Firma hat ihre eigene Methode. Es gibt einen italienischen Ausspruch über Olivetti, der ihre Taktik zusammenfaßt. Er lautet *Taco Olivetti.* Grob übersetzt heißt das à la Olivetti. Irgendwie sind sie in einem sehr bürokratischen System erfolgreich. Die ganze industrielle Organisation in Italien ist bürokratisch, und das geht bis zur Regierung hin. Verstehen Sie mich nicht falsch«, fügte Samantha schnell hinzu. »Sie sind nicht unehrlich in der Weise, die wir unehrlich nennen. Sie glauben, daß man so Geschäfte macht, und das ist kulturell bedingt und geht bis zu den Läden runter. Bei allem kann man handeln. Es gibt keinen festen Preis, außer in den Supermärkten, die nach westlicher Art eingerichtet sind.«

Die Hongkong-Connection

Elaine ist eine junge Amerikanerin, die sechs Jahre in Hongkong bei einer Bank gearbeitet hat. Die geschäftliche Gangart in Hongkong, erzählte sie mir, ist der in New York ziemlich ähnlich, ein temporeiches Milieu. »Die Leute schachern ziemlich viel, und Geschäfte hängen weitgehend von persönlichen Beziehungen ab. Ein großer Teil des Geschäfts findet eher im geselligen Rahmen statt als im Büro, bei Drinks, beim Essen, auf dem Golfplatz, auf einer Jacht. Es gibt viele Bars mit Animierdamen in Hongkong, und auch dort werden Geschäfte getätigt.

Als Ausländer müssen Sie sich in diese Gewohnheiten einfügen. Sie müssen bedenken, daß das Ausgehen ins Restaurant, das Essen und Trinken wichtige gesellige Ereignisse sind, wichtiger als in den USA.«

Es gibt wenig kulturelles Leben in Hongkong, sagte Elaine, und Essen und gesellige Verabredungen scheinen die Stelle von Theater und Konzerten einzunehmen. Von Fremden erwartet man allerdings selten, daß sie sich in Hinblick auf Einladungen revanchieren. »Sie nehmen an, daß man normalerweise nur auf der Durchreise ist.«

Es gibt jedoch noch einen dunkleren Subtext für einen Ausländer in Hongkong. Ausländer werden von den einheimischen Chinesen immer noch als »fremde Teufel« bezeichnet. »Obwohl eine oberflächliche Freundlichkeit ausgestrahlt wird, Schulterklopfen, Handschütteln, viel körperlichen Kontakt, akzeptieren sie im allgemeinen keine Fremden«, bemerkt Elaine. »Um dorthin zu gelangen, wo die Macht ist, muß man ein Insider sein. Freundschaften zu schließen, auch oberflächliche, dauert lange.«

Ich fragte, wie ein Ausländer die geschlossene Gesellschaft der Chinesen in Hongkong überwinden könne, und Elaine schüttelte den Kopf. »Nur schwer. Natürlich hilft es, wenn

Sie die Sprache sprechen, was in der Geschäftswelt normalerweise Kantonesisch ist. Es nützt Ihnen auch, wenn Sie Teilhaber Ihrer Firma, eine einflußreiche Person oder ein älterer Mensch sind. Einfluß und Bedeutung sind hilfreich, aber das Alter hat in Hongkong einen sehr starken Subtext. Bei einem Einstellungsgespräch mit einem chinesischen Unternehmer, einem älteren Mann, stellte ich fest, daß seine Frau und die Kinder, die bei dem Gespräch dabei waren, ihn mit außerordentlichem Respekt behandelten. Die Frauen schwiegen, bedienten ihn und ahnten seine Wünsche sogar im voraus, und sein Sohn redete von ihm als ›Vorsitzendem‹ und stets in der dritten Person.«

Es ist das beste, betonte Elaine, im Umgang mit einem älteren oder bedeutenden Geschäftsmann ehrerbietig zu handeln. »Sie sehen darin kein Zeichen der Schwäche oder fehlender Macht. Vielmehr wäre es eine Beleidigung, wenn Sie es nicht täten, und Sie würden geschäftlich überhaupt nichts erreichen.«

Alter, Rang und ein Mann zu sein sind hier von sehr großem Vorteil. »Ich habe Situationen erlebt, in denen ich von geschäftlichen Besprechungen nur deshalb ausgeschlossen wurde, weil ich eine Frau bin!« erinnert sich Elaine.

Der russische Fehlschlag

Mike ist ein Unternehmer, der versuchte, als Amerikaner in der Sowjetunion ins Geschäft zu kommen. »›Versuchte‹ ist das Wort, auf das es ankommt«, sagt Mike. »In den Staaten geht es stets voran, wenn der Handel beiden Seiten etwas bringt. In der UdSSR spielt das keine Rolle. Es gibt einfach keinen Anreiz, einen Handel abzuschließen. Das Signal, das man empfängt, ist: ›Warum sollte ich mir die Mühe machen?‹ Nun spreche ich von Regierungsbehörden. Weil es kein Pro-

fitmotiv gibt, keinen Bonus oder Gewinn, gibt es keinen Anreiz.
Selbst McDonald's«, erinnert sich Mike, »hatte größte Schwierigkeiten, seine goldenen Arkaden in Moskau einzurichten. Es dauerte Jahre, bis sie etwas bewegen konnten, und auch dann noch mußten die Einheimischen, die dort arbeiteten, Unterricht in Subtext erhalten. Man mußte ihnen beibringen, zu lächeln und die Kunden zu bedienen, ohne sie zu beleidigen oder endlos warten zu lassen!«
Nach Mike und anderen, die in der Sowjetunion Geschäfte gemacht haben, gibt es eine enorme Abneigung dagegen, sich anzustrengen, und der Grund dafür ist natürlich, daß die Einheimischen wissen, ohnehin keinen Gewinn oder Vorteil dabei zu haben. »Es besteht auch eine Abneigung gegen das Experimentieren, Innovationen gibt es so gut wie gar nicht, und außerdem ist alles sehr bürokratisch organisiert. Das ist sehr entmutigend für einen Geschäftsmann aus den Staaten. Amerikaner empfinden die Einstellung der Sowjetbürger so: ›Ich habe meine Stelle, ob ich etwas arbeite oder nicht.‹ Wir schlagen die Hände über dem Kopf zusammen, und dennoch . . .« Er zögerte. »Es ist ein Markt mit einem solchen Potential!«

Indien

Mike hat auch Geschäfte in Indien gemacht. »Was für ein Unterschied«, berichtete er mir. »In Indien lassen sie einen machen, was immer man machen will. Man sagt einem Hersteller, ich möchte diesen Artikel für fünfundzwanzig Cent, und man bekommt ihn in jedem Fall.«
Die allgegenwärtige Armut in Indien zwingt die Inder, so berichtete Mike, ihre kleinen Fabriken um jeden Preis in Gang zu halten. »Sie sind ihr ganzer Lebensunterhalt, und

wenn sie bei einem Geschäft Geld verlieren, suchen sie nach einem anderen, um das wettzumachen.
Wenn Sie in einer Fabrik zu verhandeln beginnen, werden Sie im allgemeinen feststellen, daß die Person, mit der Sie sprechen, irgendeine Verbindung zu der Fabrik hat, aber nicht dazugehört. Diese Person könnte ein freier Buchhalter, ein Anwalt oder ein geschäftlicher Bekannter des Geschäftsführers sein, jemand, der als gleichrangig mit Ihnen angesehen wird . . .«
Dieser Außenstehende, erklärte Mike, führt das Gespräch, aber man muß den Subtext hinter der Rede deuten. Worüber er redet, muß nicht unbedingt das sein, was dann auf Fabriksebene passiert. »Dies ist außerordentlich wichtig, wenn man einen Vertrag abschließt oder eine Verpflichtung eingeht.«

Großbritannien: Die Klasse zählt immer noch

Als ich versuchte, dem Gebaren der Geschäftsleute in Großbritannien auf den Grund zu kommen, wandte ich mich an Ian, der seit dreißig Jahren in den Staaten lebt und eine amerikanische Firma im Ausland vertritt.
»Ich habe ständig geschäftlich mit den Briten zu tun«, erzählte er mir, »und in den vergangenen zwanzig Jahren hat ein starker Wandel stattgefunden. Heute bewegt sich der britische Geschäftsmann sehr viel schneller, als früher üblich war, und begreift auf Anhieb, was Sie ihm sagen möchten. Früher mußte man gesellschaftlich auf derselben Stufe stehen, aber dem ist nicht mehr so, selbst wenn unter den älteren Menschen noch solche Ansichten vorherrschen.«
Ian wies darauf hin, daß Großbritannien ein Land ist, in dem die Subtexte der Redeweise, der Kleidung und des Benehmens alle von großer Bedeutung sind. »Der britische Rundfunk, die BBC, setzt den Maßstab für die ordentliche engli-

sche Sprechweise, und um die Art, wie man spricht, dreht sich sehr viel. Ihre Ausdrucksweise ordnet Sie sofort in die richtige gesellschaftliche Kategorie ein.«

Ich fragte Ian, was die Briten von den verschiedenen Subtexten der amerikanischen Redeweise halten, und er schüttelte mitleidig den Kopf. »Den Briten fällt es furchtbar schwer, die regionalen Unterschiede im amerikanischen Englisch zu erkennen. Für sie hören sich alle Leute aus den Staaten gleich an. Sie deuten jedoch durchaus die Signale unserer Kleidung und unserer Hochschulen. Haben Sie Yale, Harvard oder Amherst besucht? Dann stehen Sie dort ganz oben. Tragen Sie den richtigen Anzug, das richtige Hemd und die richtigen Schuhe? Das alles ist für sie sehr wichtig, um den Charakter zu beurteilen. Sie tragen nämlich im allgemeinen ihren Charakter offen mit sich herum: Die Krawatte einer anständigen Schule und ein Anzug aus der Savile Row signalisieren ihnen: ›Sie sind erfolgreich, Sie haben eine Führungsposition.‹«

Ein weiterer Punkt, auf den Ian hinwies, ist die britische Vorliebe für das Zeremoniell und seine Ausstrahlung. »Sie essen gern in Moderestaurants. Sie halten nichts von dem schnellen Sandwich am Schreibtisch, wie es der amerikanische Geschäftsmann macht. In Großbritannien geht man nicht mit einem Geschäftspartner um die Ecke, um einen Hamburger zu essen. Obwohl der ausgedehnte Lunch aus der Mode gekommen ist, dauert die Mittagspause für einen leitenden Angestellten immer noch von zwölf bis zwei. Es gibt kein schnelles Frühstück im Stehen in Großbritannien. Sie lassen sich gern Zeit bei ihrem Frühstück in den eigenen vier Wänden. Wenn Sie mit einem Briten frühstücken, ist es eine gesellige Angelegenheit, keine geschäftliche.

Britische Geschäftsleute spielen gern ihr eigenes Spiel, das heißt gehobene Unterhaltung mit dem zugehörigen Subtext. Sie sorgen dafür, daß eine Flasche Champagner im Zimmer

des Gastes steht – eben für die schönen kleinen Annehmlichkeiten.«
Wenn ein britischer Geschäftsmann ein schönes Zuhause hat, lädt er vielleicht einen Besucher zu einem Drink bei sich ein, bevor man zum Essen ausgeht, oder vielleicht sogar zu einem Essen zu Hause. »Anders als die Franzosen oder die Japaner zeigen sie Ihnen gern ihre Häuser.«
Es kommt immer noch vor, daß man jemanden auf ein Wochenende einlädt, wenn eine Verbindung hergestellt wurde, wie Ian berichtet, aber das geschieht normalerweise nur in den höheren Kreisen der Gesellschaft. Der Gast muß derselben Gesellschaftsschicht angehören wie der Gastgeber. Mit der Einladung verbunden ist meist, daß man Ihnen etwas zeigen möchte, zum Beispiel eine mittelalterliche Kirche, oder daß Sie Zuschauer einer Fuchsjagd oder eines Pferderennens sein sollen. Ian hält es für empfehlenswert, eine solche Einladung anzunehmen. »Vielleicht interessiert Sie der Besuch ja, aber auch wenn das nicht der Fall ist, gehört er zu dem Prozeß des gegenseitigen Kennenlernens auf einer nichtgeschäftlichen Ebene.«
Bei aller gesellschaftlichen guten Form können britische Geschäftsleute ziemlich rücksichtslos sein, meint Ian. Ihr Verhalten wird jedoch oft von der Haltung der anderen Person bestimmt. »Sie halten die Amerikaner für aufdringlich, wenn sie versuchen, sofort zu einem Abschluß zu kommen oder schnell die Richtung einer Beziehung einzuschätzen. Sie fragen sich, warum er oder sie es so eilig hat. Darauf reagieren sie empfindlich. Sie wollen ihre Karten nicht sofort auf den Tisch legen und sagen das auch, aber sie lesen den Subtext ›Ich versuche, Sie hereinzulegen‹ in die amerikanische Aggressivität hinein.«
Die Briten möchten die Amerikaner taxieren. »Sie interessieren sich für Ihre Ausbildung, wo Sie zur Universität gingen. Für Ihren Lebensstil – allerdings sollten Sie nie Aufnahmen

von Ihrer Frau und Ihren Kindern auspacken. Sie werden Ihnen versichern, daß sie sehr nett sind, aber in Wirklichkeit denken Sie: ›Ich wünschte, Sie würden jetzt nicht damit anfangen!‹ Sie sind sehr reserviert, was ihr Privatleben angeht. In Großbritannien fragt man nie, was er oder sie verdient. Die Briten erzählen einen ziemlich unfreundlichen Witz über die Amerikaner. Sie sagen, man lernt einen Amerikaner kennen, und er fragt sofort: ›Wie alt sind Sie? Was machen Sie? Wieviel verdienen Sie?‹«
Um das Eis zu brechen, schlägt Ian vor, könnten Sie einen britischen Geschäftspartner nach etwas fragen, was Sie interessiert. »Wenn Sie sich für Theater begeistern, könnten Sie ihn nach der letzten Inszenierung der Royal Shakespeare Company fragen. Sie werden Ihnen prompt von den Premieren der Saison berichten und Sie vielleicht sogar zu einer Vorstellung einladen. Der Trick dabei ist, Ihr Interesse indirekt auszudrücken und sich von ihnen helfen zu lassen.«
Die Briten werfen sich nicht mehr in Schale für ein Abendessen, aber wenn Sie zum Essen oder zu einem Wochenende auf dem Land eingeladen werden, ist es angebracht, wenn Sie fragen, welche Kleidung erwünscht ist. »Es ist ihnen lieber, Sie fragen sie, als daß Sie falsch gekleidet eintreffen.«
Eine letzte Warnung, die Ian gab, betrifft die richtige Anrede für den britischen Geschäftsmann, der zufällig dem Adel angehört. »Wenn er ein Knight ist und John Smith heißt, reden Sie ihn mit Sir John an, nicht mit Mr. Smith und niemals mit Sir Smith. Wenn er Baron, Marquess, Earl oder Viscount ist, heißt es Lord Smith, nicht Lord John!«
In Großbritannien ebenso wie in Rußland und den Ostblockländern gehen die Veränderungen weiter, und viele Subtexte, die dieses Jahr wirken, können im nächsten Jahr überholt sein. Das könnte besonders für die Sowjetunion gelten, wo der Versuch, zu einer freien Marktwirtschaft überzugehen, die Gewohnheiten der Geschäftsleute verändern könnte.

Nachwort

Wie dieses Buch gezeigt hat, wird die Fähigkeit, einen Subtext zu erkennen, Ihnen nicht nur ermöglichen, sich wirkungsvoller am Arbeitsplatz auszudrücken, sondern Ihnen auch helfen, andere besser zu verstehen. In manchen Fällen kann sie sogar den Arbeitsplatz retten – vorausgesetzt, Sie handeln Ihrem Wissen entsprechend.

Ein Mann, der es nicht verstand, einen Subtext rechtzeitig zu deuten und sich danach zu verhalten, war Orville Dale, der ehemalige Direktor für Arbeitsbeziehungen bei der United Artists Corporation. Aus einem Artikel in der *New York Times* erfuhr er, daß seine Firma von MGM gekauft werden sollte. Er sorgte sich verständlicherweise um seine Zukunft, obwohl die Firma versicherte, es werde keine Massenentlassungen geben. »Sie sagten uns immer wieder, wir sollten uns nicht beunruhigen, alles würde nach der Fusion beim alten bleiben, alle würden in New York auf derselben Stelle bleiben«, erinnerte sich Dale.

Doch ein wahrnehmbarer laufender Subtext stand ganz im Gegensatz zu diesen Versprechungen der Firma und hätte seinen Blick für die tatsächliche Lage öffnen können. »Wir nahmen mit einemmal Kredite bei europäischen und anderen ausländischen Banken zur Finanzierung auf, und unsere Budgets für die Filmproduktionskosten begannen zu schrumpfen«, sagte Dale. Außerdem wurde das Geld überhaupt knapp, und die Angestellten wußten nicht, wer ihre Vorgesetzten waren, »die UA-Leute in New York oder die MGM-Leute in Los Angeles«. Innerhalb eines Jahres stand Dale ebenso wie andere Direktoren vor der Tür. Hätte er die Situation richtig eingeschätzt, bemerkte Dale, hätte er sofort mit der Stellensuche begonnen.

Dales Fall ist nicht ungewöhnlich. Nach einem Stellenvermittler für leitende Angestellte in Manhattan entscheiden sich die Leute gern für die »Vogel-Strauß-Methode« und nehmen die Zeichen nicht zur Kenntnis. Es steht jedoch außer Frage, daß es gewöhnlich unterschwellige Signale gibt, die einem helfen können, den Berufsweg zu steuern, wenn man nur bereit ist, sie zu beachten. »Zu den offenkundigen, aber allzu häufig ignorierten Signalen«, sagt der Vermittler, »gehört etwa, daß Sie plötzlich nicht die gleichen Signale wie andere erhalten; Sie werden nicht zu bestimmten wichtigen Tagungen oder geselligen Ereignissen in der Firma eingeladen, oder Sie müssen plötzlich Ihre Privatsekretärin mit jemandem teilen.« Diese Signale können Ihnen in Verbindung mit dem Subtext, den das Benehmen Ihres Chefs ausstrahlt, einen Hinweis geben, daß es Zeit ist »abzuspringen«. Wichtig ist, sie zu lesen und den Subtext dahinter zu verstehen.

Der gleiche Subtext kann auch über Worte vermittelt werden. Betrachten wir das unerfreuliche Beispiel eines Briefs, der von einer ultrakonservativen Gruppe in den Vereinigten Staaten während der Wahlkämpfe von 1990 geschrieben und an konservative Abgeordnete im ganzen Land geschickt wurde. Der Brief enthielt eine Liste von Begriffen, deren Verwendung im Wahlkampf nützlich sei, um Gegner zu beschreiben, Begriffe wie *liberal, Verräter, bizarr, krank, inkompetent, korrupt, seicht, erbärmlich, Schande* und selbstverständlich *Steuerverschwendung*. Gopac (G.O.P. Political Action Committee, Politisches Aktionskomitee der Republikanischen Partei), die Gruppe der Republikaner, die für die Liste verantwortlich war, verstand sehr gut den starken Subtext hinter jedem einzelnen Wort. »Die verwendeten Begriffe und Sätze sind durchschlagend«, erklärte Gopac seinen potentiellen politischen Kandidaten. »Lesen Sie sie, lernen Sie möglichst viele auswendig. Und bedenken Sie, daß ... diese Begriffe wertlos sind, wenn sie nicht gebraucht werden.«

Das weite Feld des Subtexts reicht über Worte und Handlungsweisen hinaus bis zur äußeren Erscheinung der Dinge. In diesem Buch wurde erörtert, wie unsere Kleidung und unser Gesichtsausdruck einen Subtext an andere aussenden, doch gehen auch sehr starke Subtexte von Besitztümern aus: von einem Luxusauto, einer Gucci-Tasche, einem Montblanc-Federhalter, einer Rolex-Uhr oder einem Eckbüro.

Aus der Kenntnis dieser Zusammenhänge heraus wurde auch gleich eine kecke Geschäftsidee ins Leben gerufen. Rent-A-Subtext könnte ihr Name durchaus lauten. Eine Firma in Chicago, die die starke unbewußte Wirkung erkannt hat, die von dem Aktenkoffer eines Geschäftsmanns ausgeht, ist bereit, einen 1000-Dollar-Aktenkoffer für 100 Dollar pro Tag auszuleihen. Ihre Kunden, hofft das Unternehmen, werden solche Firmen sein, die möchten, daß ihre Repräsentanten einen besonders überragenden Eindruck machen.

Diese Art von falscher Fassade untergräbt den besten aller Gründe, warum man lernen soll, einen Subtext zu deuten: andere Menschen zu verstehen und selbst einen Subtext zu projizieren, der mit den besten Aspekten des eigenen Charakters übereinstimmt. In jeder Interaktion zwischen Menschen gibt es den gesprochenen Text und den unausgesprochenen Subtext. Von beiden ist der Subtext der ehrlichere, weil er im allgemeinen unbewußt ist. Wir können mit Worten lügen, aber es ist viel schwieriger, mit allen mehr oder weniger unbewußten Nuancen, die solche Worte begleiten, die Unwahrheit zu sagen.

Dennoch, sobald wir die Elemente des Subtexts lernen – die

Signale, die unsere Worte begleiten, die Bedeutung einer Berührung, unsere Körpersprache und die kulturellen, religiösen und persönlichen Unterschiede dieser Sprache, die Kleidung, die wir tragen, und die Gegenstände, die wir benutzen –, kommen wir in Versuchung, den Subtext, den wir projizieren, zu steuern, um andere in geschäftlichen und sozialen Beziehungen zu manipulieren.

Manchmal sind solche Manipulationen notwendig und gut. Manchmal sind sie unmoralisch und unehrlich. Und es besteht immer die Gefahr, daß auch bei den besten Absichten die bewußte Manipulation eines Subtexts offenkundig wird und somit der beabsichtigten Botschaft widerspricht.

Wir sollten daran denken, daß alles, was wir mit unserem Subtext mitteilen, am wirkungsvollsten ist, wenn es unbewußt geschieht. Wenn unser Tun, unsere Stimme und unsere Erscheinung einen Subtext übermitteln, ohne daß wir es merken, wird dieser Subtext ehrlich sein, wird als ehrlich wahrgenommen werden und wird sehr überzeugend sein.

Wie jener Verkäufer (siehe Kapitel über das Verkaufen) am besten ist, der an sein Produkt glaubt, so sind wir am überzeugendsten, wenn wir selbst glauben, was wir sagen, gleich ob dieser Glaube auf Verstandesgründen, auf einem »Gefühl im Bauch« oder auf einer Art von Selbsthypnose beruht. Sobald wir an unsere eigenen Worte glauben, werden alle manipulierenden Tricks zweitrangig. Das Unbewußte kann sich durchsetzen, und unser Subtext wird so stark und überzeugend wie unsere Worte.

Natürlich sollte man darüber hinaus alle Elemente des Subtexts lernen und nutzbringend anwenden. Denn sobald sie in unser Verhalten integriert sind, werden sie dann auch zum Vorschein kommen, wenn sie benötigt werden und wir sie überzeugend verwenden können.